JN312454

特別支援教育に生かす
病弱児の生理・病理・心理

小野次朗／西牧謙吾／榊原洋一 編著

ミネルヴァ書房

はじめに

　2007年4月,特殊教育にかわり,特別支援教育が本格的に実施されることになりました。それまでの養護学校は,知的障害・肢体不自由・病弱の障害区分をまとめて,特別支援学校として再出発することになりました。今回,そのなかでも病弱教育に焦点を合わせた教科書を作成することを目的として,プロジェクトが始まりました。ところが,病弱教育を検討していくにあたり,病気と障害を区分することが非常に難しく,単に病弱児としてまとめることが困難であることにも直面しました。そこで,本書では医療に深く関わる専門家が関係する病気と障害を,主として扱うことにしました。そのため,病弱というくくりではなじみが少ない,注意欠陥多動性障害や広汎性発達障害も含めることにいたしました。現実的には,不登校に至った,注意欠陥多動性障害や広汎性発達障害の二次障害で困っている子どもたちが,病弱児を対象とする養護学校に通学していたこともあり,病弱の現場では,これらの発達障害のある子どもたちも日常教育のなかで対象としてきた経緯があります。

　序章では,病気および障害に関する概念・疫学・歴史に関して概観しました。第Ⅰ部では,子どもの定型発達を,精神面および運動面から考察するとともに,現在の教育現場で注目を集めている,注意欠陥多動性障害および広汎性発達障害といった発達障害について述べました。さらに,病弱教育と深い関係のある,不登校など発達障害の二次障害についてまとめました。第Ⅱ部では,子どもがかかりやすく,しかも病弱教育と関連がある疾患について,それぞれ専門とする小児科医にお願いして,各臓器ごとにまとめています。第Ⅲ部では,病気あるいは障害のある子どもたちを支援するにあたり,心理的な面における特性を理解するとともに,連携の重要性についても述べています。さらに,これら病弱の子どもたちを守る礎となる,法律についてもまとめました。

　病弱教育というと,病弱の子どもたちを対象とする特別支援学校あるいはその分教室,または病院内に併設された特別支援学級で行われている教育と考え

る読者の方が多いのではないかと想像します。しかしながら，日本やアメリカの統計によれば，病弱教育が対象とする子どもたちの実に8～9割にあたる子どもたちが，一般の小中学校で学んでいるのです。この事実を考慮すれば，病弱教育こそ小中学校の通常学級や支援学級を担任する教師が，内容について十分理解しておく必要がある教育なのです。

　教師を含む専門家は指導者として，病気や障害のある子どもの支援に関して，まず病気や障害を知ること（知識・理解），続いてそれらの「病気や障害のある子ども」として認識すること（気づき），さらに病気や障害は子どもたちのほんの一部分であって，本来子どもたちがもつ長所を十分把握した上で，「病気や障害もある子ども」として対応すること（適切な支援）が求められていると強く感じています。特に医学的な知識に関して，教師が学生時代に学ぶ内容にはどうしても制限があります。これから教師を目指す学生，そしてすでに「病気や障害もある子どもたち」と関わっている教師，さらに教師以外の専門職の皆様にも，少しでも医学的な知識を身につけていただきたいと思い，本書をつくることを思い立ちました。読者の皆様のお役にたつことで，少しでも子どもたちへの適切な支援が増えることを心から願っています。

　本書の出版にあたりまして，校正の段階から深く関わっていただき，そして最終の出版に至るまで，多くの助言や示唆をいただきました，ミネルヴァ書房編集部の西吉誠様には，心から感謝申し上げます。

2011年8月

編著者一同

目　次

はじめに

序　章　病気，障害をめぐる動向 ——————————— 1

1　健康，病気，障害の概念　1
（1）健康とは　1　（2）病気とは　1　（3）障害とは　2

2　病気，障害をめぐる疫学統計　5
（1）死亡率，死因分類から疾病構造を見る　5　（2）さまざまな調査から病気の実態を把握する　6　（3）病気の子どもの教育を保障するために　7

3　病弱・障害児教育の歴史的展開　8
（1）明治期：近代国家の形成期　8　（2）大正期：資本主義社会の成立期　10
（3）昭和前期：戦時体制下　11　（4）戦後社会と経済成長期　12

第Ⅰ部　子どもの発達と発達障害

第1章　子どもの発達――精神面・運動面の発達 ——————————— 17

1　発達の領域　18

2　発達を支えるもの　21

3　発達と脳内機能局在　23

4　発達の遅れの診断　24

第2章　発達障害の考え方と広汎性発達障害・注意欠陥多動性障害 —— 28

1　発達障害とは　28
（1）公的な援助を受けてきた発達障害――手帳制度との関連から　28
（2）発達障害者支援法　29

2　自閉症／広汎性発達障害　31
（1）自閉症／広汎性発達障害の歴史　31　（2）自閉症スペクトラムおよび自閉症を取り巻く概念　31　（3）ウィングの3つ組とその他の認知障害　33
（4）原　因　35　（5）指導および治療　36

  3 注意欠陥多動性障害 38
   （1）注意欠陥多動性障害の歴史 38 （2）診断基準 39 （3）特　徴 39
   （4）原　因 41 （5）指導および治療 41 （6）二次障害 43

第3章　知的障害を伴わない発達障害と二次障害 ─────── 45
  1 二次障害に陥りやすい子どもたち 45
  2 二次障害を予防していくための視点 46
   （1）ICFの考え方を使っての現状分析 46 （2）学級集団のなかでの問題発生や悪化の予防 48 （3）情緒や行動を包括的に評価する質問紙の活用 49
  3 メンタルヘルスを考慮した個別の指導計画の作成と指導・支援 51

第Ⅱ部　子どもの病気

第4章　循環器疾患の理解と支援 ────────────── 59
  1 就学児の循環器疾患の経年変化 59
  2 学校現場でよく見る循環器疾患 60
   （1）先天性心疾患 60 （2）不整脈 64 （3）川崎病 66
   （4）心筋症・心筋炎 67
  3 学校における心疾患児童への対応の注意点 68

第5章　呼吸器疾患の理解と支援 ────────────── 74
  1 呼吸器の感染症 75
   （1）感染をきたしている部位で病名が決まる 75 （2）原因となる病原は大きく2つに分けられる 75 （3）対応として最も重要なことは安静を保つことである 75 （4）集団感染に対する対応が必要となる場合がある 76
  2 気管支ぜん息（ぜん息） 76
   （1）原因・機序 77 （2）基本症状──教育現場で気づきやすい症状 78
   （3）基本的な検査 79 （4）基本的な治療 80 （5）学校生活とぜん息 82
  3 過換気症候群 82
   （1）原因・機序 82 （2）基本症状──教育現場で気づきやすい症状 83
   （3）基本的な検査 83 （4）基本的な治療 83 （5）現場で注意するべき事項と対応 84

目次

第6章　悪性腫瘍の理解と支援 ―――――― 86

1　小児がんの種類と好発年齢　86

2　白血病　88
（1）診断と予後予測　89　（2）治療の実際　89

3　脳腫瘍　92
（1）小脳腫瘍　93　（2）脳幹部腫瘍　93　（3）頭蓋内胚細胞性腫瘍　94
（4）頭蓋咽頭腫　94

4　その他の主な固形腫瘍　94
（1）肝芽腫　94　（2）神経芽腫　96　（3）ウイルムス腫瘍（腎芽腫）　97

5　緩和医療とターミナルケア　97
（1）緩和医療の導入　97　（2）ターミナルケアサポート　98

6　トータルケア　101

第7章　腎・泌尿器疾患の理解と支援 ―――――― 103

1　子どもの腎疾患，泌尿器疾患にはどのようなものがあるか　103
（1）急性腎炎　103　（2）慢性腎炎　104　（3）無症候性血尿　105
（4）無症候性たんぱく尿　105　（5）ネフローゼ症候群　107
（6）腎不全　107　（7）夜尿症　108　（8）尿路感染症　108
（9）溶血性尿毒症症候群　109

2　慢性腎疾患の子どもの学校生活における留意点　109
（1）体育実技の参加と評価はどのように対応するか　110　（2）登下校，遠足・修学旅行はどのように対応するか　110　（3）学校での食事（給食）はどうするか　111　（4）授業中のトイレについてはどう対応するか　111
（5）保健指導と流行性疾患発生時に注意すべき点　112　（6）けが・骨折，出血，その他のことで留意すべきこと　113　（7）子ども本人にはどのように病気のことを伝えるか　113

第8章　成長障害，内分泌疾患の理解と支援 ―――――― 115

1　ヒトの成長とその異常について　115
（1）成長とは　115　（2）成長のメカニズムとは――成長に影響を及ぼすいろいろな因子について　115　（3）成長の評価のしかた――成長曲線を描いてみよう　116　（4）ヒトの成長パターンについて　116　（5）成長障害

を引き起こす疾患と状況について　118
　2　内分泌疾患のいろいろ　120
　　（1）内分泌とは　120　（2）低身長に関係する疾患　121　（3）肥満　122
　　（4）糖尿病　127　（5）その他の内分泌疾患　130
　3　病気とはいえない成長パターンの偏倚について　131
　　（1）病気とはいえない低身長　131　（2）思春期遅発症　132　（3）やせ
　　願望　132　（4）思春期の体の悩みについて　132

第9章　消化器・肝臓・栄養疾患の理解と支援 ——————— 134
　1　教育現場で遭遇しやすい消化器・肝臓・栄養疾患　134
　2　胃食道逆流現象（GER）　135
　3　急性下痢症, 慢性下痢症　137
　4　嘔吐, 周期性嘔吐症　139
　5　便　秘　141
　6　胃・十二指腸潰瘍　144
　7　慢性ウイルス性肝炎　144
　　（1）B型慢性肝炎　144　（2）C型慢性肝炎　145
　8　肥満と肥満症　146
　9　非アルコール性脂肪性肝炎（NASH）　148

第10章　神経系疾患の理解と支援（1）——————— 150
　1　てんかん　150
　　（1）定　義　150　（2）原　因　151　（3）症　状　151　（4）検　査　154
　　（5）治　療　155　（6）教育現場で対応するべき事項　156
　2　脳性まひ　158
　　（1）定　義　158　（2）原　因　159　（3）分類および症状　159
　　（4）治　療　161　（5）教育現場における注意点　162
　3　ダウン症（染色体異常症を含む）　163
　　（1）染色体とは　163　（2）染色体と遺伝子　164　（3）染色体異常　165
　　（4）ダウン症の原因　165　（5）ダウン症の症状　165　（6）ダウン症の

治療および教育的配慮　167

　4　神経皮膚症候群　167

　　（1）神経線維腫症1型　168　（2）結節性硬化症　170　（3）スタージ・ウェーバー症候群　171

第11章　神経系疾患の理解と支援（2） ―――――――――――――― 173

　1　知的障害（精神遅滞）　173

　　（1）定　義　173　（2）頻　度　175　（3）原　因　176　（4）原因疾患　177　（5）診　断　180　（6）治療と療育　181

　2　脊髄性筋萎縮症　182

　　（1）原　因　183　（2）症　状　183　（3）診　断　184　（4）治療と予後　185　（5）医療的ケア　186

　3　筋ジストロフィー　186

　　（1）原　因　187　（2）症　状　188　（3）診　断　189　（4）治　療　190　（5）心理的サポートと告知　191

　4　水頭症　191

　　（1）原　因　192　（2）症　状　193　（3）診　断　193　（4）治　療　193　（5）学校生活上の留意点　194

第Ⅲ部　病気，障害の子どもを守る

第12章　病気，障害の受容とセルフケア ―――――――――――――― 197

　1　病気，障害の受容とセルフケアとは　197

　2　発達段階とセルフケア　198

　　（1）学童期前期　198　（2）学童期後期　198　（3）思春期　199

　3　疾患の受け止め方と心理・情緒面　200

　4　セルフケアの力を育てるカリキュラム　202

　　（1）体調把握と医療機関等との連携　203　（2）主体的で意欲的に活動できる環境　204

　5　慢性疾患に適応するための支援　204

第13章　病気，障害の子どもの心理的特性 —————————— 206
　1　病気の概念の発達　206
　2　疾患（Disease）と病気（Illness）の違い　207
　3　発達段階から見た心理社会的問題　208
　4　各疾患ごとに抱えている心理社会的問題　209
　　（1）腎疾患　209　　（2）心臓疾患　210　　（3）気管支ぜん息　211
　　（4）インスリン依存性糖尿病　211　　（5）脳性まひ等の肢体不自由　213
　5　ターミナル期にある子ども　213

第14章　教育・医療・保健・福祉の連携と支援 —————————— 215
　1　地域で暮らすことへの包括的支援　215
　　（1）フォーマル・サービスとインフォーマル・サポート　216　　（2）ミクロ，メゾ，マクロレベルの支援　216
　2　全人的ケアの理念と機能　218
　　（1）ノーマライゼーションと全人的ケア　218　　（2）末期や慢性疾患における全人的ケア　219
　3　QOLを高める教育・医療・保健・福祉の連携と支援　220
　　（1）法制度と教育・医療・保健・福祉の支援　220　　（2）ICFを用いて描く支援　221

第15章　病気，障害のある子どもを支える法制度 —————————— 225
　1　社会保障制度というセーフティネット　225
　　（1）社会保険　225　　（2）社会福祉　226　　（3）公的扶助　226
　　（4）保健・医療，公衆衛生　226
　2　母子保健関連施策と子どもの医療制度　227
　　（1）母子保健関連施策　228　　（2）子どもの医療制度　230

序　章

病気，障害をめぐる動向

① 健康，病気，障害の概念

（1） 健康とは

　世界保健機関（WHO, 1948）は，その憲章の前文で，「健康とは，完全な肉体的，精神的及び社会的福祉（well-being）の状態であり，単に疾病または病弱の存在しないことではない」と定義しています。この定義から考えれば，病気または病弱（disease or infirmity）と健康（health）は質的に違う次元のもので，たとえば，身体障害があっても物理的なバリアフリー環境や社会環境が整えば，個人の健康な要素を伸ばすことで全体として健康な状態をつくることができると考えられます。つまり，個人にはいろいろな程度の病的な要素と健康な要素があり，全体として個人の健康が達成されるという考え方です。では，健康とは一体どのような状態かと説明を求めれば，具体的な測定指標や評価法が確定しているわけではありません。平均寿命（0歳の平均余命）は，健康指標の1つですが，長生きすれば健康かというと人により意見が分かれると思います。そこで，健康の概念を代表する新しい評価指標が日々開発されています。日常生活活動（ADL）や生活の質（QOL）という考え方もその1つです。

（2） 病気とは

　昔から，病気を健康の反対の状態として捉える考え方も根強くあります。人

は，自分の体の具合が悪いという漠然とした感じ（病感）により，自分は病（ill）ではないかと感じます。そして周囲の人から，病気（sick）ではないかと言われ，医療機関を受診し，医師から疾病（disease）と診断されます。患者（patient）とは，社会的に医療を受けている病人ですが，病人（sick person）すべてが患者ではありません。病気ではない患者もいますし，明らかな疾病のある病人でありながら，患者ではない人もいます。

　また，ある病気が1つの疾患単位として認められるためには，臨床観察に基づいた症候群（syndrome）が，身体内部で生じた形態的な変化（肉眼レベルでも顕微鏡レベルでも）である病理所見や組織の機能変化（機能障害：impairment）と結びつき，科学的な論理に従って因果関係が認められる必要があります。疾患（disease）に関して，病因（etiology）―病理（pathology）―発現（manifestation）という枠組みで決まるという医学モデルが完成するまでには，18世紀から始まった病気で死亡した人を解剖する病理解剖の知識の蓄積や19世紀に確立した病理所見を細胞レベルで確定する細胞病理学の発展などを基盤とする長い歴史があるのです。

　このように医学モデルは，身体に病理学的変化のあることを前提に疾患を定義していますが，精神医学領域の病気のなかには，患者の訴えや行動上認められる正常からの逸脱，すなわち症候群で診断がなされるものがあります。精神病（psychosis）と呼ばれる状態の多くは，現在では脳機能の障害と考えられていますが，病理学では説明がつかないものは，英語では精神障害（mental disorder）として疾病（disease）とは区別して表記します。

（3）　障害とは

　障害という概念も，20世紀に入り，保健医療，福祉，労働分野で新たな概念の深まりがありました。保健医療では，リハビリテーションや治療，予防活動を，福祉は生活支援を，労働は就労支援を目指しています。そこでは，戦争で多くの身体障害者が生み出されたこと，第二次世界大戦後，世界各国での福祉国家成立を背景とした人権意識の高まりなどが，その背景として指摘されてい

ます。日本の障害者基本法を見ても，個人の身体的，知的あるいは精神的な状態のため，日常生活や社会生活に相当な制限を受けているものを障害者と定義しています。そこでは，障害の原因は個人に帰属しているので，その原因を取り除くことで障害が改善・克服するという発想が見てとれます。

　そのなかで，1980年にWHOから国際障害者年に合わせて国際障害分類（ICIDH）という障害モデルが提案されました。これは，障害をその性質によって疾病分類学的に（因果関係に基づき）区分けする考え方で，原因，症状，経過，転機，家族的背景などに注目し，リハビリテーション（治療）により障害の克服を目指す医学モデルとも呼ばれています。そこでは，障害を3階層に分けています。まず，①身体的な疾病（disease）や変調（disorder）を基礎に，直接生じる心理的，生理的，解剖学的な構造や機能の異常として機能障害（impairment）が起こります。この機能障害から，②日常生活における活動能力が低下したり制限されたりし，能力障害（disability）が生じます。機能障害や能力障害が持続すると，③社会のなかで個人が果たしていた役割が果たせなくなり，個人の役割遂行や地位と社会が個人にもつ期待値とが一致しなくなることで，社会的不利（handicap）を生じるというものです。

　一方，1970年代以降，ノーマライゼーションやメインストリームと呼ばれる障害者運動のなかから，身体障害等の機能障害のある人々を障害化するのは社会であるという社会モデルが提起されました。また，必要な支援のあり方が似たもの同士は同じ障害としてまとめる考え方（developmental disabilities）で，障害によってその人がこうむる不便，不利益，困窮を中心に支援の方法を組み立てる，障害モデルという考えがでてきました。その目的は治療ではなく，ケアです。こうした動きのなか2001年にWHOは，障害モデルと社会モデルを統合し，障害のみならず健康のあらゆる側面にも適応できる国際生活機能分類（ICF）を提案しました。このモデルは，国際障害分類と違って障害というマイナス面だけではなく健康状態というプラス面を重視することが大きな特徴です。人が生きていくための機能全体を「生活機能」として捉え，①体の働きや精神の働きである「心身機能・身体構造」，②ADL・家事・職業能力や屋外歩行と

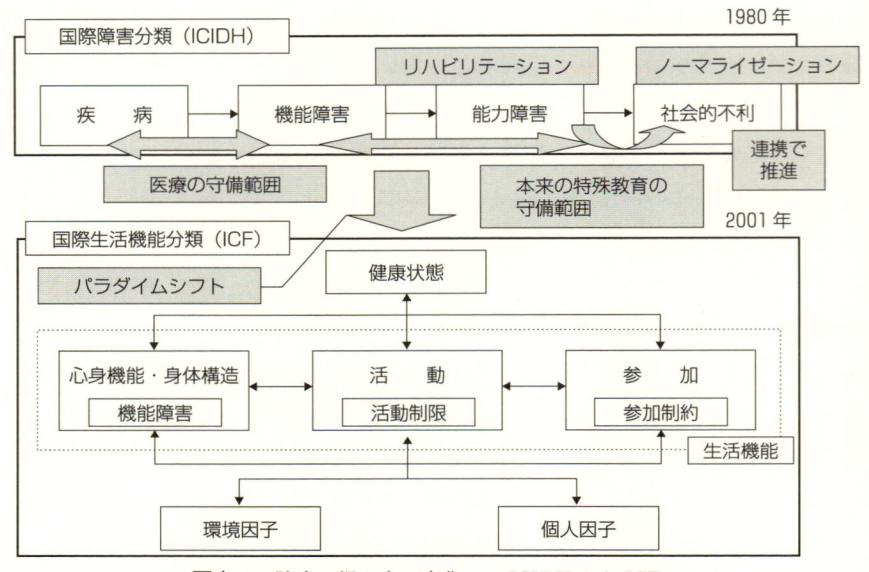

図序-1 障害の捉え方の変化──ICIDH から ICF へ

いった生活行為全般である「活動」，③家庭や社会生活で役割を果たすことである「参加」，の3つの要素から捉えています。そして，このような「心身機能・身体構造」，「活動」，「参加」という生活機能の3要素が低下した状態をそれぞれ「機能障害」，「活動制限」，「参加制約」とし，それらを総称して「障害（生活機能低下）」と呼ぶことにしました。

また，生活機能の3つの要素の間には相互作用があり，これに対して，性や年齢，価値観といった個人因子と，人を取り巻く物的な環境や人的環境，また，社会的な制度などの環境因子が種々の影響を与えると考えます。これまでの国際障害分類の障害モデルの「機能障害→能力障害→社会的不利」といった一方向的なものから，生活機能の3要素間の相互作用として，よりダイナミックに健康状態を捉えているのが大きな特徴です（図序-1）。特別支援教育での，養護・訓練から自立活動への視点の変換も，この考え方の影響を受けています。

このように時代は，医学モデルから医学モデルと社会モデルの統合に動いており，この流れは，医学では解決できない課題を，環境や社会を変えることに

より解決しようとする考え方への変化を意味しています。しかし，医学や脳科学，心理学の進歩により，体の機能障害（impairment）に働きかけ，医学的に解決できる疾患や障害も出てきている（たとえば人工内耳）ことから，今の時代は，どちらかの考えにとらわれるのではなく，両者の考えを俯瞰して見る必要があると思います。

2　病気，障害をめぐる疫学統計

　子どもの病気や障害に関する全体像を1つの疫学統計で把握することはできません。現時点では，国が系統的に調査し，書籍やweb上でデータが入手可能なものとして，国民生活基礎調査，患者調査，医療保険，小児慢性特定疾患治療研究事業，身体障害児・者実態調査，自立支援医療（更生医療，育成医療，精神通院医療），人口動態統計，災害共済給付制度などがあり，これらを総合して子どもの病気や障害に関する全体像を把握することができます。また，これらとは別に，疾患や障害別に調査研究目的で行われている疫学調査は数多くあり，個別の子どもの疾患や障害の情報として重要であるので，各自で調べることをお勧めします。

(1)　死亡率，死因分類から疾病構造を見る

　その国の子どもの疾病構造を見る上で，子どもの死亡率や死因分類は重要な統計です。日本では，子どもの死亡率は，戦後大きく改善し，0～4歳，5～9歳，10～14歳，15～19歳の死亡率（各年齢階級別人口1,000対）は，1950年から2008年にかけて，男子は20.9→0.25，2.2→0.1，1.2→0.1，2.5→0.3，女子は19.2→0.7，2.0→0.1，1.2→0.1，2.5→0.2と激減しました。同じ期間で，新生児死亡率は，60.1→2.6，乳児死亡率は27.4→1.2とやはり激減しています。乳児死亡率は，その国の医療や公衆衛生水準を見る重要な指標です。日本は世界でもトップレベルの水準にあるといえます。

　死亡率は，死亡原因の疾患が確定されるため，その時代の疾病構造を反映し

ます。結核は1950年代に激減し，その後も腸炎や肺炎などの感染症は著しく減少しました。1960年代以降の死因の第1位は，ほぼすべての年齢階級で「不慮の事故」となり，現在，子どもの事故予防が母子保健の重要な対策になっています。1970年代以降の死因の第2位は，1～4歳が先天異常，5～14歳が悪性新生物，15～19歳は自殺の年が多いようです。特に10歳代の自殺が近年増加していることは注目すべきです。子どもの時期に死亡しない先天異常は，特別支援学校に在籍することが多く，悪性新生物は，学齢期に発症するため，治療中の教育の保障は，病弱教育で対応しています。思春期の自殺は，精神疾患対策として重要であり，近年では学校保健の大きなテーマです。

(2) さまざまな調査から病気の実態を把握する

現在の子どもの病気の実態把握では，患者調査と小児慢性特定疾患治療研究事業が有用です。患者調査は，全国の医療施設（病院，一般診療所，歯科診療所）を利用する患者の傷病などの状況を把握するため標本調査の方法で3年ごとに実施されています。5～14歳の学齢期では，約1,000人に1人が調査日に入院し，約100人に3人が外来を受診していると推計されることから，学齢期の子どもの病気になるリスクが推計されます。国民生活基礎調査（2007年度）によれば，同じく，義務教育を受けている児童生徒のうち，健康上の問題で3.7%が日常生活に何らかの影響があり，1.1%が学業に支障があると答えています。これが，病弱教育を受ける可能性がある児童生徒の最大数と見ることもできます。少なくとも健康上の問題で学業に支障のある部分への配慮が必要となるでしょう。

小児慢性特定疾患治療研究事業データベースは，病気の子どものデータベースでは最大のもので，児童福祉法で定める11疾患群，514疾患を対象としています。このデータベースから，疾患群別と疾患別および年齢階級別の登録人数とその頻度が出されます。2003年度のデータでは，小中高校生の約200人に1人が登録しており，たとえば，悪性新生物では，小中高生の約1,000人に1人の割合で登録されていました。子どもの死亡率の変化から見れば，悪性新生物

の死亡率も大きく改善され，現在では，悪性新生物に罹患した子どもの約60％は成人に達すると推定されています。現在治療中または寛解後の生存例を含めれば，1,000人に1人以上の割合で小中高に在籍していると推定されます。

日本の小児期の精神疾患患者数（発達障害を含む）は，患者調査により推計されます。19歳以下の在宅精神疾患患者数は，経年的には増加傾向で，2005年で16万1,000人（2005年の19歳以下人口1,964万4,069人）で，人口1,000人対8人でした。統合失調症は，一般に思春期から発症率が高まり，診断までの経過が長いことで知られています。統合失調症で外来通院中が55万8,000人で，このうち19歳までに発症している者は全体の56.2％，精神疾患全体でも40％が19歳以下で発症しているという調査結果があります。今後，精神疾患対策は，特別支援教育でも大きな分野になると考えています。

現在の子どもの病気の実態を障害福祉から見るには，身体障害児・者実態調査が有用です。この調査のなかで，病弱教育に関係する主な統計は内部障害で，心臓機能障害，呼吸機能障害，腎臓機能障害，膀胱・直腸障害，小腸機能障害，ヒト免疫不全ウイルスによる免疫機能障害，肝臓障害を含みます。2006年度は，在宅の身体障害児（18歳未満）は約9万3,100人いると推定され，そのなかの22.2％（2万700人）が，内部障害でした。身体障害児のうち重複障害児は，1万5,200人（16.3％）で，前回（2001年）の調査6,000人（7.3％）より大幅に増えています。

障害者自立支援法制定（2006年10月より完全実施）により，従来児童福祉法のなかで行われていた公費負担制度である育成医療は，自立支援医療と変更されました。2006年度に実際に自立支援医療を給付された子どもは，5万7,253人でした。手帳を交付されている在宅の身体障害児（18歳未満）は約9万3,100人ですから，全員が育成医療を利用しているわけではないことがわかります。

（3） 病気の子どもの教育を保障するために

病気の子どもの教育の保障に関する最大の課題は，今も昔も，病気を理由とする長期欠席者の存在と実際に病弱教育を受けている子どもの数との乖離です。

2008年の学校基本調査によると，2007年度に病気を理由に通算30日以上欠席した長期欠席児童生徒の数は，小学生が2万5,248人，中学生が2万1,337人でした。最近では，慢性疾患でも，入院治療から外来治療へのシフトが顕著で，通常の学校に在籍して長期療養している児童生徒が増えていることが予想されます。特別支援教育では，これに対して特別支援学校（病弱）をつくり，病院に学校をつくり，対応してきました。しかし，この現象は，教育側の努力だけで解決できるものではなく，医療，福祉側の動きに連動した対策が求められます。

③ 病弱・障害児教育の歴史的展開

　病気や障害のある子どもに対する教育制度は，国家方針と深く関わっています。明治維新後，欧米列強国と伍するように図られた近代化政策の一環として，健康に関わる制度や公教育の制度が構築されました。戦争の世紀には，日本の国の中心的な政策に富国健民が掲げられ，健康であることが求められました。それゆえに，病気や障害のある子どもへの対策には，社会防衛的な特徴も含まれていました。

　第二次世界大戦後の日本では，日本国憲法により基本的人権や生存権が掲げられ，教育を受ける権利についても明記されました。欧米の社会に目を向けると，1960年代にはノーマライゼーションの社会のあり方が模索され，日本にもその思想が入ってきました。

　ここでは，病弱・障害児教育の歴史について，時代思潮と，学童の健康増進や疾病予防を担当する学校衛生・学校保健の動向を見ながら概観していきます。それは，病気の子どもをめぐる近代日本の社会を再考する機会となります。そして，病気や障害があっても，どの子どもも，当たり前に教育を受けることが可能になる社会のあり方を，考える機会ともなります。

（1）　明治期：近代国家の形成期

　明治という時代の幕開けから近代化政策が企図され，富国健民はその重要課

題となりました。病気に関わる問題が政策課題として着手され，衛生（保健医療）行政制度の形成とともに，1876年には死因統計や感染症調査の体制を全国的に整えました。そして，多くの死者数を記録したコレラなどの急性感染症流行に対する防疫体制を確立していきます。

教育現場においても感染症対策が重視されました。当時流行していた天然痘予防対策として，種痘接種の重要性は1872年の「学制」や1879年の「教育令」において明示されています。地域によっては，小学校が接種場所になりました。また，感染症予防に清潔保持が重要とされ，学校環境や児童の身辺の清潔の方法が示されました。感染症の罹患者に関わる事項として，1879年には登校禁止，1890年には流行時の学校閉鎖についての要件が定められました。

近代社会を担う人々の健康保持・疾病予防を高めていくために，身体管理や衛生概念を育むための施策や活動が展開されていきます。学校において衛生（保健）教育を行い，また，広く人々に衛生知識の普及と衛生施策の翼賛を図ることを目的に，1883年に大日本私立衛生会，1887年に婦人衛生会が発足しました。1897年には，「学校伝染病予防法及び消毒法」が定められています。

明治中葉以降，学校において，児童生徒全数を対象とした健康管理が進み，1897年にはすべての学校で身体検査を行うことが規定され，その検査結果による統計が机や椅子の標準値の指標として用いられるようにもなります。教育現場では体力向上や健康状態改善を目的として，体育が重視されるようになり，1898年には医療専門職である学校医が全国の公立小学校に配置され，主に環境衛生と身体検査を職務として担うことになりました。

病気や障害のある子どもに対する教育については，1889年に，当時，患者数が多く対策が緊要とされた脚気の生徒を対象とした教育が三重県尋常師範学校（転地）で行われたようで，これが日本で最初の病弱教育といわれています。明治末には，自然に恵まれた休暇集落などでの，結核などの疾病予防を目的とする虚弱児教育が注目されるようになりました。

近代日本における障害児教育は，1875年の京都における「瘖啞（のち盲啞）教場」を嚆矢としています。1879年には東京の「楽善会訓盲院」において，授

業が開始されたことが記録されています。1891年には，のちに知的障害児施設「滝乃川学園」への系譜となる，孤児の施設がスタートしています。この施設では，アメリカ式の教育方法が導入されました。

（2） 大正期：資本主義社会の成立期

　日清・日露戦争に勝利した日本では，資本主義経済が発展し工業化・都市化をもたらし，好景気の反動として起きた経済恐慌や天災による農村の凶作は生活そのものを荒廃させていることが報告されるようになります。人々の健康に関わる社会問題に，目が向けられるようになりました。

　1900年に精神病者監護法，1907年には癩（ハンセン病）に関する法律，1919年には結核予防法，トラホーム予防法，学校伝染病予防規定が定められ，慢性疾患対策が順次講じられていきます。また，1916年には，労働者保護を目的に，12歳未満の就業禁止や15歳未満の就業制限が定められた工場法が施行されました。当時，工場では長時間労働が強いられ結核が蔓延していました。

　子どもの健康に関わる政策は，教育とともに保健や福祉面でも強化されていきます。1916年に設置された「保健衛生調査会」では，罹患数・死亡数の多い感染症である結核や乳幼児死亡率の高さなどが問題となり，子どもの体格や栄養・衛生状態なども調査対象となり，その結果，相談や指導などの保健活動が行われるようになります。また，大都市で，養育や貧困，さらに病弱や障害などの問題に応じる児童相談所が設けられました。

　学校現場では，学童に加えて，教員に対する結核対策（退職や治療費助成）も講じられました。また，1920年代には，学校看護婦（現・養護教諭）が配置されていきます。疾病予防や体力向上のための臨海学校や林間学校実施も広がっていきました。

　民間では，1917年に虚弱児施設として白十字会林間学校が設けられ，1927年には児童愛護会による身体虚弱児の学校が開かれました。1921年には，日本で初めての肢体不自由児施設である「クリュッペルハイム柏学園」が創設されました。また，大正期から昭和初期にかけて創られた知的障害児施設に，「藤倉

学園」や「三田谷治療教育院」などがあります。

（3） 昭和前期：戦時体制下

1929年には，国公立私立学校，幼稚園に校医を置くことが規定され，学校看護婦の配置についても奨励されていきます。

日中戦争によって戦局が拡大した1937年に保健所法が公布され，結核予防と母子保健を中心に，国民健康管理の実践システムが企図されていきました。翌年に「国家総動員法」が制定されました。国民は基礎的戦力としてその量と質の向上が望まれ，疾病予防・健康増進策が強化されていきます。同年，厚生省（現・厚生労働省）が創設され，国民の体力向上とともに福祉の増進が目標とされました。

戦時体制下において，今日に至る国民全体を包括する保健・福祉制度の枠組みが形成されていきます。結核検診などの感染症予防が拡大強化されていくとともに，1939年に「全国乳幼児健診」，翌年には身体ならびに精神，運動機能，疾病予防の検査を規定した「国民体力法」や，国民の質に関わる「国民優生法」，1942年には「妊産婦手帳」が制定されました。また，限定的ですが，健康保険法や医療法なども定められています。

国民は自己の健康を保持増進すべき義務をもつ，という考えが強調されていきます。筋骨薄弱や結核要注意の虚弱と判断された者には修練の機会が設けられ，体力の増強が図られました。地域では健民運動が進められ，体位・体力向上を目的にラジオ体操も行われるようになりました。

第二次世界大戦参戦の1941年には，それまでの尋常小学校・尋常高等小学校が国民学校となり，「国民学校令施行規則」において，「身体虚弱，精神薄弱其ノ他心身ニ異常アル児童ニシテ特別養護ノ必要アリト認ムルモノノ為ニ学級又ハ学校ヲ編制スルコトヲ得」とされ，養護の学級や学校を編成する旨が定められました。1943年には，中学校などにおいても，身体虚弱の生徒のための学級編成が規定されています。

障害児教育としては，1930年代には東京の公立肢体不自由児学校，1940年代

には，大阪市立の知的障害児学校や，東京都立中学校に肢体不自由児養護学級が設けられました。

（4） 戦後社会と経済成長期

　戦後1946年，最高法規として日本国憲法が公布されました。国民主権の原則が掲げられ，基本的人権のもとに，第25条では「健康で文化的な最低限度の生活を営む」など生存権を主旨とし，第26条では，教育を受ける権利が定められています（第14章参照）。この法規の精神は，戦後の病弱児・障害児に対する教育制度形成と深く関わっていきます。

　戦後の混乱期に，蔓延する感染症に対しては予防接種などの対策が進められ，欠食児童増大の状況をふまえて全児童対象の給食が実施され，社会保障の充実が図られました。1947年制定の児童福祉法では，児童の権利と養育に対する公的責任が示され，「すべて国民は，児童が心身ともに健やかに生まれ，且つ，育成されるよう努めなければならない」（第1条第1項）と記されています。

　児童の権利については，その後，1951年に「児童憲章」で「児童は，人として尊ばれる。児童は，社会の一員として重んぜられる。児童は，よい環境のなかで育てられる」と示され，1994年には，「児童の権利に関する条約」（1989年国際連合採択）を批准しました。この条約には，子どもを「権利の主体」として尊重することや，「成長発達に必要な保護や支援の保障」が具体的に示されました。「権利主体」としての児童の権利については，今もなお，模索され思案され目標として掲げられている課題です。

　このような社会の課題のなかで，教育については，1947年に教育基本法が制定され，教育の機会均等が示されました。また，学校教育法が公布され，盲・聾，知的障害，肢体不自由，病弱（身体虚弱を含む）などの児童に対して，「幼稚園，小学校，中学校又は高等学校に準ずる教育を施し，併せてその欠陥を補うために，必要な知識技能を授けることを目的とする」（第71条）学校について定められました。小・中・高等学校には，知的障害，肢体不自由，身体虚弱，弱視，難聴・他の児童生徒について，「特殊学級を置くことができる」とし，

また，疾病により療養中の児童生徒に対しても「特殊学級を設け，又は教員を派遣して，教育を行うことができる」とされています。

その一方で，「病弱，発育不完全」などの理由による就学猶予や就学免除（保護者に対して，子どもに教育を受けさせる義務の猶予や免除）も規定されており，治療や療養を優先し，公的教育を受けることなく自宅や病院などの施設で過ごす子どもも，多数存在していました。

高度経済成長期の1961年になると，病弱児対象の養護学校設立について示唆され，翌年には，病弱について，「医療又は生活規制が6か月程度以上の者」と定められました。体調管理のもとに，また病類や病状に配慮した教育が試みられていき，1979年には養護学校（知的，肢体不自由，病弱）義務制が施行され，訪問教育や巡回指導の実施についても定められました。病気や障害があっても，その状態や教育的必要に応じて学習を保障していくという第一歩を踏み出したといえます。

1990年代に入ると，病弱教育に対する専門職の育成とともに，病気の児童生徒の発達に対する知見や院内学級設置などの具体的な教育の課題が広く取り上げられるようになります。2006年の教育基本法改正では，「国及び地方公共団体は，障害のある者が，その障害の状態に応じ，十分な教育を受けられるよう，教育上必要な支援を講じなければならない」（第4条第2項）と教育の機会均等に関わる条文が追加されました。そして，2007年に，盲学校・聾学校・養護学校は特別支援学校としてまとめられ，現在に至っています。

また，学校現場における健康保持増進として，1958年制定の「学校保健法」では，保健管理，学校衛生，健康診断，感染症予防，学校医などの事項について定められ，幼児・児童・生徒・学生ならびに職員の健康保持増進を図るための基本制度の枠組みが示されました。なお，この法は2008年には改正され，「学校保健安全法」と題名が改められています。

戦後民間での活動として，1946年に設立された知的障害児施設「近江学園」において「療育」が実践されて，子どもの「発達保障」に対する考え方への先鞭をつけたこと，また，1961年には重症心身障害児を対象とした療育が「島田

療育園」で実践されたことも，今日の病弱・障害児教育を考える上で，細い系譜となっています。

　すべての子どもが大切な存在として，すべての子どもを対象とした公教育の制度が，現在も，引き続き講じられています。

文献

厚生省医務局（1976）．医制百年史　ぎょうせい

世界保健機関（WHO）・厚生労働省大臣官房統計情報部（編）（2009）．ICF-CY　国際生活機能分類——児童版　厚生統計協会

全国病弱虚弱教育研究連盟・病弱教育史研究委員会（編）（1990）．日本病弱教育史　日本病弱教育史研究会

中村隆一（編）（2005）．入門リハビリテーション概論（第5版）　医歯薬出版

西牧謙吾・植木田潤（2010）．特別支援教育の対象疾患と病気の子どもの就学基準の運用について　専門研究B「小中学校に在籍する病気による長期欠席者への特別支援教育の在り方に関する研究（平成20年度〜21年度）研究成果報告書」　独立行政法人国立特別支援教育総合研究所

文部省（1972）．学制百年史　帝国地方行政学会

文部省（1973）．学校保健百年史　第一法規出版

第Ⅰ部

子どもの発達と発達障害

第1章
子どもの発達——精神面・運動面の発達

　「這えば立て，立てば歩めの親心」という江戸時代のことわざがあります。別に子どもの発達の研究者でなくても，たくさんの子どもの育ちを見ることによって，子どもの発達には一定の順序があることに気がついていました。
　しかし乳児期からの子どもの発達を系統的に研究し，科学的な発達学の先鞭をつけたのは，アメリカのゲゼル（1880〜1961）です。彼の著書『発達診断学』（1941）は乳幼児発達学の古典となっています。ゲゼルは発達の段階（Stages of Development）という概念を導入し，子どもの発達成長の流れを横断的に記載しました。ゲゼルは生まれてから3歳までを，4週，16週，28週，40週，52週，18か月，24か月，36か月の8つのキー年齢によってステージに分類し，それぞれのステージで可能になる行動を明らかにしています。ゲゼルは定型発達児の多数例の観察結果をもとに，子どもの行動を「適応」「粗大運動」「微細運動」「言語」「個人・社会」の5つの領域に分け，ステージごとの特徴的行動の有無や，行動発現の遅れの診断に有用な発達診断表（Developmental Screening Inventory）を発表しています。
　ゲゼルのアイデアは，現在も子どもの発達診断の指標として繁用されているデンバー発達診断テスト（Denver Developmental Screening Test）につながります。1967年にフランケンブルグによって開発されたデンバー発達診断テストは，ゲゼル同様に乳幼児の行動を，「粗大運動」「微細運動−適応」「言語」「個人−社会」という4つの領域に分け，1,036人の定型発達児が，首すわり，寝返り，独り立ち，独歩，ピンセットつまみ，初語，二語文などの発達里程標

（マイルストーン）が初めて可能になった時期の統計量を，連続的な時間軸上に示しました。ゲゼルの発達診断表ではキー年齢にあたる子どもの発達の診断にしか使用できませんでしたが，1,036人の定型発達児の特定の発達里程標が可能になる月齢・年齢の統計量を連続的な月齢・年齢軸上に提示したデンバーの発達診断テストは，子どもの月齢・年齢によらず使用できる診断指標になっています。発達診断テストの使用法については，本章の最後に述べます。

　ゲゼルが乳幼児の発達の評価について研究を重ねている頃，フランスでは知的障害児の精神発達を定量する方法をビネーとその弟子のシモンが研究していました。そして，1905年にビネー式知能検査が開発されました。ゲゼルは運動能力を含めた乳幼児の発達全体を判断しようとしていたのに対し，ビネーは子どもの精神機能に焦点をあてています。そのためビネー式知能検査は2歳以下の子どもは対象としていません。

◇1◇　発達の領域

　ゲゼルやデンバーは乳幼児の行動観察の結果，いくつかの領域に分けて考えると理解しやすいことに気がつきました。一番わかりやすいのが，外からの観察で容易に判断できる運動です。運動は，身体全体を巻き込む運動や移動に関わる運動を粗大運動（gross motor）と手先で小さなものをつまんだりする微細運動（fine motor）の2つに分けて考えることができます。音声を発する言語も，すでに完成した大人の言語との比較で比較的容易にその発達を追跡することができます。本人の内的心理状態を言語により他人に伝えることができない乳幼児ですが，おもちゃや身の回りの物に対する微細行動（リーチング，指さし）や表情から，乳幼児の周りの世界の理解（認知）や，感情（情動）を推測することができます。また，他人に対する行動や表情，発声，言語から，他人との社会的関係を推測することができます。

　医学では人の身体の生理と病理を理解するために，身体を複数の系（システム）に分けて考えるという方法をとっています。表1-1はそうした身体の系と

表1-1 人の身体の系（システム）

系の名称	所属する主要臓器（組織）
神経系	脳，脊髄，末梢神経
循環器系	心臓，血管
呼吸器系	気管，気管支，肺
腎・泌尿器系	腎，尿管，膀胱
消化器系	口，食道，胃，小腸，大腸，肝臓，すい臓
内分泌系	脳下垂体，甲状腺，副腎，ランゲルハンス島，性腺
血液系	骨髄，白血球，赤血球，リンパ球
免疫系	リンパ節，胸腺，リンパ球
運動器系	筋，骨格
感覚器系	眼，耳，鼻，皮膚

表1-2 ゲゼルとフランケンブルグの発達領域の対照表

	ゲゼル	フランケンブルグ
領域の対応	粗大運動	粗大運動
	言語	言語
	微細運動	微細運動・適応
	適応	
	個人・社会	個人・社会

そこに属する臓器（組織）を示したものです。

　人間の身体は（脳も含めて）極めて複雑な構造と機能をもっています。一個の人間の発達を全体として理解するのは極めて困難なことです。ゲゼルやフランケンブルグは，医学が人間の身体の生理機構を理解するためにシステムに分けているように，発達を複数の領域に分けて理解しようとしたのです。ゲゼルとフランケンブルグの乳幼児の発達の分類を，医学のシステムに対応させて表示したのが表1-2です。

　このようにゲゼルとフランケンブルグを比較してみると，身体機能を系に分けたように，子どもの発達をいくつかの領域に分けていること，またその分け方が極めてよく似ていることがわかります。

第Ⅰ部　子どもの発達と発達障害

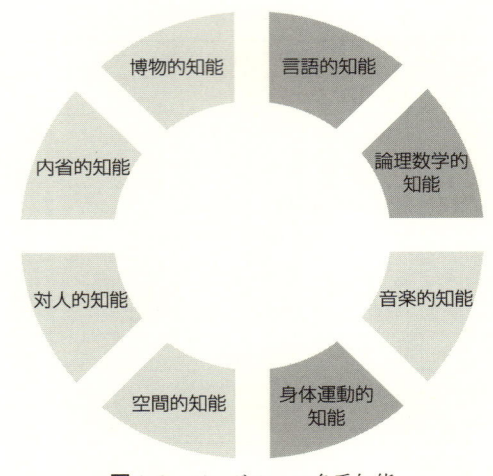

図1-1　ガードナーの多重知能

しかし，保健所や病院で行われる乳幼児健診の現場では，本章のサブタイトルにもあるように，子どもの発達を精神面と運動面と単純に2つに分けて評価するのが普通です。その理由は，たぶん次のようなことになります。

1つは，大勢の子どもを短時間で評価するために，細かく評価することが困難であるからです。

2つ目の理由は，乳幼児健診の目的は，一人ひとりの子どもの発達を詳しく評価することにあるのではなく，発達に悪影響を及ぼす疾患や障害を見つけ出し，早期に対応することにあるからではないでしょうか。ビネーがIQという単線的な指標で表した人の知能も，近年は心理学者のガードナーが提案したように8つの領域から構成される多重知能として理解されるようになってきました（図1-1）。

ビネーの時代に必要とされたのは知的障害の客観的指標でした。しかしガードナーの多重知能をもち出さなくても，人間の能力は従来の検査法で測定した知能だけでは不十分であることが，高機能自閉症，学習障害，注意欠陥多動性障害などの子どもたちの行動観察と脳科学的検索によって明らかになってきています。

② 発達を支えるもの

　こうした子どもの発達の複雑な構成を支える脳の構造と機能の研究は，ゲゼルやビネーの時代から格段の進歩を見せました。脳機能の細胞レベルでの理解や，遺伝子と脳機能の働き，そしてリアルタイムで脳機能を可視化できる脳機能画像の発達によって，子どもの発達を支える脳内の仕組みが明らかになってきました。

　子どもの脳の形成は，大部分が遺伝子によって制御されています。脳は神経管と呼ばれる管が神経細胞の分化と増殖，移動を繰り返して形成されます。大脳の表面は大脳のどの部分でも6層構造をしていますが，これは分化・増殖した神経細胞がお互いの細胞表面のさまざまな細胞接着因子を手掛かりに移動することによって可能になります。これまでわからなかった先天的な脳の奇形の一部は，神経細胞の移動に関係する細胞接着因子をコードしている遺伝子の異常によって引き起こされることもわかってきました。胎児期にミエリン形成以外の脳の基本的な構造は完成しますが，出生後外界から視聴覚，触覚，味覚，嗅覚などの刺激と，身体内の筋や腱，内臓からくる固有感覚によって，すでに神経細胞間に密に張り巡らされた神経細胞同士のシナプス結合が変化します。

　ミエリンは神経膠細胞と呼ばれる神経細胞の周囲にある細胞の一部が，軸索突起の周りを覆うことによって形づくられますが，その形成は脳の一部を除いては，出生後に最盛期を迎えます。図1-2はヤコブレフによる脳の部位ごとのミエリン形成の時間的推移ですが，生後の1年間に脳の大部分で急速に形成が進むことがわかります。ミエリン形成はおおむね遺伝子によって規定された過程と考えられますが，外界からの刺激の影響も考えられます。

　かつては，経験と学習による脳への刺激は，神経細胞間のシナプスの数を増やし，それが脳機能発達につながると考えられていました。現在では，シナプス密度は生後1歳頃にピークに達し，その後は外界からの刺激によってシナプス間で競合が起こり，より優勢なシナプスだけが残る（シナプス選択と刈込み）

第Ⅰ部　子どもの発達と発達障害

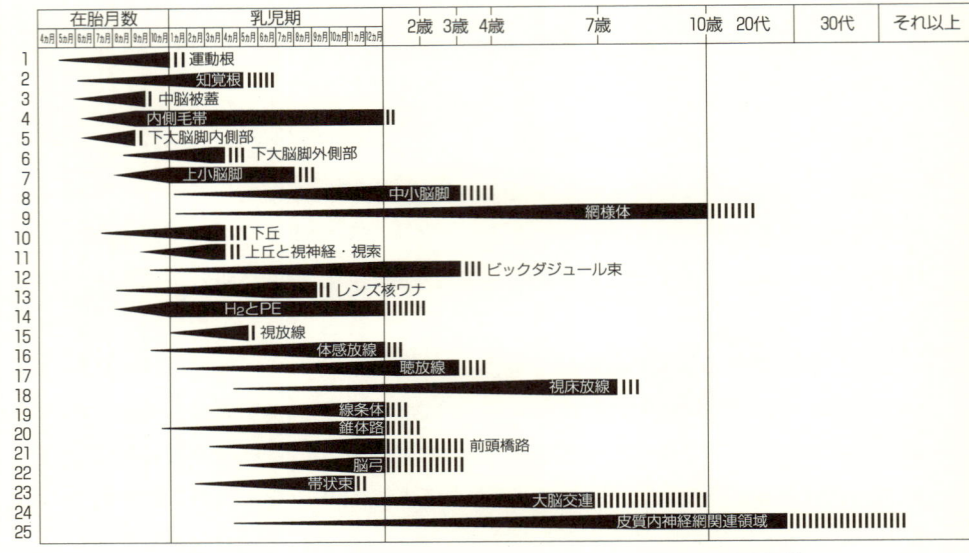

図1-2　ヤコブレフによる脳の部位によるミエリン形成の時間経緯
出所：Yakovlev & Lecours（1967）より筆者和訳。

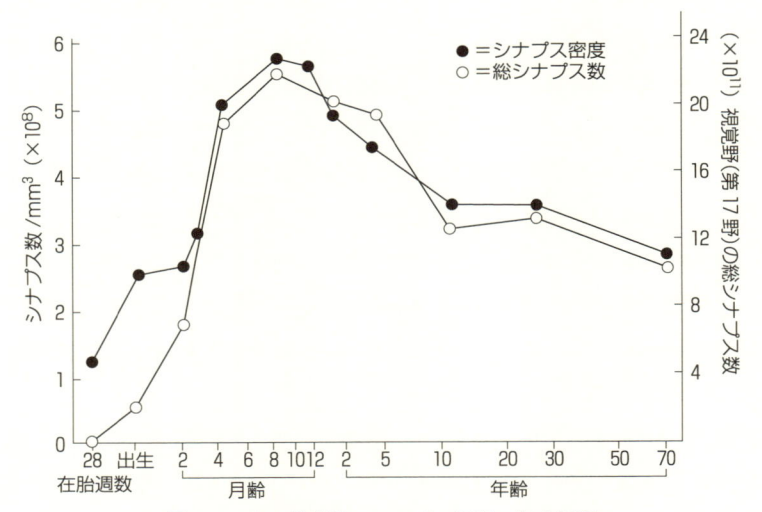

図1-3　人の視覚野のシナプス密度の年次経過
出所：Huttenlocher, et al.（1982）より筆者和訳。

によって学習が起こることもわかりました（図1-3）。

　選択され残ったシナプスは，繰り返し加えられる同一の刺激によってその機能が増強され，シナプスを受けている神経細胞に同じ刺激強度で増強前よりも強い反応を引き起こすことも，近年の脳科学で明らかになった重要な脳の仕組みです。長期増強現象と呼ばれるシナプス機能の強化は，現在では学習や記憶に関わる基本的なメカニズムであると考えられています。

③ 発達と脳内機能局在

　ゲゼルやビネーが子どもの発達について研究していた当時には，知能を構成するさまざまな構成概念（微細運動，言語認知，社会認知など）が脳機能の発現であることはわかっていても，脳内のどの部位がどの構成概念に深く関わっているのか，あまりわかっていませんでした。その後，動物実験や脳腫瘍や脳出血の患者の観察（あるいは剖検）によって，言語中枢，視覚中枢，聴覚中枢，運動中枢に深く関わる大脳皮質の局在が明らかになってきました。

　現在ではこれまでの知識の積み重ねの上に，脳機能画像法の進歩によって，より細かく正確に脳機能に関わる脳部位の局在が明らかになってきました。

　たとえば顔認知（他人の顔を見て，知らない人なのか知っている人なのか，知っている人なら誰か）に関わる脳部位は1か所ではなく，側頭葉にある上側頭溝と紡錘回の神経細胞群であることがわかってきています。さらにこのような脳機能の局在が，学習や体験によってどのように変化していくのか，脳機能画像によって明らかにしていくことが可能になったのです。次章で扱われる発達障害についても，最近の脳機能画像による研究が，その症状の責任部位を明らかにしていっています。

　たとえば自閉症では，他人の気持ちを理解する「心の理論」に深く関わる前頭前野や，顔認知に関わる前述の上側頭溝や紡錘回，さらに情動の中枢と考えられている扁桃体と呼ばれる脳部位などの活動が低下していることが，多数の研究者によって報告されています。

今後，さらに細かい領域別の発達についての知見の積み重ねと同時に，そうした領域ごとの脳機能をつかさどる脳内部位の局在についての研究によって，人の発達のメカニズムがより深く理解できるようになると思われます。

④ 発達の遅れの診断

　発達についての概論はここで終わりにして，冒頭に紹介したデンバーの発達スケールを見ながら，定型発達児における発達の実際と，その障害の診断について概説します。

　図1-4に示したのは，デンバーの発達スケールの粗大運動の部分です。

　デンバーの発達スケールは，定型発達をする子ども（乳幼児）の発達の様相を知るのに極めて有用です。特別な方法を使わず，日常生活の観察のみで，子どもの発達段階を知ることができます。ゲゼルはキー年齢を設け，その時点で子どもが特定の行動が可能になっているか判定しました。しかしデンバー発達スケールは，評価の対象となる子どもの年齢は何か月（何歳）であっても判定ができるのです。粗大運動の項ではどの子どもにも見られる32の発達里程標（マイルストーン）が選ばれ，1,036人の定型発達児の発達経過の観察をまとめて図示したものです。横のバーは1,036人の定型発達児がそれぞれの行動を始めて行った時期を統計的に示したものです。バーの左端は，最初に行動が可能になった子どもから数えて25パーセンタイルの子ども（1,036人中260番目）が可能になる時期，バーの中央にあるマーク（図1-4では見えていません）が中央値（518番目），陰を付けた部分が75パーセンタイル，そしてバーの右端が90パーセンタイルです。

　たとえば「上手に歩く」をみると，12か月の少し前に25パーセンタイルの線がきています。つまり1歳以前に30％くらいの子どもが「上手に歩いて」いることがわかります。90パーセンタイルの線は17か月過ぎに引かれています。これは，1歳5か月頃には，全体の90％の子どもが上手に歩いているということです。逆の見方をすると，1歳5か月時点でもまだ10％の子どもは歩いていな

第1章 子どもの発達

図1-4 デンバーの発達スケール（粗大運動）

粗大運動

項目	時期
30 爪先かかと歩き	〜5歳
片足立ち6秒	〜5歳
片足立ち5秒	〜4-5歳
片足立ち4秒	〜4歳
けんけん	〜4歳
片足立ち3秒	〜3-4歳
片足立ち2秒	〜3歳
片足立ち1秒	〜3歳
29 幅跳び	〜3歳
ジャンプ	〜2歳
28 上手投げ	〜18月
ボールを蹴る	〜18月
27 階段を登る	〜18月
走る	〜18月
R 後退り歩き	〜15月
上手に歩く	〜12-15月
拾い上げる	〜12月
一人で立つ2秒	〜12月
一人ですわる	〜10-12月
つかまって立ち上がる	〜9月
R 一人で立つ10秒	〜9月
つかまり立ち5秒以上	〜9月
すわれる	〜6月
R 寝返り	〜4-6月
引き起こし	〜4月
胸を上げる	〜4月
両足で体を支える	〜4月
90°頭をあげる	〜2-4月
首がすわる	〜2月
45°頭を上げる	〜2月
R 頭を上げる	〜2月
対称運動	〜2月

出所：日本小児保健協会（2003）．DENVER II ―デンバー発達判定法 日本小児医事出版より一部抜粋。

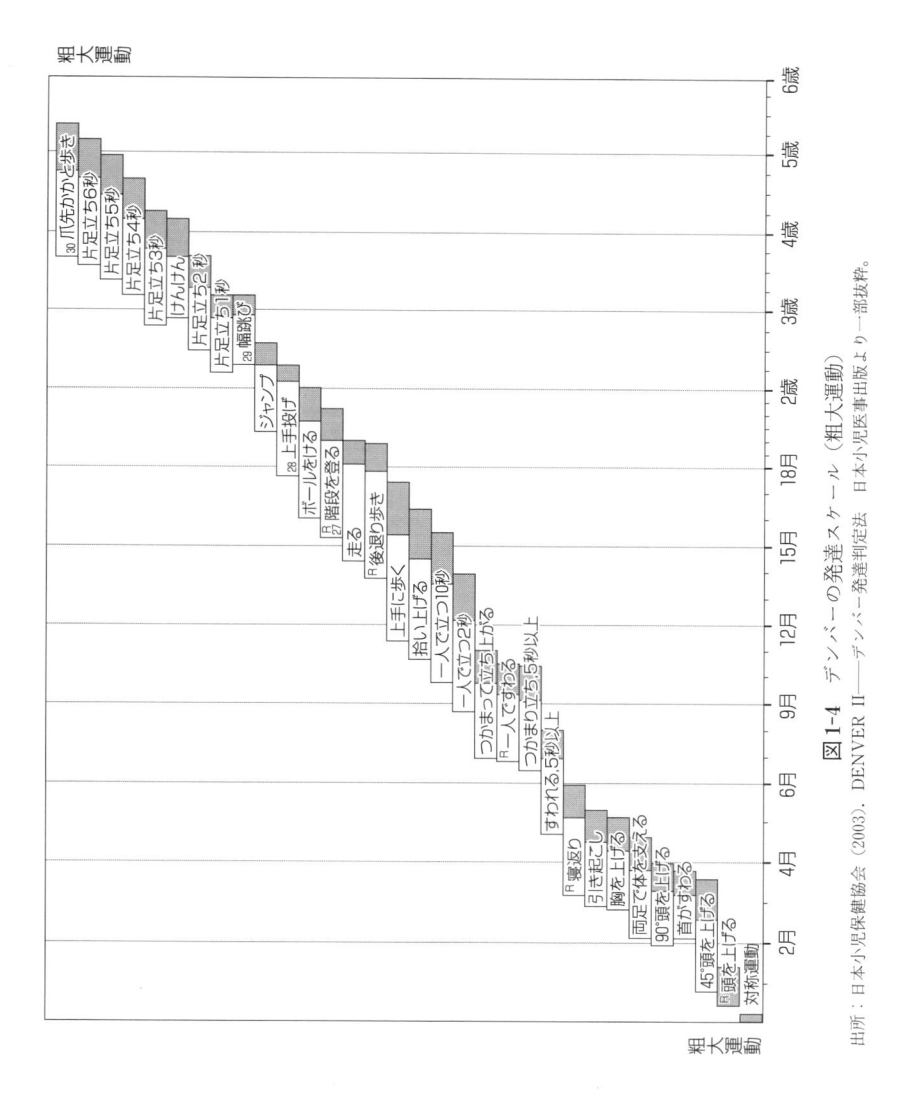

いということになります。

　図1-4は実は正しくいうとデンバーのスケールではありません。フランケンブルグは自分の考えによって，アメリカのデンバー市で生まれた定型発達児1,036人を観察し，このスケールをつくったので，デンバーのスケールと呼んだのです。日本で使われているもの（図1-4）は，フランケンブルグのやり方を踏襲して，日本人の定型発達児の観察結果をもとに作成したものです。正しくは「日本発達スケール」というべきかもしれません。人種差は生活様式によってわずかですが差を生み出すからです。

　実際にこのスケールを使って，子どもの運動発達の評価をどのようにするのか，以下に説明します。なお，ここで説明するのは基本的な考え方で，デンバーのスケールにはきちんとした判定基準を説明した文書が付属しています。

　たとえば，満6か月の子どもが，まだ寝返りをしないとします。デンバーのスケールで見ると，その時期に全体の90％以上の子どもは寝返りをしていることがわかります。この時点では，この子どもが残りの10％のなかに入っているのかどうかわかりません。経過観察をした結果，8か月で寝返りが可能になったとすると，図1-4には描かれていませんが，たぶんすでに全員が寝返りをした後にできるようになった可能性が強くなります。しかしこの時点ではまだこの子どもの運動発達が遅れているとは断定できません。寝返り以外の粗大運動の里程標を見る必要があります。もしこの子どもが「すわれる（5秒以上）」のが9か月，「つかまり立ち（5秒以上）」が11か月だとしたら，この子どもには軽度の運動発達の遅滞があるということができます。しかし「すわれる（5秒以上）」が7か月，「つかまり立ち（5秒以上）」が9か月半だとすると，この子どもは寝返りは少し遅れたが，その後の発達はキャッチアップした，という判断になるのです。

　子どもの発達は一直線ではありません。さまざまな行動の発現時期には個人差があり，またある特定の行動のみやや遅れるといったことがあるのです。デンバーのスケールに，子どもの運動発達の主要な里程標である「ハイハイ」が入っていないことに気づかれたかもしれません。これは，「ハイハイ」にはさ

まざまな形（ずりばい，高ばいなど）があることと，一部の子どもは，全くハイハイをしないことによるものだと思います。ハイハイせずに，座位のまま尻を浮かせて前進する「シャッフラー」と呼ばれる定型発達のバリエーションがあることも関係しています。

　本章では紙幅の関係で，粗大運動を例に，発達診断の具体的な例をあげて説明しました。他の項目についても原則は同じです。ただ，言語や個人－社会の項目は，個人差や生活環境の影響もあり，75～90パーセンタイルのバーの幅が長めになっています。

文献

American Psychiatric Association (2000). *Diagnostic and statistical manual of mental disorders* (4th ed.). American Psychiatric Association, Washington D.C.

Huttenlocher, P. R. et al. (1982). Synaptogenesis in human visual cortex-evidence for synapse elinimation during normal development. *Neurosci. Lett.,* **33**, 247-252.

Yakovlev, P.I. & Lecours, A. R. (1967). The myelogenetic Cycles of Regional Maturation of the Brain. In A. Minkovski (Ed.), *Regional Development of the Brain in Early Life.* Blackwell, Oxford, 3-70.

第2章
発達障害の考え方と広汎性発達障害・注意欠陥多動性障害

1　発達障害とは

　広辞苑によると,「発達」の説明として,①生体が発育して完全な形態に近づくこと,②進歩してよりすぐれた段階に向かうこと,規模が大きくなること,③個体が時間経過に伴ってその身体的・精神的機能を変えてゆく過程,成長と学習を要因として展開する,とあります。

　子どもの発達を考える場合,まずさまざまな側面の発達があることがあげられます。第1章でも取り上げられている,精神面や運動面の発達以外にも,言語面の発達,情緒・感情面の発達,社会性の発達,など枚挙にいとまがありません。そして,それぞれの側面で,定型発達を示す子どもたちに比べて遅れがあるなど,典型的な発達を示さない場合に,発達障害を疑うことになります。発達の遅れの程度にも大きな幅があり,定型発達を示す子どもたちに比べてわずかの遅れしかない場合から,大きな隔たりを認める場合まであります。このように,発達障害にも障害の種類と程度という面から,多様な状態が存在することがわかっていただけると思います。

(1)　公的な援助を受けてきた発達障害——手帳制度との関連から

　学習障害,注意欠陥多動性障害,高機能自閉症（高機能とは「知的障害を伴わない」という意味で用いられる）などが知られるようになるまで,発達障害とし

て取り上げられた対象として，知的障害ならびに肢体不自由（主として脳性まひ）があり，それぞれ知的な側面ならびに運動面で，定型発達の子どもたちに比べて発達の遅れを示していました。これらの障害についての詳細は，第1章を参照してください。これらの障害に対して，それぞれ療育手帳あるいは身体障害者手帳といった手帳が交付されており，等級により支給の程度は異なりますが，公的な支援が提供されてきました。2000年頃までは，発達障害といえば，知的障害や肢体不自由（脳性まひなど）を指していましたが，以下に述べる注意欠陥多動性障害や広汎性発達障害などが認知され始めると，発達障害の示す範囲が次第に不透明になってきました。

　注意欠陥多動性障害は，注意の持続という発達面で，定型発達児よりも遅れていると考えられます。一方，広汎性発達障害は，自閉症という言葉でも置きかえられますが，広汎性が示す意味は「複数の領域」ということであり，実際に，①社会性・対人関係，②言語・コミュニケーション，③想像力，といった発達に関する複数の側面において，定型発達児から遅れていたり偏位したりしていることが特徴です。これらの障害に加えて，本書では詳細には取り上げませんが，学習障害と呼ばれる学習面での発達の遅れとも考えられる状態も認知され，「発達障害」という用語の使い方に混乱が生じてきています。

　ここにあげた3つの障害のある子どもたちは，知的障害を伴った自閉症の子どもたちを除くと，療育手帳（知的障害）や身体障害者手帳（脳性まひ）などのような，手帳による支援を受けることができなかった子どもたちです。

（2）　発達障害者支援法

　一方で，文部科学省が2002年に行った全国実態調査の結果が2003年に報告され，通常学級に在籍する児童のうち，実に約6.3%にあたる子どもたちが，学習面における著明な困難あるいは行動面における著明な困難を示すことがわかりました（文部科学省，2003）。この調査は，通常学級を受けもつ担任教員へのアンケート調査であったため，学習障害，注意欠陥多動性障害，高機能自閉症等の子どもたちの割合を示すものではないことに注意しておく必要はあるもの

の，学級内にこのような特徴を示す子どもたちが多数在籍する可能性を示した貴重な報告でした。しかも，これらの子どもたちは公的な手帳による支援もなく，また学級内でも特別な教育的配慮を受けてこられなかったのではないかと推察されました。

　そこで，これらの子どもたちを支援するための法律を作成するため，国会において超党派での作業が進められました。その結果，「発達障害者支援法」が，2004年12月に成立し，2005年4月から施行されました。残念ながら，この法律には財政的な裏づけは少なく，個々の子どもたちを財政的な面も含めて，それぞれ支援していくというものではありませんでした。しかしながら，発達障害者支援センターの指定等について定めたことにより，各都道府県で設置が進み，発達障害者支援センターが各地域における発達障害に関する中心的な役割を担っています。またこれまでは，あまり注目されることがなかった，これらの障害のある子どもたちへの関心が徐々に高まってきていることも，発達障害者支援法ができた影響であると考えられています。

　発達障害者支援法では，以下のように発達障害を定義しています。「この法律において『発達障害』とは，自閉症，アスペルガー症候群その他の広汎性発達障害，学習障害，注意欠陥多動性障害その他これに類する脳機能の障害であってその症状が通常低年齢において発現するものとして政令で定めるものをいう」(第2条第1項)。このように，それまで発達障害の中心として考えられていた，知的障害や肢体不自由（脳性まひなど）に代わり，学習障害，注意欠陥多動性障害，自閉症/広汎性発達障害を，発達障害として定義したのでした。当時，教育の領域では，これら3障害をまとめて，軽度発達障害と呼ぶこともありましたが，2007年3月，文部科学省は軽度発達障害という呼称に代えて「発達障害」と呼ぶ方針を発表しました。したがって，発達障害という言葉を使用する場合，どのような範囲の障害まで含めているのかを，しっかりと押さえておかなければいけません。

② 自閉症／広汎性発達障害

（1） 自閉症／広汎性発達障害の歴史

　現在の自閉症に関する事例が，初めて論文として体系化して発表されたのは，1943年にアメリカのレオ・カナーが「情緒的接触の自閉的障害」というタイトルのもとで発表した，11例の児童であると考えられています。また，翌年には，オーストリアの小児科医ハンス・アスペルガーが，カナーが報告した事例に比べると特徴が薄い4事例を「小児期の自閉的精神病質」というタイトルで公表しています。自閉という用語は，当時，統合失調症において特異的な症状と考えられていました。カナーとアスペルガーの両者が，自閉という用語をタイトルに用いたことからもわかるように，当時の自閉症の子どもたちは，小児期早期に発症した統合失調症ではないか，とも考えられていたようです。いわゆる精神障害として，自閉症は捉えられていたのです。

　その後，1968年，マイケル・ラターは精神障害ではなく，言語障害と認知障害が自閉症児（者）の原因であることを提唱しました。さらに1980年代になると，社会性の障害・情緒障害が自閉症の原因として，登場するに至りました。

（2） 自閉症スペクトラムおよび自閉症を取り巻く概念

　イギリスで自閉症の研究を行っていたローナ・ウィングは，ロンドン郊外において自閉症の疫学調査を行いました。その結果，それまでカナーが提唱した古典的なカナー型の自閉症に比較すると，特徴がさらに薄い子どもたちが存在することに気づきました。これらの子どもたちが，1944年にアスペルガーが発表した4事例に近い症状であることから，アスペルガー症候群と呼称することを提案しました（Wing, 1981）。その後，カナー型の古典的な自閉症も，それよりも特徴が薄いアスペルガー症候群も，実は1つのスペクトラムを形成しているのではないかという考えのもと，これらの状態をまとめて「自閉症スペクトラム」という用語を提案しています。

第Ⅰ部 子どもの発達と発達障害

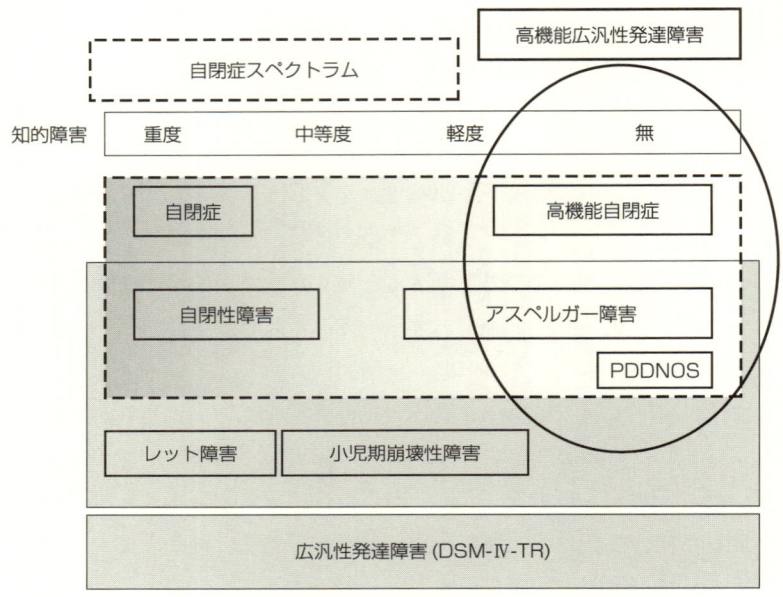

図2-1 自閉症概念の広がり

　その後，アスペルガー症候群の認知が深まるとともに，自閉症の特徴が薄い，そしてさらには知的障害を伴わない自閉症の子どもたちが多数存在することが気づかれるようになりました。1980年，DSM-Ⅲにおいて，自閉症は広汎性発達障害という範疇にまとめられ，精神障害から外されました。現在のDSM-Ⅳ-TRでは，広汎性発達障害に含まれる障害として，自閉性障害（ほぼカナー型の自閉症と同義），アスペルガー障害（アスペルガー症候群と同義），その他特定不能の広汎性発達障害（PDDNOSと略す），さらにレット障害（レット症候群と同義で，女児に発症する知的障害を合併する病態で，手もみなどの特有の症状を呈する），および小児期崩壊性障害（いったん，定型発達を示した子どもが，その後複数の領域で退行を示し，重篤な場合は死に至る病態）があげられています。これらのなかで，前3者は自閉症スペクトラムに含まれますが，さまざまな理由から，後2者は自閉症スペクトラムには含まないと考えられています（図2-1）。自閉症（自閉性障害）であっても，その後年齢が高くなるに従って言葉が

出てきたり，知能検査で知的障害を伴わないと判明する場合があったりすると，そのような子どもたちを高機能自閉症と呼んでいます。高機能とは，知的機能が高いという意味ではなく，知的に低くない，すなわち知的障害を伴わない，というように理解しておいてください。アスペルガー症候群と高機能自閉症をまとめて高機能広汎性発達障害と呼ぶ場合もあります。2013年に改訂される予定のDSM-5では，広汎性発達障害という呼称がなくなり，自閉症スペクトラム障害としてまとめられるようです。

（3） ウィングの3つ組とその他の認知障害

　上記の自閉症スペクトラムに含まれる，古典的なカナー型の自閉症であっても，またアスペルガー症候群，高機能自閉症などの知的障害を伴わない自閉症であっても，基本的には以下の3つの障害を有していることをウィングが指摘しました。ウィングの3つ組と呼ばれるもので，①社会性・対人関係の障害，②言語・コミュニケーションの障害，③想像力の障害，がそれらにあたります。

　表2-1にあるとおり，古典的な自閉症では，①視線が合わない，②言葉が出ない，③こだわり・パニックが顕著などといった特徴がそれぞれの項目にあたり，これに知的障害が加われば，専門家でなくとも何か障害をもっていることに容易に気づきます。それに対して，知的障害を伴わない高機能広汎性発達障害では，自閉症の特徴が薄いことも多く，表2-1にあるように一見障害とは思えないような特徴として現れることもあり，非常に気づきにくく・気づかれにくい子どもたちであると考えられます。たとえば，①社会性・対人関係の障害について，視線は合うことが多く，それだけでは自閉症ではないのではないか，と誤解することもありますが，他者が感じる嬉しさや悲しさがわからなかったり，場の雰囲気が読めなかったりします。②言語・コミュニケーションの障害では，言葉は出るが，感情のこもらない，一定の高いトーンで話したり，方言が話せなかったりする特徴があります。ここで間違ってはいけないことは，方言が話せたからといって，自閉症が否定されるわけではありません。方言を話せる自閉症の子どもも大勢います。また，ジェスチャーや表情を理解するとい

第Ⅰ部　子どもの発達と発達障害

表2-1　ウィングの3つ組（診断へのきっかけ）

障害の種類	いわゆる自閉症 （自閉性障害）	高機能広汎性発達障害 （知的障害を伴わない自閉症）
①社会性・対人関係	視線が合わない	人の気持ちが読めない 場の雰囲気が読めない
②言語・コミュニケーション	言葉が出ない エコラリア	独特のトーンの話し方 方言が話せない
③想像力	こだわり，パニック	才能とも呼べる能力 虫博士など

った非言語性のコミュニケーションにも問題を抱えている場合もあります。③想像力の障害では，一部のことに集中できることが，かえって能力とも呼べることがあり，周囲の子どもたちを驚かせることもあります。このような能力を学級内でうまく披露できれば，これらの子どもたちの居場所が確保されるよい機会となります。このように，高機能広汎性発達障害の場合，正しい知識と理解をもっていなければ気づけないこともしばしばあります。

　上に述べたウィングの3つ組は，どちらかというと気づきや診断に至るプロセスでとても大事な症状です。その他にも認知障害が複数存在することが知られています。ここでは中枢性統合の障害，語用論の障害，知覚異常に関する障害について述べます。

　中枢性統合とは，物事を捉える時にまず全体を把握してから，細部の認識に入るという特徴を示します。定型発達の人たちはこのような捉え方をするのが一般的ですが，高機能広汎性発達障害では一部の人たちで，細部の詳細から物事を捉えていくタイプの人がいます。このような場合，中枢性統合が弱いと表します。語用論とは，言葉を文脈のなかで理解することを意味しています。語用論に障害があると，1つの言葉に2つ以上の意味があることが理解できず，状況にあった言葉の理解ができません。また，冗談やからかいが理解できません。したがって，指導者が意味することとは異なる捉え方をする子がいる場合は要注意です。知覚障害は，聴覚・触覚・味覚・視覚など，さまざまな側面で現れてきます。ここでは聴覚過敏について説明します。ある種の音（一般には

突然鳴り響く大きな音）に対して，とても怖がったり嫌がったりします。結果として，その音が聞こえたり，聞こえそうな状況になると，耳を塞いだり，パニックになったりします。

（4） 原　因
　まだ原因が完全に解明されたわけではありません。ここでは「心の理論」課題とミラーニューロンについて説明します。
①「心の理論」課題について
　サイモン・バロン＝コーエンが提唱した課題で，簡単にいうと，人の気持ちを読む能力を測っているということができます。人間は，いつも相手の気持ちを読みながら「今，相手は何を考えているのか？」「私の行動はどのように見られているのか？」などを，無意識のうちにあるいは直感的に考えながら行動しているといわれています。「サリーとアンの課題」（図2-2）と呼ばれるものが一般的に知られていますが，3歳から5歳くらいの間に獲得されていくようです。したがって，知的発達レベルが5歳を超えると，定型発達の子どもではほぼ確実に獲得しています。それに対して，自閉症が疑われる子どもでは，たとえ知的発達年齢が5歳を超えていても，間違って回答することから，自閉症で特徴的な症状ではないかと考えられています。
②ミラーニューロンシステムについて
　ミラーニューロンの存在を指摘したのは，イタリアの研究者リゾラッティで，1996年にサルを使った実験中に発見しました（Rizzolatti, 1996）。ミラーニューロンとして，①同じ動作を見るだけで反応する細胞群，②他人の動作をまねる時に反応する細胞群，③他人の意図を読む時に反応する細胞群，があることが知られています。1つの神経細胞だけで機能しているわけではないので，実際には，ミラーニューロンシステムと呼ぶ方が正しいともいわれています。自閉症の子どもでは，脳波の検査で，ミラーニューロンの活動が低下していることも指摘されており，さらに研究が深まることが期待されている分野です。

第Ⅰ部　子どもの発達と発達障害

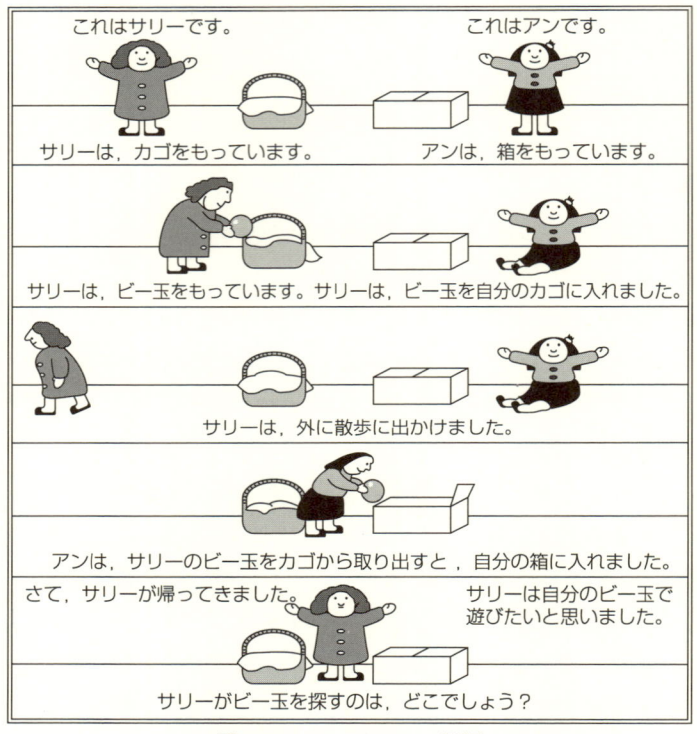

図2-2　サリーとアンの課題

これはサリーです。／これはアンです。
サリーは，カゴをもっています。／アンは，箱をもっています。
サリーは，ビー玉をもっています。サリーは，ビー玉を自分のカゴに入れました。
サリーは，外に散歩に出かけました。
アンは，サリーのビー玉をカゴから取り出すと，自分の箱に入れました。
さて，サリーが帰ってきました。／サリーは自分のビー玉で遊びたいと思いました。
サリーがビー玉を探すのは，どこでしょう？

出所：Frith, U. (1989). *Autism: Explaining the enigma.* Blackwell Ltd., UK.（冨田真紀・清水康夫（訳）(1991). 自閉症の謎を解き明かす　東京書籍）の図10-1（p.271）より引用。

（5）指導および治療

　自閉症を根本的に治療する薬物は存在しないので，基本的には行動療法による指導が中心です。そのなかでも，特徴として述べた，各種認知障害に焦点を当てて，それらを補っていく指導方法が，教育現場では用いられています。そのいくつかを紹介します。

①視覚化・構造化

　TEACCHプログラムで提唱された支援方法の1つです。広汎性発達障害の子どもたちのなかには，聴覚情報よりも視覚情報を提供する方が理解しやすい

場合が多いようです。視覚化とは，その名前の通り，できるだけ情報を視覚に変えて提供する方法で，絵カードや写真で指示を出したり，言葉を使う場合でも書くことにより，視覚情報として与えることができます。たとえば，授業中の板書は，情報の視覚化の1つで，大変重要な支援方法になります。

構造化では，場所の構造化や時間の構造化があります。場所の構造化とは，部屋をパーティションで区切ることでそれぞれの空間で何をするべきかがわかるようにすることです。時間の構造化とは，一般に学校で行われている時間割がまさしく時間の構造化になります。広汎性発達障害の子どもたちには，いわゆる時間割では不十分で，各時間の予定をさらに細かく示して，その時間に何がどのようなペースで行われるのかをあらかじめ提示することが重要です。

②コミック会話

これも視覚化の1つですが，起こった状況を漫画風のコミックを描いて説明する方法です（Gray, 2005）。場合によっては，4コマ漫画のように，一連のストーリーとして示すこともあります。それぞれの人が話したことを吹き出しを使って示し，特にそれぞれの人が頭で考えてはいるが，言葉として表していない内容を，いわゆる雲のような吹き出しを使って説明することが，これらの子どもたちにとって大きな手助けになります。

③ソーシャルストーリー

ある行事に参加する場合に，前もって台本のようなものをつくっておいて，大体の行事の流れを子どもたちに事前に伝えておく方法です。このような準備により，予行演習（リハーサル）をしたことと同じ効果が期待され，活動に対する不安が軽減され，スムーズに活動に入っていくことができます。

④ソーシャルスキルトレーニング

強化・プロンプト・リハーサル・フィードバックなどの技法を利用して，行動分析学的アプローチを行うことを指します。発達障害のある場合，ロールプレイング・コーチングなども駆使しながら指導を行います。これらを通して，日常の挨拶，遊びのなかでのルールなど，生活上のスキルや友人関係スキルを指導していきます。

⑤怒りのマネージメント

広汎性発達障害の子どもたちの特徴のなかで，突然パニックを起こしたり，キレたりすることがあります。このような場合でも，実は突然パニックを起こすわけではなく，伏線が認められることがあります。そのような伏線を，子どもがわかる方法で気づかせ，パニックに至る前に，自分でコントロールできるようにする方法です。たとえば，本人が感じる度合いによって，深呼吸をする，活動を一時休む，その場から離れる，といった手立てを前もって伝えておくことで，パニックを避けるような方法を意味しています。パニックを起こした時に周囲の人たちも困りますが，一番困っているのは子どもたち自身なのです。そのためにもパニックが起こる回数を減らす努力が大切です。

③ 注意欠陥多動性障害

（1） 注意欠陥多動性障害の歴史

スティルが1902年に紹介した，43例の「道義的統制の欠如」「意志による行動抑制の重大な欠陥の現れ」を示した一群の子どもたちに，その起源を見ることができます。その後，アメリカでエコノモ脳炎（嗜眠性脳炎）が大流行し，その後遺症として，先ほどのスティルが述べた症状と酷似する症状を示す子どもたちが認められ，器質的な障害に起因する病態として捉えられていました。1947年，ストラウスは，周産期の脳損傷や感染，出産時の低酸素性脳症などに罹患した子どもを脳損傷児（Brain Injured Child）と呼び，多動性，衝動性などとの関連を示すとともに，はじめて教育的指導・支援の観点も含む対処方法を示しました。

一時期，脳の器質的な障害に起因する状態として，微細脳損傷（MBD：Minimal Brain Damage）という名前で呼ばれていましたが，いくら検査しても明らかな損傷が認められない子どもたちが多数存在することから，微細脳機能障害（MBD：Minimal Brain Dysfunction）と呼ばれるようになりました。どちらも略号がMBDのため混乱を招きました。長期間，このMBDという名称で

対応されていた子どもたちのなかに，現在でいう注意欠陥多動性障害（ADHD）の子どもたちが多数含まれていたことが予想されます。ただし，それ以外にも学習障害や高機能広汎性発達障害の子どもたちも含まれていた可能性があります。

1968年に発表されたDSM-Ⅱにおいて，小児期の多動性反応（hyperkinetic syndrome of childhood）として，はじめて多動という用語がADHDに対して使用されました。その後，何回かの改訂を経て，現在のDSM-Ⅳ-TRでは，不注意優勢型，多動性-衝動性優勢型，そして両者を併せもつ混合型の3タイプに分けられています。

(2) 診断基準

DSM-Ⅳ-TRでは，すでに述べたように3タイプに分けられており，不注意と多動性および衝動性の項目として表2-2のような診断基準が提案されています。

(3) 特　徴

不注意症状としては，診断基準からもわかるように，不注意な過ちを犯す（ケアレスミス），注意が続かない，人の話を聞いていない，課題を最後までやり遂げられない，自分が興味のないことにはやろうという気持ちが起こりにくい，物をよくなくす，物事をよく忘れる，などといった症状があります。

一方で，多動性の症状としては，授業中教室から出ていく，教室から出ていかないまでも椅子の上でそわそわもじもじしている，走り回ったり高い所へ登ったりする，常に動いている，よくしゃべるなどがあげられます。

衝動性の症状としては，答えがわかると当てられてもいないのに答えてしまったり，順番が待てず横入りをしたり，会話やゲームをしているところに割り込み妨害してしまう，などといった症状があります。衝動性というと，突然相手を殴ったり，キレたりするようなことを思い浮かべるかもしれませんが，どちらかというと，そのような暴力的なことではなく，してはいけない時に思わ

表2-2　ADHDの診断基準

A	(1)か(2)のどちらか		
	(1)	以下の不注意の症状のうち6つ（またはそれ以上）が少なくとも6か月間持続したことがあり，その程度は不適応的で，発達の水準に相応しないもの	
		不注意	ⓐ 学業，仕事，またはその他の活動において，しばしば綿密に注意することができない，または不注意な間違いをする。 ⓑ 課題または遊びの活動で注意を集中し続けることがしばしば困難である。 ⓒ 直接話しかけられたときにしばしば聞いていないように見える。 ⓓ しばしば指示に従わず，学業，用事，または職場での義務をやり遂げることができない（反抗的な行動，または指示を理解できないためではなく）。 ⓔ 課題や活動を順序立てることがしばしば困難である。 ⓕ（学業や宿題のような）精神的努力の持続を要する課題に従事することをしばしば避ける，嫌う，またはいやいや行う。 ⓖ 課題や活動に必要なもの（例：おもちゃ，学校の宿題，鉛筆，本，または道具）をしばしばなくしてしまう。 ⓗ しばしば外からの刺激によってすぐ気が散ってしまう。 ⓘ しばしば日々の活動を怠ける。
	(2)	以下の多動性-衝動性の症状のうち6つ（またはそれ以上）が少なくとも6か月間持続したことがあり，その程度は不適応的で，発達水準に相応しないもの	
		多動性	ⓐ しばしば手足をそわそわと動かし，またはいすの上でもじもじする。 ⓑ しばしば教室や，その他，座っていることを要求される状況で席を離れる。 ⓒ しばしば，不適切な状況で，余計に走り回ったり高い所へ上ったりする（青年または成人では落ち着かない感じの自覚のみに限られるかもしれない）。 ⓓ しばしば静かに遊んだり余暇活動につくことができない。 ⓔ しばしば"じっとしていない"，またはまるで"エンジンで動かされるように"行動する。 ⓕ しばしばしゃべりすぎる。
		衝動性	ⓖ しばしば質問が終わる前に出し抜けに答え始めてしまう。 ⓗ しばしば順番を待つことが困難である。 ⓘ しばしば他人を妨害し，邪魔する（例：会話やゲームに干渉する）。
B	多動性-衝動性または不注意の症状のいくつかが7歳以前に存在し，障害を引き起こしている。		
C	これらの症状による障害が2つ以上の状況（例：学校（または職場）と家庭）において存在する。		
D	社会的，学業的，または職業的機能において，臨床的に著しい障害が存在するという明確な証拠が存在しなければならない。		
E	その症状は広汎性発達障害，統合失調症，または他の精神疾患（例：気分障害，不安障害，解離性障害，またはパーソナリティ障害）ではうまく説明されない。		

出所：高橋三郎他（訳）(2003). DSM-Ⅳ-TR　精神疾患の分類と診断の手引（新訂版）　医学書院をもとに作成。

ずしてしまう，といったまさしく衝動的に行動することを指します。

（4） 原　因

　神経伝達物質としてのドパミンが，前頭前野において年齢相応に機能していないことが原因の１つとしてあげられています。そのために，いわゆる実行機能がうまく働かず，注意を持続させたり，抑制機能を持続させたりすることが難しいと考えられます。結果として，不注意になってしまったり，してはいけないとわかっていながらついしてしまったり，というような状況が起こります。

　もう１点，原因として注目されているのが，報酬系の働きです。私たちは，報酬を期待する時に，少し待てば報酬がとても大きくなる場合，頑張って待つことができます。ところが，本障害の子どもたちでは，報酬系に問題があるため，報酬を待つことが苦手であるという特徴があります。つい目の前の報酬に手を出したり，あるいは報酬から気をそらせようとして，注意が散漫になったりするとも考えられています。この報酬系をつかさどる脳部位として，線状体に含まれる側坐核と呼ばれる部分が関連しているようです。

（5） 指導および治療

　研究によると，行動療法などの指導と薬物療法の併用が，それぞれ単独で行った場合よりも効果があることが報告されています。また，子どもたちの指導の基本はほめることであるといわれています。さまざまな行動療法も，最終の目標は子どもをほめることです。薬物療法も同じことであり，薬物投与により注意集中が増し，指導者や保護者への適切な注目が続く時にほめてあげることを忘れないことです。

①薬物療法

　薬物療法については，現在２種類の薬剤が，注意欠陥多動性障害に保険適応がとれており，法律に則って使用することが可能です。メチルフェニデート（薬品名コンサータ）とアトモキセチン（薬品名ストラテラ）があります。

　メチルフェニデートは，いったん放出された神経伝達物質であるドパミンを，

もう1度シナプス前神経細胞終末に取り込む作用をもつ、ドパミントランスポーターと呼ばれる装置の働きを抑えることが知られています。それにより、シナプス間隙に存在するドパミン量が増え、ドパミンの作用が増強されるというものです。服用した子どもたちの、約7～8割で有効であることが知られていますので、一応試してみるべき薬ではないかと考えます。服用は朝1回で、有効時間は約12時間です。副作用としては、消化器症状（嘔吐、嘔気、食欲不振など）が約2～3割で認められ、決して頻度の少ない副作用ではありません。このために投薬を中止することもあります。作用として覚醒作用があるので、遅い時間帯の服用では夜間の不眠が副作用となることがあります。報酬系にも関与する可能性があり、依存などとの関連から、現在は講習を受けた資格をもつ医師（小児科医、精神科医）のみが処方することができます。

アトモキセチンは、ノルアドレナリン再吸収阻害剤と呼ばれており、神経伝達物質であるノルアドレナリンがシナプス前神経細胞に再吸収されることを阻害すること、さらにわずかではありますが、ドパミンが再吸収されることを阻害する働きも同時に有しており、本障害にも有効であることが知られています。本剤は1日2回服用する必要がある代わりに、24時間有効です。ただし、効果発現までに2～4週間必要であり、最大効果が認められるまでに6～8週間かかるといわれています。副作用は、頭痛や食欲不振が知られています。報酬系に影響することはなく、依存も心配ないことから、処方する医師に特に資格は必要ではなく、医師であれば誰でも処方することが可能です。

②**行動療法を含む指導**

○環境調整法

気が散りやすい子どもたちなので、まず生活環境をできるだけシンプルにして、注意散漫になりにくい環境をつくります。学校であれば、授業中目に見える範囲にはできるだけ掲示物を貼らない、必要がないものはカーテンやスクリーンなどで隠しておく、などがあります。家庭では、勉強机はできるだけシンプルにしておき、気を引くような鉛筆削りや時計などがついていないものを選びます。

第2章 発達障害の考え方と広汎性発達障害・注意欠陥多動性障害

○トークンエコノミー

代用貨幣と訳される言葉で、よいことができた時に、現金を渡す代わりに、それに代わるトークンを与える方法です。トークンはコインなどを使ってもいいですし、カレンダーにシールを貼るようなことでもかまいません。保護者との約束を守った時に、与えていきます。その折にほめることを忘れないようにして、時折そのシールなどを一緒に見ながら、頑張ったことをもう一度ほめることも大切です。

○ペアレントトレーニング

アメリカで開発された、注意欠陥多動性障害の子どもをもつ、保護者のための訓練方法です。日本にも導入されていて、書籍も出ています。詳細は成書に譲りますが、ペアレントトレーニングのなかで提案されている指導方法の1つに、行動を3パターンに分ける指導法があります。①好ましい行動は即座にほめる、②好ましくない行動は、無視するあるいは望ましい行動を伝える、③許されない行動は、即座に叱る、といった概略です。ただし、③で叱る場合「なんて馬鹿な子ね」といったような人格を叱る方法ではなく、「あなたは好きだけど、この行動は嫌いです」というように、行動を具体的に叱ることが大切です。

○タイムアウト

たとえば、親子で喧嘩が始まってヒートアップしてしまい、お互い冷静でないとわかった時、あらかじめ決めておいた方法で冷却期間をおくことを指します。一定の冷却期間をおいて、落ち着いてから、もう一度話し合いを始めるといった方法です。

(6) 二次障害

注意欠陥多動性障害の子どもたちを指導するコツはほめることですが、もしも適切な指導が提供できなかった場合にどうなるのかというと、二次障害と呼ばれる状態が出現することが知られています。まず、反抗挑戦性障害が起こり、さらに進むと行為障害という状況になります。反抗挑戦性障害は、6か月以上

持続する拒絶的，反抗的，挑戦的な行動様式を示す状態を指します。行為障害は，非行を含む触法行為にまで至る状態を指します。さらに年齢が増すと，反社会性人格障害と呼ばれる状況に進んでいきます。このように，注意欠陥多動性障害の子どもたちの二次障害が進んでいく状況を，齊藤万比古氏はDBD（破壊的行動障害）マーチとして表しています。私たち指導者は，このような二次障害を起こさないように，指導していくことが求められています。

文献

文部科学省（2003）．今後の特別支援教育の在り方について（最終報告）
Gray, C., 門眞一郎（訳）（2005）．コミック会話　明石書店
Rizzolatti, G. et al. (1996). Premotor cortex and the recognition of motor actions. *Brain Res Cogn Brain Res*, **3**, 131-141.
Wing, L. (1981). Asperger's Syndrome: A clinical account. *Psychological Medicine*, **11**, 115-129.

第3章

知的障害を伴わない発達障害と二次障害

① 二次障害に陥りやすい子どもたち

　発達障害の子どもは，その特性をもっているがゆえに集団生活のなかで多動であることや対人関係のまずさなどで「生きにくさ」を経験しています。発達障害の領域では，二次障害は発達障害特性と周囲の人との関係性のなかで生じる心身症や行動・精神面の合併症を意味することが多いです。宮本（2008）は，精神医学的には，発達障害領域における二次障害の中心は，ストレッサーに反応して生じるストレス関連性障害（急性ストレス反応[1]，適応障害[2]，心的外傷後ストレス障害[3]等）であると述べています。

　身体症状として出てくる場合は，頭痛，めまい，チック[4]，過換気症候群，過敏性腸症候群，円形脱毛症などがあげられます。また，行動上の問題としては，常同行動[5]，選択性緘黙[6]，抜毛，不登校，拒食などの個人内にとどまる行動上の問題や周囲に迷惑を及ぼす暴力，非行など攻撃的・非行的行動があげられます。これらの攻撃的・非行的行動が重篤化すると反抗挑戦性障害[7]，行為障害[8]にまで発展する可能性もあります。精神面の問題としては，不安障害[9]，適応障害，強迫性障害[10]などがあげられます。

　行動上の問題として個人内にとどまる場合は，非社会的行動とも呼ばれ，他者の行動を妨害することのない集団への不適応行動であるとされています。また，周囲に迷惑を及ぼす行動上の問題の場合は，反社会的行動と呼ばれ，攻撃

行動,非行行動,いじめなど他者の行動を妨害する可能性のある,集団への不適応行動であると定義されます。

鈴木・武田・金子（2008）は,全国の病弱特別支援学校中学部,高等部における不登校状態を経験し在籍している生徒の実態調査を行っています。その結果を見ると,1,901人中808人（42.5％）の生徒が不登校状態を経験しており,そのうち217人（11.4％）に発達障害と不登校とが併存していました。発達障害の内訳は,学習障害（LD）が10％,注意欠陥多動性障害（ADHD）が24.9％,高機能自閉症が14.7％,アスペルガー症候群が39.2％,その他11.5％です。最も高い割合を占めたのはアスペルガー症候群でした。入院した時に初めてアスペルガー症候群と診断されたケースが多く見られました。これらの結果からアスペルガー症候群は発見されにくいため,学校で支援されることのないままいじめにあったり,疎外されたりする経験を通して不登校になってしまったものと推察できます。

2　二次障害を予防していくための視点

保育所・幼稚園,小中学校,高等学校等において,発達障害のある子どもは集団生活のなかで自尊感情を低下させ,情緒的に不安定になり,心身に変化が見られたり,行動上に問題を抱えたりしています。学校教育においてどのように二次障害を予防していくかが大きな課題になります。ここでは,学校において二次障害を予防する手立てとして,①国際生活機能分類（International Classification of Functioning, Disability and Health：ICF）を活用し,子どもの実態を整理すること,②子どもの情緒と行動のチェックリストを活用することで不適応状態とその程度を把握すること,③二次障害を予防するため,学校や学級においてどのような予防プログラムを用意するか,について論じます。

（1）　ICFの考え方を使っての現状分析

ICFは,2001年にWHO総会において採択された障害の構造・概念の枠組

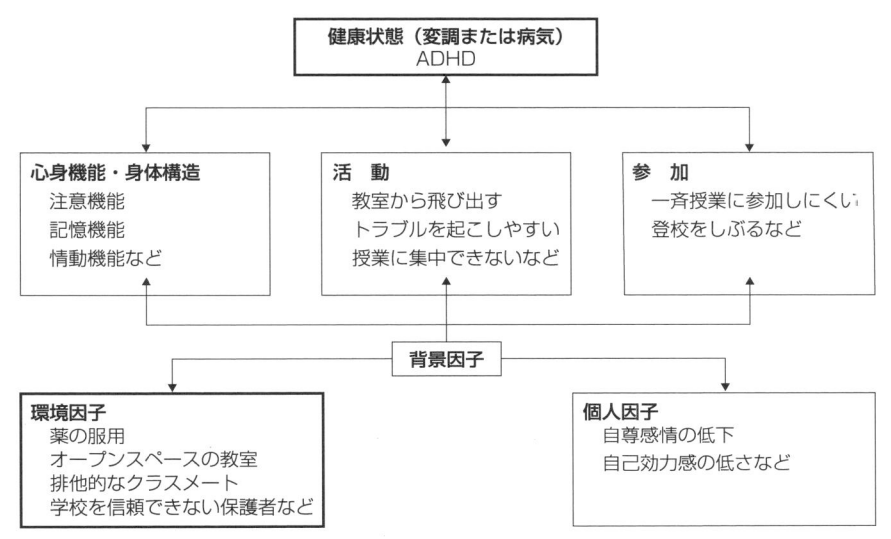

第3章　知的障害を伴わない発達障害と二次障害

```
            健康状態（変調または病気）
                   ADHD

心身機能・身体構造     活　動            参　加
  注意機能        教室から飛び出す     一斉授業に参加しにくい
  記憶機能        トラブルを起こしやすい  登校をしぶるなど
  情動機能など     授業に集中できないなど

                   背景因子

環境因子                      個人因子
  薬の服用                      自尊感情の低下
  オープンスペースの教室          自己効力感の低さなど
  排他的なクラスメート
  学校を信頼できない保護者など
```

図 3-1　ADHD の子どもの ICF による分類

みであり，人間の生活機能を心身機能（body functions）・身体構造（body structures），活動（activities），参加（participation）の3つの次元で捉え，それらの生活機能は健康状態とともに，環境因子（environmental factors）や個人因子（personal factors）といった背景因子にも影響されるものとしています。ICF は，障害の肯定的な見方や社会参加の視点から捉え，障害の状態を把握するための分類項目の体系であり，障害者支援を総合的に見つめるアプローチとされています。

ICF は多くの目的に用いられる分類であり，さまざまな専門分野や異なった領域で役立つことを目指しているもので，学校教育においても大いに役立つものです。

図 3-1 に示したような ICF 構成要素間の相互作用図を，子どもの関係者で「心身機能・身体構造」，「活動」，「参加」，「環境因子」，「個人因子」に当てはまる実態を付箋などで貼り付け作成していきます。教師同士や保護者などが作成していく過程において，お互いの情報を共有することで子どもの全体像が見

えてきます。ICFを活用することで，それまでは，障害があるから問題行動を起こすという漠然と捉えていた子どもの見方から，「障害の特性からくる対人関係や学習上に困難を抱えているのではないか」，という見方に変わります。そして「心身機能・身体構造」，「活動」，「参加」，背景因子である「環境因子」と「個人因子」を検討・分析していくことで指導や支援の目標，内容が整理され，準備されやすくなります。

（2） 学級集団のなかでの問題発生や悪化の予防

　問題の発生を予防することを一次予防，問題の悪化を防ぐことを二次予防，問題による二次的な社会的不利益を防ぐことを三次予防といいます（伊藤，2007）。

　一次予防は，一般的な予防（universal prevention）と選択的な予防（selective prevention）に分けられます（図3-2）。一般的な予防は子ども全員を対象に行うものです。たとえば，発達障害など特別な教育的ニーズのある子どもが在籍する学級の普段の学級経営において，発言の仕方，仲良くするマナーなど学級生活に関わるルールを決めておくことが大切です。いわゆる全員を対象としたメンタルヘルスケアです。それに対して，選択的な予防は，学級経営を行っていくための全員を対象にしたルールだけではわかりにくく，不十分な場合に考えられる予防活動です。たとえば，ADHDで落ち着きがなく，不注意である場合には教室内の座席の位置や班の構成メンバーに配慮することなどがあげられるでしょう。ハイリスクな状態の子どもに対して，普段から個別の配慮や支援を行うことを指します。

　また，二次予防は，教室を飛び出す，他者に暴力をふるうなど，もうすでに問題が起きており，不適応な状態に陥っている子どもに対して，これ以上の問題悪化を防ぐことを目的にして行うことをいいます。すなわち，適用根拠のある必要な予防（indicated prevention）です（図3-2）。適切な対処が必要であり，保護者や専門機関等と連携を図りながらの指導・支援が必要な段階です。

　三次予防は，不登校等の非社会的行動や非行等の反社会的行動，また，心身

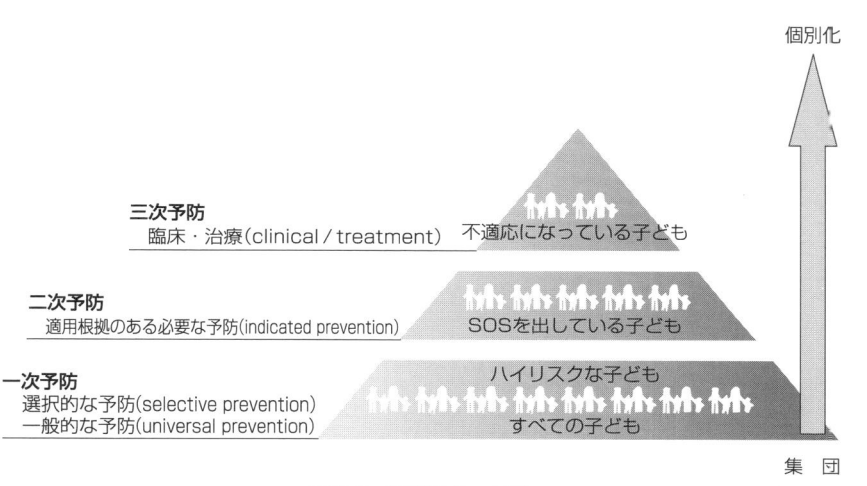

第3章　知的障害を伴わない発達障害と二次障害

図 3-2　問題発生の予防

出所：伊藤（2007）を一部改変。

症等の身体症状に対して，カウンセリングや治療を行うことにより，問題による二次的な社会的不利益を防ぐことをいいます（図3-2）。

表3-1に示したように，一般的な予防として，学級においては，「学級でのルール（発言や仕方など）を明確に掲示する」，「視覚支援教材を取り入れる（例：掃除当番や給食当番のグループごとの手順をカードで視覚提示する）」，「友達の心を傷つけない個を認め合う学級づくりを目指す（「ふわふわ言葉」，「ちくちく言葉」の活用）」などがあげられます。表3-1のように学級・学校等でできる指導・支援の方法を明確にしていくことは，二次障害を予防するために有効です。

（3）　情緒や行動を包括的に評価する質問紙の活用

　幼児期から思春期に至る子どもの情緒や行動を包括的に評価する質問紙として，アメリカバーモント大学のアッヘンバック（Achenbach, T. M.）が開発した一連の調査票があります。保護者が記入する Child Behavior CheckList（CBCL），ほぼ同じ内容で本人が回答する Youth Self Report（YSR），ならび

第Ⅰ部　子どもの発達と発達障害

表3-1　問題の発生と悪化の予防例示

支援レベル	支援の場	学級	学校	家庭
一次予防	一般的な予防	・学級目標を掲げ、一貫性のある指導をする ・学級でのルールを明確にし掲示する ・視覚支援教材や給食当番等を取り入れる 例：掃除当番や給食当番の手順をカードで視覚提示する 例：1日の生活に見通しをもたせる（1時間ごとのスケジュールで提示する） ・教室の前面はすっきりさせておく（学習規律・リズムやテンポ・指示の出し方を認めるなど工夫） ・わかりやすく、楽しい授業、教材教具の工夫を行う ・友達の心を傷つけない個を認め合う学級づくりを目指す（「ふわふわ言葉」「ちくちく言葉」の活用）	・校内委員会を設置する ・発達障害についての研修を行う ・学年の実態把握を行う ・児童生徒の様子を伝え合い、情報を共有する ・学校生活のルールを明確化し、共通理解を図る ・環境整備（どこに何があるか、何を置けばよいかが一目でわかるように、構造化の工夫をする）	・学校だよりで学校の取り組みを伝える ・学年だより、学級だより、学級懇談会等で学級の様子や取り組みを伝える ・保護者のニーズを把握する
一次予防	選択的な予防	・座席の位置・グループ構成・グループメンバーを配慮する ・子どもの言動などに対して、肯定的な見方を心がける ・活躍できる場をつくる（得意な体育の係で出番を定する） ・専科担当、委員会担当などの教師集団による行動観察を行い、共通理解を図り一貫性のある支援を目指す ・コミックや会話（リソースルーム）の活用 ・クールダウンする場（リソースルーム）の活用 ・日々の記録を行い、指導経過から、課題の理解を図る ・学級で話し合う機会をもち、周囲の理解を図る	・校内委員会で支援体制について検討する ・個別の指導計画を作成する ・リソースルームを確保する ・関係機関と連携を図る	・連絡帳や家庭訪問などで保護者との連絡を密にする ・学校での対応について理解を促し家庭での関わり方、ルールづくり等を提案し、実行してもらう
二次予防	適用根拠のある必要な予防	・成功体験を積み重ね、自尊感情を高める ・約束ノートをつくり、ポイントカードを活用する ・取り出し指導をする場、クールダウンする場として、リソースルームを活用する ・コミック会話やソーシャルスキルトレーニングを取り入れる ・学級で本児のことについてよく話し合い理解を深める	・校内委員会で支援体制の確認と新たな支援について検討する ・リソースルームの確保と個別対応ができる人的配置をする ・関係機関と連携を密にする	・学校、関係機関と連携し、懇談会を行い、方針について治った関わりをしてもらう
三次予防	臨床・治療による（問題による二次的な社会的不利益を防ぐ）	・本児の心身状態の把握に努める ・支援員が本児の状態のサポートをし、学級で本児の状態について伝え、さらに理解を深める	・関係機関に相談し、連携を密にする ・校内委員会で支援体制の確認と新たな支援について検討する ・リソースルームを本児の居場所の1つとし、個別対応をする	・学校、医療、相談機関と連携し、理解をさらに深め、適切な関わりをしてもらう

出所：筆者作成。

に教師が回答する Teacher's Report Form（TRF）です。CBCL は 2～3 歳の幼児版（CBCL/2-3）と年長児版（CBCL/4-18）とに分かれています。

　CBCL など一連の評価用紙の構成の特徴は，子どもの情緒と行動を多面的に評価することであり，それぞれ男女別に標準化されています。CBCL/4-18 は社会的能力尺度と問題行動尺度から構成されています。社会的能力尺度は，子どもの趣味や友達関係，家族関係など，生活状況を調べるものです。問題行動尺度は，118の質問項目と書きこみ可能な 1 項目から構成されています。これらの質問により評価される症状群尺度は，「ひきこもり」「身体的訴え」「不安／抑うつ」「社会性の問題」「思考の問題」「注意の問題」「非行的行動」「攻撃的行動」の 8 つの軸からなり，さらに「ひきこもり」「身体的訴え」「不安／抑うつ」からなる内向尺度，「非行的行動」と「攻撃的行動」からなる外向尺度と総得点があります。これらは，心理社会的な適応／不適応状態を包括的に評価できるようなシステムになっています。このプロフィール表には 2 つの点線が記入されており，2 つの点線にはさまれた領域は境界域，その下は正常域，その上は臨床域と評価されます（図 3-3）。

　このスケールを活用することで子どもの情緒面および行動面の発達や問題の特徴を一目で包括的につかむことができます。いち早く，心理社会的な適応／不適応状態を評価し，支援体制を整えられる有効なツールです。

　武田（2006）は，通常の学級における発達障害のある子どもの情緒および行動に関する適応状態に関して CBCL，YSR，TRF で評価し，目で見える形で複数の関係者（担任，特別支援コーディネーター，保護者等）が情報を共有するとともに，校内委員会等の支援会議でその結果を活用し指導・支援することが有効であると報告しています。

3　メンタルヘルスを考慮した個別の指導計画の作成と指導・支援

　二次障害を予防するための教育計画作成の視点として，メンタルヘルスを支援していくために個人のレベルと環境のレベルで考えていく必要があります。

第Ⅰ部 子どもの発達と発達障害

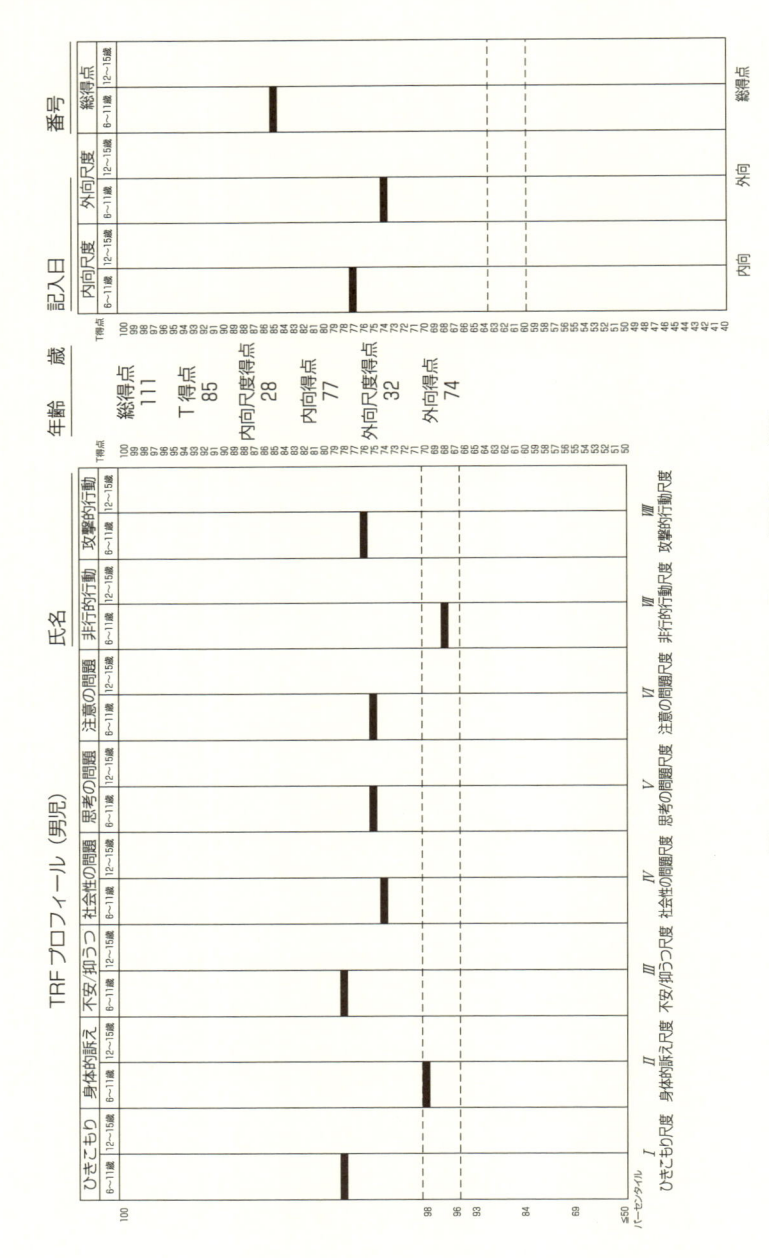

図 3-3 Teacher's Report Form（TRF）の例示

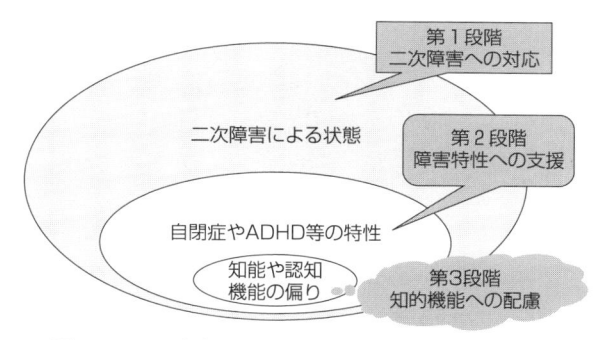

第3章　知的障害を伴わない発達障害と二次障害

図3-4　二次障害で苦しんでいる子どもの指導・支援

　個人のレベルでは，子どもが自らのストレスを軽減し，ストレスに対してより適切な対処ができる力を育成することが重要です。そのためにはストレスマネージメントに関する教育の機会を保障していくことが求められます。

　発達障害のある子どもの場合，特にソーシャルスキルトレーニングを行うことでストレス対処に幅をもたせたり，問題解決力を育成したりするための教育プログラムを用意していくことが必要です。その際に，教師や友人との信頼関係を高め，お互いが相談できる関係性，すなわちソーシャルサポートを高めていくことが大切になります。さらに，自尊感情や自己効力感を高めていくことが指導・支援のポイントとなります。

　また，環境のレベルでは，学校・学級内のストレッサーの軽減を図ること，相談できる人や場所を保障し，発達障害をはじめ，さまざまな障害に対する啓発活動を推進していくことが重要です。

　通常は，WISC-Ⅳ知能検査[12]やK-ABC心理・教育アセスメントバッテリー[13]，DN-CAS認知評価システム[14]等の検査を実施し，知能の特性に配慮するとともに，各教科等の実態や情緒および行動の実態を把握し，個別の指導計画を作成します。しかし，二次障害がもうすでに生じている場合は，図3-4に示したように，第1段階として「二次障害への対応」，第2段階として「障害特性への支援」，第3段階として「知的機能への配慮」を可能な限り同時期に行っていくことが求められます。

第Ⅰ部　子どもの発達と発達障害

　個別の指導計画，個別の教育支援計画を作成し，実践し，形成的評価を行いながら修正，再び指導・支援を継続していきます。いわゆる，PDCA（Plan-Do-Check-Action）あるいはPDS（Plan-Do-See）サイクルに沿って，一貫性・継続性のある質の高い指導・支援を行っていくことが重要です。

注
(1) 急性ストレス反応
　　他に明らかな精神障害を認めない個人において，極度に強い身体的およびまたは精神的ストレスに反応して発現し，通常数時間か数日内でおさまる著しく重篤な一過性の障害をいう。
(2) 適応障害
　　はっきりと確認できるストレス因子に反応して，そのストレス因子の始まりから3か月以内に情緒面または行動面の症状が出現することをいう。
(3) 心的外傷後ストレス障害
　　突然襲った事故や災害，耐え難い離別，生命を脅かされるような苦痛な恐怖体験や喪失体験後，さまざまな心身の反応を起こす症候群である。
(4) チック
　　不随な動きや発声に至る，急速で反復性の筋肉の収縮のこと。
(5) 常同行動
　　同じ行動や行為を目的もなく何度も繰り返し続けることをいう。
(6) 選択性緘黙
　　ある状況では自分の言語能力を発揮できるが，他の（限定された）状況では話せないというような，会話が著しい情動により規定されるという特徴がある。
(7) 反抗挑戦性障害
　　目上の者に対してかんしゃくを起こす，大人と口論をする，大人の要求または規則に従うことに積極的に反抗または拒否するなど，拒絶的，反抗的，不従順，挑発的な行動を繰り返すことが少なくとも6か月間持続する場合に診断される。
(8) 行為障害
　　人や動物に対する攻撃性，他者の所有物の破壊，嘘をついたり，窃盗をしたり，重大な規則違反を犯したりするなど他者の基本的人権または年齢相応の社会的規範や規則を侵害することを繰り返し，それが持続する行動様式をいう。
(9) 不安障害
　　不安が強いために日常生活における行動面や心理面に制限，制約をもたらす症状を

総称して不安障害と呼ぶ。
⑽　強迫性障害

　　不合理な内容の考えが意に反して頭のなかに浮かんでくる強迫観念と，繰り返し手を洗うなどある行動に駆り立てられ，それを行わないと気がすまない強迫行為からなる強迫症状と呼ばれる症状に特徴づけられる不安障害である。

⑾　ふわふわ言葉・ちくちく言葉

　　「ふわふわ言葉」とは，ほめ言葉や相手を思いやるやさしい言葉をいう。一方，「ちくちく言葉」は，バカ，死ねなど相手を傷つける攻撃的な言葉をいう。

⑿　WISC-IV知能検査

　　WISC-IIIの改訂版で，10の基本検査から全検査IQと4つの指標得点（言語理解，知覚推理，ワーキングメモリー，処理速度）の算出ができる。5歳0か月～16歳11か月の子どもを対象にした児童用知能検査である。

⒀　K-ABC心理・教育アセスメントバッテリー

　　知的活動を認知処理過程と知識・技能の習得度から評価でき，認知過程を継次処理と同時処理から評価し，得意な学習スタイルをみつけることを目的とした認知検査である。

⒁　DN-CAS認知評価システム

　　DN-CASは，Luriaの神経心理学モデルから導き出されたJ. P. Dasによる知能のPASS理論を基礎とする心理検査で，「プランニング」「注意」「同時処理」「継次処理」の4つの認知機能（PASS）の側面から子どもの発達の状態を捉えることを目的とし，5歳0か月～17歳11か月までの年齢で実施することができる。

文献

伊藤亜矢子（2007）．予防教育　日本コミュニティ心理学会（編）　コミュニティ心理学ハンドブック　東京大学出版会　256-286.

鈴木滋夫・武田鉄郎・金子健（2008）．全国の特別支援学校〈病弱〉における適応障害を有するLD・ADHD等生徒の実態と支援に関する調査研究　特殊教育学研究，**46**〈1〉，39-48.

武田鉄郎（2006）．LD，ADHD等で適応障害のある児童生徒の心理・行動特性及び支援体制に関する研究報告書　科学研究費補助金基盤研究(C)成果報告書

宮本信也（2008）．二次障害　発達障害基本用語事典　金子書房　31.

第II部

子どもの病気

第4章 循環器疾患の理解と支援

1　就学児の循環器疾患の経年変化

　小児循環器学や小児心臓外科学の発展により，心臓病の子どもの診断・治療は目を見張る進歩を遂げています。ほんの20年前には生後すぐに亡くなっていた重症先天性心疾患の多くが，現在では治療後に定型発達児と同じように就学しています。後天性心疾患の代表であったリウマチ性心疾患は現在ではほとんど見られなくなり，それにかわって川崎病が年々増え続けて，川崎病後の心臓後遺症が後天性心疾患の中心となっています。カテーテルと呼ばれる細い管を血管から心臓のなかの原因部位に進め，先端から高周波エネルギーを通電して不整脈を根治させるカテーテルアブレーション（カテーテルによる電気焼灼術）が小児にも普及しています。さらに臓器移植法が改正されて子どもの心臓移植が増える可能性があります。そうなると心臓移植後の就学児童も珍しくなくなるかもしれません。以前は運動を禁止されていた心臓病の就学児童の多くが治療されて運動に参加しています。このように小児心疾患の治療の進歩とともに心疾患就学児の管理指導は大きく変わってきています。

第II部　子どもの病気

② 学校現場でよく見る循環器疾患

（1）先天性心疾患

　母親の子宮内にいる胎児は積極的な呼吸や消化吸収は行っておらず，酸素と栄養は母体から胎盤を介して供給されます。胎児には動脈管・静脈管・卵円孔といった特別な血管や心内構造が存在し，血液の流れ方は出生後と全く異なっています（図4-1）。そして出生後すぐに動脈管・静脈管・卵円孔は閉鎖し，極めて短時間のうちに大人と同じ血液の流れに変わります（図4-2）。

　循環器系には酸素の豊富な血液が流れる左心系（左心房，左心室，大動脈）と酸素が少なく二酸化炭素が多く含まれる血液が流れる右心系（右心房，右心室，肺動脈）の2系統があります。心臓の構造異常がある先天性心疾患では，多くの場合本来交通がない左心系と右心系の間に血液の交通が生じ，血液循環の異常が起こります。先天性心疾患は，右心系の静脈血が左心系に混入してチアノーゼ（二酸化炭素と結合した還元型ヘモグロビンが5 g/dL以上になり，口唇や皮膚が青黒くなる状態）を生ずるチアノーゼ性心疾患（右-左短絡疾患）と動脈血が右心系に流入し，チアノーゼはないが心肺に負担がかかる非チアノーゼ性心疾患（左-右短絡疾患）とに大別されます。

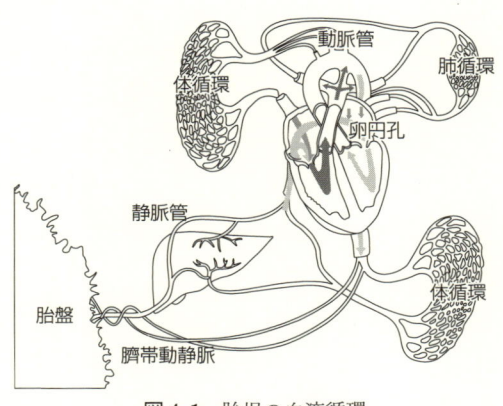

図4-1　胎児の血液循環

第4章　循環器疾患の理解と支援

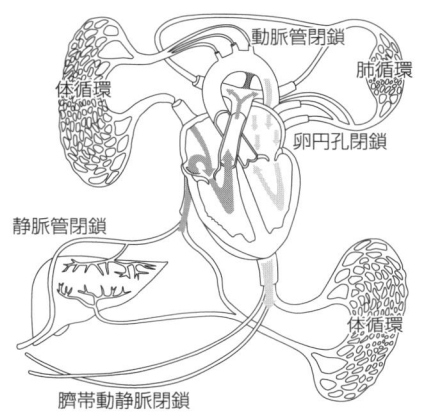

図4-2　出生後の血液循環

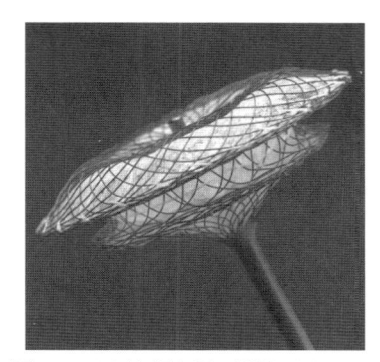

図4-3　心房中隔欠損の閉鎖に用いられる Amplatzer septal occluder
注：カテーテルという細い管を心房中隔欠損孔まで進め，その先端から図のような器具を出して欠損孔を閉鎖する。

①非チアノーゼ性心疾患

○心室中隔欠損

　心室中隔欠損は，先天性心疾患のなかで最も頻度の高い疾患です。左心室と右心室を分ける心室中隔に欠損孔が存在し，この欠損孔を介して左心室から右心室への血液の短絡が起こります。短絡血流による大きな心雑音で気づかれることが多く，欠損孔が小さいと無症状で自然閉鎖することもあります。大きな欠損孔では呼吸が早く，苦しそうになり，そのため哺乳不良や肝臓の腫大などの心不全症状が出現し，乳児期早期に欠損孔の閉鎖手術が必要となります。ほとんど乳幼児期に閉鎖手術を受けていますので，学校現場で遭遇するのは術後か軽症例に限られています。

○心房中隔欠損

　心房中隔欠損は左心房と右心房を分ける心房中隔に欠損孔があり，左心房から右心房へ短絡が起こります。心室中隔欠損と違い，心雑音ははっきりせず小児期にはほとんど無症状なので，学校心臓検診の心電図や心エコー検査で初めて診断されることもあります。治療は手術的に欠損孔を閉鎖しますが，最近では円盤状の特殊な器具で欠損孔を閉鎖する心臓カテーテル治療という新しい方法も行われています（図4-3）。

○動脈管開存

　動脈管開存は肺動脈と大動脈をつなぐ血管で，胎生期には酸素を多く含んだ胎盤からの血液が肺をバイパスして直接大動脈に流れるようにしています（図4-1参照）。出生後，肺呼吸の開始とともにすぐ閉じますが，出生後も閉鎖せずに残ると血圧の高い大動脈から肺動脈へ短絡が起こります。治療には薬物療法，手術法，あるいはカテーテル閉鎖法があります。

②チアノーゼ性心疾患

○ファロー四徴

　ファロー四徴は心室中隔欠損，肺動脈狭窄，大動脈の右室側への偏位，右室肥大の4つの特徴からなるチアノーゼ性心疾患の代表的疾患です。肺動脈狭窄のために右心室の血圧が上昇して左心室と同じになります。そのため，右心室の静脈血の一部が心室中隔欠損を介して左心室に流入して大動脈血の酸素濃度が低下し，チアノーゼを起こします。激しく泣いたりした時にチアノーゼが急激に強くなり意識消失を起こす無酸素発作や，幼児が運動時に自分で肺血流を増やしてチアノーゼを改善させる蹲踞姿勢をとるのが有名な症状です。乳幼児期早期に修復手術が行われます。したがって就学児のほとんどは修復手術が行われています。術後合併症として肺動脈狭窄の残存，肺動脈弁逆流，右心室機能不全，術後不整脈などがあります。

○完全大血管転位

　完全大血管転位は右心室から大動脈が，左心室から肺動脈が起始する心疾患です。大血管が正常とは全く逆になっているので，全身から帰ってきた静脈血は右心室から大動脈を通って再び全身に送られるため，生直後から強いチアノーゼを呈します。肺循環と体循環の間に交通路がないとまもなく死亡するので，すぐに動脈管を開かせる薬剤を投与し，緊急的に心臓カテーテルで人工的に心房中隔欠損を作成します（バルーン心房中隔裂開術）。新生児期に大血管を正常に入れ換える手術を行い治すことができるようになりました。

○その他のチアノーゼ性心疾患

　チアノーゼ性心疾患には他に三尖弁閉鎖（右心房と右心室の間にある三尖弁が

閉鎖している心疾患），単心室（どちらかの心室が極端に小さく心室が1つしかない心疾患），左心低形成症候群（僧帽弁・左心室・大動脈弁・上行大動脈すべての発育が極度に悪い心疾患）など，現在でも治療が難しい先天性心疾患があります。

③心臓手術後の就学児童への注意点

現在では，ほとんどの先天性心疾患がカテーテル治療や外科手術で修復可能になっています。したがって，学校現場では治療後のあらゆる先天性心疾患を見る可能性があります。同じ診断でも手術後の遺残病変（手術しても残っている病気）や続発症（心臓手術後に新たに起こった病変をいう）により，病態はさまざまです。したがって心疾患の名前や特徴を知ることより，心臓手術後の特徴や問題点を把握するほうが重要です。心臓手術は血液循環を正常に戻す根治手術と血液循環の異常はそのままで症状を改善させる姑息手術に分けられます。また根治手術には，解剖学的な構築異常をすべて正常に戻す解剖学的根治術（二心室修復術）と血液の流れ方を正常化する機能的根治術があります。心室中隔欠損や心房中隔欠損に対する欠損孔閉鎖術やファロー四徴の修復手術は二心室修復術です。

心臓手術後に心臓を切開した傷跡が原因で不整脈が起こることがあります。術後合併症のために心臓への負担が残る場合には術後不整脈が発生しやすくなります。頻度の高い術後合併症には，心不全（心臓の機能が低下して生活の質が低下した状態），肺高血圧症（肺動脈の血圧が上昇した状態），流出路狭窄（大動脈弁や肺動脈弁につながる心室の出口の狭窄），弁閉鎖不全（僧帽弁，三尖弁，大動脈弁，肺動脈弁の逆流）などがあります。二心室修復術では解剖学的な構築が正常になるため生理的ですが，人工弁や人工血管を使用すると術後時間が経つにつれて狭窄を起こすことがあります。一方，フォンタン手術や右心バイパス手術と呼ばれる手術（上大静脈や下大静脈の血液を右心房・右心室を介さずに直接肺動脈につなぐ手術）は，三尖弁閉鎖や単心室などの重症の先天性心疾患に対して機能的根治術として最近よく行われています（図4-4）。この手術では肺へ血液を送り出すポンプ（右心室）がないために運動時に血液を送り出す予備力が健常児より低下しています。日常生活や運動以外の学校生活は問題ない場

合が多いですが，小学校高学年になると運動能力の低下が明らかになってきます。また心機能の低下や肺血管の異常が軽度でも肺循環が維持できなくなり，すぐに静脈うっ血を起こしやすくなります。

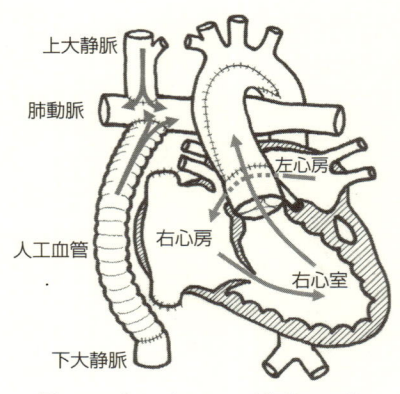

図4-4 右心バイパス手術後の一例

（2）不整脈

　心臓のリズムは自律神経で調節されていますが，小児では自律神経調節が未熟であったり，成長期に一時的に不安定になったりするために，就学児童に不整脈が発見されることは珍しくありません。軽症で成長とともに改善・消失する不整脈が多い一方，失神や突然死の危険性があり，厳重な運動管理が必要な不整脈もあります。同じ診断名の不整脈であっても重症度や危険性が全く違う場合があります。重症不整脈として注意すべき条件としては，突然死の家系，心筋症（後述参照），心筋炎後（後述参照），川崎病後虚血性心疾患（後述参照），さらに心臓手術後などの基礎心疾患がある場合，失神，けいれんなどの危険な症状のある場合，運動で不整脈が誘発されたり悪化したりする場合があげられます。多くの不整脈の原因が明らかにされ，薬物治療やペースメーカー治療などに加えて，現在では高周波アブレーションという専門的なカテーテル治療で完治できる不整脈が増えています。

　心臓の拍動は生体電気信号で誘導され，この信号が通る経路を刺激伝導系といいます（図4-5）。洞結節で発生した刺激は，右心房から房室結節を経て心室に伝わります。心室内の刺激伝導系は，心室中隔上部で左右に分かれ，右心室側の右脚と左心室側の左脚に分かれて両心室に伝わります。

　学校現場で見る主な不整脈としては，以下のものがあります。

　○脚ブロック

　脚ブロックはどちらかの脚の刺激伝導が遅れる状態で，右脚ブロックと左脚ブロックがあります。学校検診でよく見られる心電図異常で，危険性が少ない

ものから専門医の診断・管理が必要なものまでさまざまです。

○心室期外収縮・上室期外収縮

正規の周期より早く，正常の洞結節以外の場所から刺激が発生する不整脈を期外収縮といいます。異常刺激が発生する部位によって，心室期外収縮と上室期外収縮（心房または房室結節）があります。

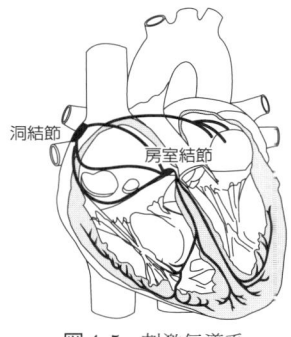

図4-5　刺激伝導系

心室期外収縮は，就学児の数％から20数％に見られる最も頻度の高い不整脈です。問診・3分間心電図記録・運動負荷心電図などがよく行われる検査です。低頻度で連発や多形性がなく，基礎疾患や運動誘発性のない心室期外収縮では運動制限不要で，25～30％は経過中に消失します。

上室期外収縮は，学校心臓検診では心室期外収縮についで頻度が高い不整脈です。基礎心疾患や心臓手術後でなければ問題はない場合が多いです。

○WPW症候群

WPW症候群は早期興奮症候群と呼ばれる不整脈の代表疾患で，心電図でデルタ波とPR短縮といった特徴的な波形を呈します（図4-6）。学校心臓検診で発見される頻度が高い不整脈の1つです。波形異常だけで無症状が多いですが，時に頻脈発作を起こす場合があり，高周波カテーテルアブレーション治療を行います。

○QT延長症候群

QT延長症候群は，時に失神や突然死を起こすことがある遺伝性不整脈疾患で，頻度は1万人に1人程度といわれています。失神や倒錯型心室頻拍（QT延長症候群に特徴的なQRSの形が変化する多形性心室頻拍）の既往歴がある場合は，薬物治療と厳重な運動制限を行います。心電図上QT延長のみの児童では，経過観察が中心となります。

第Ⅱ部　子どもの病気

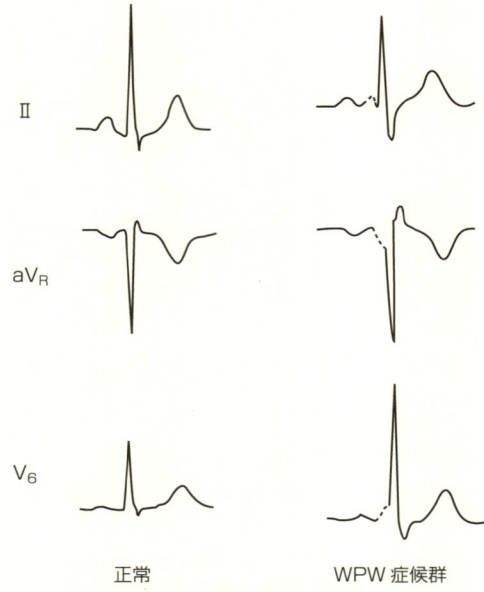

図 4-6　WPW 症候群の心電図
注：点線部分がデルタ波。

（3）　川崎病

　川崎病は1967年に川崎富作博士により初めて報告されました。4歳ぐらいまでの乳幼児に好発し，男児に多く，中小動静脈の血管炎を起こす原因不明の急性熱性疾患です。原因は未だに不明ですが，川崎病は年々増加し，2005年以降は毎年1万人以上の新規患者があります。38.5度以上の高熱で突然発症することが多く，両眼球結膜（白目の部分）の充血，口唇の紅潮，イチゴ状舌，首のリンパ節腫脹，全身皮膚の不定形発疹，手掌や足底の発赤や指の腫脹といった特徴的な症状を呈します。急性期の治療はアスピリン（炎症を鎮める作用と血小板の働きを抑える働きを併せもつ薬の一種）と免疫グロブリン（抗原と結合する抗体として働くたんぱく質およびこれを血液から抽出して製剤化したもの）の大量静注投与が標準治療法として確立しています。

　川崎病にかかると約13％の患者に心臓合併症を起こすことが臨床的に重要で

す。心臓合併症のほとんどが冠動脈（心臓自身へ血液供給を行う血管）拡大または瘤形成です。冠動脈の軽度拡張や比較的小さな瘤では1か月程度の短期間で正常化することが多いですが，中等度以上の冠動脈瘤では正常化しない場合もあります。頻度は1％未満と少ないですが，重症冠動脈瘤症例のなかには冠動脈瘤の血栓閉塞や冠動脈狭窄を起こして虚血性心疾患（心筋の血液環流障害によって起こされる心疾患）へ進行することがあります。このような重症例では，冠動脈血栓溶解療法（冠動脈のなかの血栓を薬剤で溶かし閉塞をとる治療法）や冠動脈バイパス手術（冠動脈狭窄の末梢へ血管をつないで血流を回復させる手術），さらに重症心筋梗塞後では心臓移植を行うこともあります。リウマチ性心疾患がほとんど見られなくなった現在，学校心臓検診において川崎病による心臓後遺症は後天性心疾患の中心的疾患となっています。

　学校での川崎病既往児の対応は冠動脈後遺症の程度により全く異なります。心臓後遺症を残す児童生徒は，原則専門医療機関で精密検査を行い，その結果判定された学校生活管理指導表（表4-1，表4-2）の管理区分に従って運動制限をします。冠動脈病変がないか，一過性の軽度病変の場合は，生活運動面での制限は不要です。このように川崎病罹患児の心臓障害とその経過は患者ごとに違っており，まず一人ひとりの川崎病心臓病変の経過を正確に把握することが最も重要な点です。2003年から川崎病急性期カードという急性期川崎病の症状，治療内容ならびに心臓後遺症の経過を記載するカードを保護者に渡して，学校での適切な管理・指導のために利用されています。

（4）　心筋症・心筋炎

　心筋症は，心筋を構成する微細構造の遺伝子異常を基礎とする心疾患で，心筋が著しく肥大する肥大型心筋症，心筋が薄くなり心室収縮力が低下する拡張型心筋症，心筋の硬化が進行する拘束型心筋症などに分けられます。成人に多い心疾患ですが，小児にも発症します。乳幼児期に発症する特殊な心筋症もありますが，中学，高校と学年が進むに従って発生は増加します。初期は無症状のこともありますが，多くは易疲労感，四肢冷感，咳，呼吸困難，動悸，胸痛，

浮腫などの症状がでます。重症不整脈を合併している場合は失神や突然死の原因となります。心筋の負担を軽減する薬剤で改善する場合もありますが，進行する場合は心臓移植の適応となります。

心筋炎は，ウイルス感染や膠原病により，心筋細胞が障害され機能が低下する心筋疾患です。心筋炎を引き起こす頻度が高いウイルスには，コクサッキーウイルスやエコーウイルスがあげられます。発熱，吐き気，腹痛といったウイルス感染の全身症状の後，うっ血性心不全（心臓の機能低下により必要な血液拍出が維持できない状態，結果として静脈系の血液うっ滞が起こる）の症状や，心電図異常，胸痛，失神を来したりします。一般療法や心不全に対する治療以外に新しい薬剤が試されていますが，確立された治療法はなく，劇症型心筋炎の致命率は10〜15％といわれています。急性期を乗り切ると心機能は正常化することが多いですが，なかには炎症が慢性化し，心機能が回復せず拡張型心筋症に移行することがあります。

③ 学校における心疾患児童への対応の注意点

循環器疾患をもつ就学児童の学校での対応のなかで，適切な運動指導は非常に重要で，学校生活管理指導表（表4-1，表4-2）を用いて行われます。循環器疾患の一部には失神や突然死の危険性があります。就学児童の突然死の多くが運動に関係したものであり，突然死の40〜50％が基礎心疾患を有する児童に起こっています。特に運動によって病態が悪化する可能性のある心疾患児童の運動は，循環器専門医の管理指導にそって慎重に行う必要があります。このような心疾患には心不全・肺高血圧・不整脈を合併している心筋症，心筋炎後，大動脈狭窄，先天性心疾患術後などがあげられます。またQT延長症候群，運動誘発性多形性心室期外収縮，完全房室ブロック（房室結節で刺激が伝導せず途絶するために心房と心室の収縮が別々になっている状態）などの不整脈では安静時無症状でも運動時に失神・突然死の危険があります。一方，以前は運動を行っても危険性のない軽症心疾患でも，一律に運動を禁止するということがよく行

われていました。運動は子どもの身体発育や精神発達に不可欠で、最近では運動が心疾患そのものや患者のQOL（生活の質）を改善することが明らかになっています。したがって本当に必要な児童に適切な運動制限を行わなければいけません。また運動制限が必要な児童に対しても単純に運動を制限するのではなく、患児の心肺機能や合併症のリスクに応じて、参加できるスポーツや個々の運動内容を考えることが大切です。運動だけでなく学校行事についても、行程や行事の運動強度を検討して部分的にでも参加できるように配慮すべきです。このようなきめ細かい運動管理指導には、本人家族と学校教師と医師など、心疾患児童と関係するすべての人々の間のコミュニケーションが不可欠です。

文献

佐野哲也（2000）．心疾患を有する学童・生徒の管理と指導　矢田純一・柳澤正義・山口規容子（編）今日の治療指針（第12版）　医学書院　329-331.

佐野哲也（2009）．学校検診――心臓　永井良三（監修），五十嵐隆（責任編集）小児科研修ノート　診断と治療社　212-216.

佐野哲也（2010）．学校心臓検診――川崎病　中谷正晴（責任編集）学校医マニュアル　大阪府医師会　84-91.

表4-1 学校生活管理指導表（小学生用）

（平成14年度版）

学校生活管理指導表（小学生用）

氏名＿＿＿＿＿＿＿＿ 男・女　平成＿年＿月＿日生（　　才）　　　　　　　小学校　　　　年　　　組　　　　　平成　年　月　日

①診断名（所見名）　　　　　　　　　②指導区分　　　③運動クラブ活動　　　④次回受診　　医療機関＿＿＿＿＿＿＿
　　　　　　　　　　　　　　　　　　要管理：A・B・C・D・E　　（　　　）クラブ　　（　）か月後　　　　　　　　　
　　　　　　　　　　　　　　　　　　管理不要　　　　　　　可（但し、　　　　）　　または異常があるとき　医師＿＿＿＿＿＿＿印
　　　　　　　　　　　　　　　　　　　　　　　　　　　　　　可・禁

［指導区分：A…在宅医療・入院が必要　B…登校はできるが運動は不可　C…軽い運動は可　D…中等度の運動まで可　E…強い運動も可］

運動強度		軽い運動（C・D・Eは"可"）	中等度の運動（D・Eは"可"）	強い運動（Eのみ"可"）
体育活動	用具を操作する運動遊び（運動）力試しの運動遊び（運動）体つくり運動　体力を高める運動	長なわでの大波・小波、くぐり抜け、二人組での輪の転がし合い	1・2・3・4年 短なわでの順跳び・交差跳び、簡単な柔軟体操（ストレッチングを含む）、軽いウォーキング	5・6年 体の調子を整える軽い運動、簡単な柔軟運動（ストレッチングを含む）、軽いウォーキング	1・2・3・4年 短なわでの順跳び、支持跳び、輪（投げ）、輪回し、竹馬乗り、平均台、一輪車乗り	5・6年 リズムに合わせての体操、ボール・輪・棒を使った体操	1・2・3・4年 長なわ（連続回旋跳び、なわ組み合わせ跳び）、引き合い、押し合い、引きずって運ぶ、押し車、かつぎ合い、ジャンプ・トレランステスト	5・6年 なわ跳び（連続跳び）持久走、すもう、ジャンプ・トレランステスト
	走・跳の運動遊び（運動）陸上運動	いろいろな歩き方、スキップ、立ち幅跳び、ゴム跳び遊び		立ち幅跳び	かけっこ、簡単な折り返しリレー、ケンパー跳び遊び	短い助走での走り幅跳び	全力を使ってのかけっこ、バトンパスリレー、ルミ（小型ハードル）かけ足、幅跳び、高跳び	短距離走（全力で）、リレー、ハードル走、走り幅跳び、走り高跳び
運動種目	ボール型ゲーム	バスケットボール型ゲーム サッカー	キャッチボール		バス、ドリブル、シュート		攻め方、守り方		ゲーム（試合）形式	
		ベースボール型ゲーム ソフトバレーボール			投げ方、打ち方、捕り方		攻め方、守り方、連携プレー			
	ボール運動				バス、レシーブ、サーブ		走者、スパイク、吹、悪球プレー			
	器械・器具を使っての運動遊び（運動）器械運動	固定施設	ジャングルジム		4・5・6年 簡単な技の練習		4・5・6年 ろくぼく、雲梯		4・5・6年 演技、連続的な技	
		平均台	台を使っての歩行・ポーズ		かえる足うち、ポーズ・倒立などの練習		台上前方・側方倒立		転がりの演技	
		マット	ころがり（横・前・後）		前転・後転・倒立・ポーズ		前転、後転、倒立、倒立前転		片膝かけ回りの連続	
		鉄棒	鉄棒を使ってぶらさがり振り		踏み越しおり、膝かけ上がり、補助逆上がり		足抜き回り、膝かけ上がり、補助逆上がり、前方支持回転		横跳び越し、支持での前跳び越し	
		跳び箱	支持でまたぎ乗り、またぎおり		支持で跳び下り、踏み越しの簡単な技		開脚跳び、台上前転、かかえ込み跳び		連続技や組み合わせの技	

70

第4章　循環器疾患の理解と支援

	1・2年	3・4・5・6年	1・2年	3・4・5・6年
水遊び・浮く・泳ぐ運動、水泳	水遊び（シャワー）、水中での電車ごっこ、水中ジャンケン	水慣れ（シャワー）、伏し浮き、け伸び	石拾い、輪くぐり、壁につかまっての伏し浮き、け伸び	短い距離でのクロール・平泳ぎ	ばた足泳ぎ（補助具使用）、面かぶりのばた足泳ぎ、面かぶりクロール、かえる足泳ぎ（補助具使用）	呼吸しながら長い距離でのクロール・平泳ぎ
鬼遊び			一人鬼、二人鬼、宝取り鬼		ボール運び鬼	
表現リズム遊び、表現運動	まねっこ、リズム遊び、即興表現、ステップ		模倣、ひと流れの動きで表現、リズムダンス（ロックやサンバを除く）、日本の民踊の踊り		リズムダンス（ロックやサンバ）、作品発表	
雪遊び、氷上遊び、スキー、スケート、水辺活動	雪遊び、氷上遊び		スキー・スケートの歩行、水辺活動		スキー・スケートの滑走など	
文化的活動	体力の必要な長時間の活動を除く文化的活動		右の強い活動を除くほとんどの文化的活動		マーチングバンドなど体力を相当使う文化的活動	
学校行事、その他の活動	▶運動会、体育祭、球技大会、スポーツテストなどは上記の運動強度に準ずる。 ▶指導区分"E"以外の児童の遠足、宿泊学習、修学旅行、林間学校、臨海学校などへの参加について不明な場合は学校医・主治医と相談する。					

71

表4-2 学校生活管理指導表(中学・高校生用)

(平成14年度版)

学校生活管理指導表 (中学・高校生用)

氏名_____ 男・女　平成__年__月__日生(　　才)　　平成　年　月　日

①診断名(所見名)　　　　　　　　　　　　　　　　　　　　　　　　　　　　　　　　　　　　　　中学校・高等学校　　年　組

②指導区分：A・B・C・D・E　要管理：A・B・C・D・E　管理不要　③運動部活動(　　　　　)部　(　可　・　禁　)、(但し、　　　　　)　④次回受診(　　)年(　　)か月後 または異常があるとき　　医療機関　　　　　　医師　　　　　印

[指導区分：A…在宅医療・入院が必要　B…登校はできるが運動は不可　C…軽い運動は可　D…中等度の運動まで可　E…強い運動も可]

体育活動	運動強度	軽い運動 (C・D・Eは"可")	中等度の運動 (D・Eは"可")	強い運動 (Eのみ"可")
体つくり運動	体ほぐしの運動 体力を高める運動	いろいろな手軽な運動、リズミカルな運動、基本の運動(投げる、打つ、捕る、蹴る、跳ぶ)	体の柔らかさ及び巧みな動きを高める運動、力強い動きを高める運動、動きを持続する能力を高める運動	最大限の持久運動、最大限のスピードでの運動、最大筋力の運動
器械運動	(マット、鉄棒、平均台、跳び箱)	体操運動、簡単なマット運動、バランス運動、簡単な跳躍	簡単な技の練習、ジャンプ・回転系などの技	演技、競技会、連続的な技
陸上競技	(競走、跳躍、投てき)	立ち幅跳び、負荷の少ない投てき、基本動作、軽いジャンピング	ジョギング、短い助走での跳躍	長距離走、短距離走の競走、競技、タイムレース
水泳	(クロール、平泳ぎ、背泳ぎ、バタフライ、横泳ぎ)	水慣れ、浮く、伏し浮き、けのびなど	ゆっくりな泳ぎ	競泳、競技、タイムレース、飛び込み
球技	バスケットボール	バス、シュート、ドリブル、フェイント	ドリブルシュート、連携プレー(攻撃・防御)	(身体の強い接触を伴わないもの)
	ハンドボール	バス、シュート、ドリブル	ドリブルシュート、連携プレー(攻撃・防御)	
	バレーボール	バス、サービス、レシーブ、フェイント	スパイク、ブロック、連携プレー	
	サッカー	ドリブル、シュート、リフティング、バス、フェイント、トラッピング、スローイング	ドリブルシュート、連携プレー、ショート(攻撃・防御)	
	テニス	グランドストローク、サービス、ロビング、ボレー、サーブ、レシーブ	スマッシュ、力強いサーブ、レシーブ乱打	簡易ゲーム・応用練習・競技
	ラグビー	バス、キャッチング、ハンドリング	バス、キャッチング、ハンドリング	ゴールキーピング
	卓球	フォア・バックハンド、サービス、レシーブ	フェア・バックハンド、サービス、レシーブ	ラック、モール、スクラム、ラインアウト、タックル
	バドミントン	サービス、レシーブ、フライト	ハイクリア、ドロップ、ドライブ、スマッシュ	ゴールキーピング
	ソフトボール	スローイング、キャッチング、バッティング	走塁、連携プレー、ランニングキャッチ	
	野球	投球、捕球、打撃	走塁、連携プレー、ランニングキャッチ	
	ゴルフ	グリップ、スイング、スタンス	簡易ゴルフ(グランドゴルフなど)	

第 4 章　循環器疾患の理解と支援

	活動内容（種目）	札儀作法、基本動作など	簡単な技・形の練習	応用練習、試合
武　道	柔道、剣道、(相撲、弓道、なぎなた、レスリング)	札儀作法、基本動作、受け身、素振り		応用練習、試合
ダンス	創作ダンス、フォークダンス、現代的なリズムのダンス	即興表現、手振り、ステップ	リズミカルな動きを伴うダンス（ロックやサンバを除く）、日本の民謡の踊りなど	リズムダンス、創作ダンス、ダンス発表会
野外活動	雪遊び、氷上遊び、スキー、スケート、キャンプ、登山、遠泳、水辺活動	水・雪・氷上遊び	スキー・スケートの歩行やゆっくりな滑走	通常の野外活動
			平地歩きのハイキング、水に浸かり遊ぶサーフィン、ウインドサーフィン	登山、遠泳、潜水、カヌー、ボート、スクーバー・ダイビング
文　化　的　活　動		体力の必要な長時間の活動	右の強い活動を除くほとんどの文化的活動	体力を相当使って吹く楽器（トランペット、トロンボーン、オーボエ、バスーン、ホルンなど）、リズムのかなり速い曲の演奏や指揮、行進を伴うマーチングバンドなど
学校行事、その他の活動	▼運動会、体育祭、球技大会、スポーツテストなどは上記の運動強度に準ずる。 ▼指導区分"E"以外の生徒の遠足、宿泊学習、修学旅行、林間学校、臨海学校などへの参加については不明な場合は学校医・主治医と相談する。			

第5章
呼吸器疾患の理解と支援

　学童期の病気として最も多いのは，幼児期と同じく呼吸器の感染症です。しかし大多数の呼吸器感染症はいわゆる「風邪」であり，その症状は2週間程度までに治まりますし，欠席も長くて1週間程度です。みなさんのなかには「あぁ風邪ね」などと病気とも思っていない方もおられるかもしれませんが，適切に対処しなければ悪化することもあります。ただ，いったん治ってしまえば日常生活で特に注意すべき点は，ほとんどの場合なくなります（このような経過をとる疾患を急性疾患と呼ぶ）。また感染症を学校との関係で見た場合，集団感染としての視点は重要です。特に注目されるのはインフルエンザウイルス感染と（最近ではめったに遭遇しませんが）結核と思われます。一方感染症以外の呼吸器疾患としては，気管支ぜん息や過換気症候群などがあげられます。これらは症状を反復することが特徴であり，特にぜん息は年単位での経過をとります。このような疾患では，症状のない時の治療・管理が症状がある時の治療と同様に重要で，いったん症状が落ち着いても次の悪化をきたさないような注意が必要です（このような経過をとる疾患を慢性疾患と呼ぶ）。

　本章では，まず感染症について説明し，次に気管支ぜん息と過換気症候群を取り上げます。後者は慢性疾患であると同時に，"呼吸のしづらさ"を感じる疾患であり，時にその不安がさらに病状を悪化させることもあるため，適切かつ冷静な対応が必要です。なお，ぜん息について，原則として「ぜん息」「ぜん鳴」と記載しますが，本の名前など一部で「喘息」「喘鳴」と記載します。

① 呼吸器の感染症

呼吸器の感染症については以下のことを理解してください。

（1） 感染をきたしている部位で病名が決まる

すなわち鼻炎，副鼻腔炎，咽頭炎（これらを総称して上気道炎とも呼びます），気管支炎，肺炎（これらを下気道炎とも呼びます）といった具合です。一般に上気道炎の方が下気道炎よりも軽症で改善しやすいと認識されておられるでしょうが，必ずしもそうではありません。たとえば副鼻腔炎は改善に時間がかかることが多い一方，マイコプラズマという病原体で起こる肺炎は，咳しか目立たないこともあり，抗菌薬への反応も良好です。つまり病名よりも病気の重症度，あるいは本人の全身状態の悪化の程度がより重要ということです。

（2） 原因となる病原は大きく2つに分けられる

すなわち細菌とウイルスです。細菌は光学顕微鏡で見ることができますが，ウイルスは電子顕微鏡でしか見ることができません。いわゆる風邪の大半はウイルスにより発症します。ウイルスに有効な薬はほとんどありませんので，一般にはその人の免疫でウイルスを駆除することで病気は治ります。ただ，最も厄介な原因ウイルスの1つであるインフルエンザウイルス感染に対しては，複数の有効な薬が開発されました。一方細菌には抗菌薬（これまで抗生物質あるいはマイシンなどとも呼ばれていたもの）が有効です。副鼻腔炎や下気道炎では，細菌性の頻度が高くなるため，抗菌薬がよく用いられます。

（3） 対応として最も重要なことは安静を保つことである

治療といえば薬を思い浮かべるかもしれませんが，最も重要なのは安静を保つことです。前述のようにウイルスに効く薬は限られています。普段よく用いられる「風邪薬」は症状を和らげる薬ですので，病気の期間を短くするものではありません。また子どもたちは多少の倦怠感など身体の不調を感じていても，

楽しい授業や遊びには参加したいと無理をしがちです。周囲の大人が症状に気づいた場合には，早期に安静を保たせるように対応すべきです。発熱や咳がつらそうな場合は保健室で休ませるか，保護者に連絡をして迎えに来てもらうなどの対処をとってください。なお医療機関への受診は，発症後すぐである必要はありません。保護者にも本人の全身状態を見つつ受診を判断するようお話しされて構いません。

（4） 集団感染に対する対応が必要となる場合がある

いうまでもありませんが，集団生活の場は感染症が拡大する場でもあります。なかでもインフルエンザウイルス感染は毎年のように流行しますので，予防対策は重要です。手洗い，うがいの励行，咳エチケット（咳をする時にはハンカチなどで鼻と口を覆う）など，子どもでもできることばかりです。朝の集いなどを利用して，その意識を高めることが大切です。

結核についても記述する必要があるかもしれません。しかし実際には小児における発症は極めて低く，また万一発症した場合でも，対応は保健所が中心となって行われます。これらの理由から本章からは割愛します。

② 気管支ぜん息（ぜん息）

ぜん息は，「発作性に喘鳴を伴う呼吸困難を繰り返す疾患」と定義されます。文部科学省が2007年3月に報告した「アレルギー疾患に関する調査研究報告書」によると，全国の小学生から高校生のぜん息の頻度は5.7%でした。つまり40人のクラスで2人はぜん息を患っている可能性があり，学校教職員は必ずぜん息を患っている子どもと接する機会があるといえます。ちなみに小児期のぜん息を小児ぜん息といいます。病態や治療は大人のそれとほとんど同じですが，治りやすさに差があることがわかっています。

日本における小児ぜん息治療は「小児気管支喘息治療・管理ガイドライン2008」が基本となっていますので，これを基に筆者の経験も交えて解説します。

（1） 原因・機序

　まず呼吸について確認します。私たちは呼吸をすることで必要な酸素を体内に取り込み，不要な二酸化炭素を体外に排気しています。このガス交換を行う場は肺胞といわれる場ですが，肺胞まで空気を送り込む通路を総称して気道と呼びます。ぜん息を患っている子どもでは，気道のなかでも肺胞に近い気管支（末梢気道）が発作性に狭窄をきたし，空気の通りが悪くなることで，息を吐く時（呼気）のぜん鳴（ヒューヒュー，ゼーゼー）や呼吸困難が生じます。狭窄は主として気管支を取り巻く筋肉（気管支平滑筋）の収縮で生じますが，気管支内腔の分泌物の増加や気管支粘膜のむくみも関係します（図5-1）。この狭窄は自然に，あるいは治療によって改善しますが，全く正常化するのではなく火傷のようにただれた状態（気道上皮のはく離，分泌物の増多，炎症細胞の浸潤など）が残ります。これらの変化を炎症性変化と呼びます。適切な治療を怠ると炎症性変化が次第に進行し，気管支自体の硬さ，さらに気管支周囲の筋肉の厚みや硬さが増し，結果的に狭窄性病変が改善しにくくなっていきます。この変化をリモデリングと呼びます（図5-1）。このように症状がなくても病気が治ったわけではないため，ぜん息は慢性疾患であると認識する必要があります。

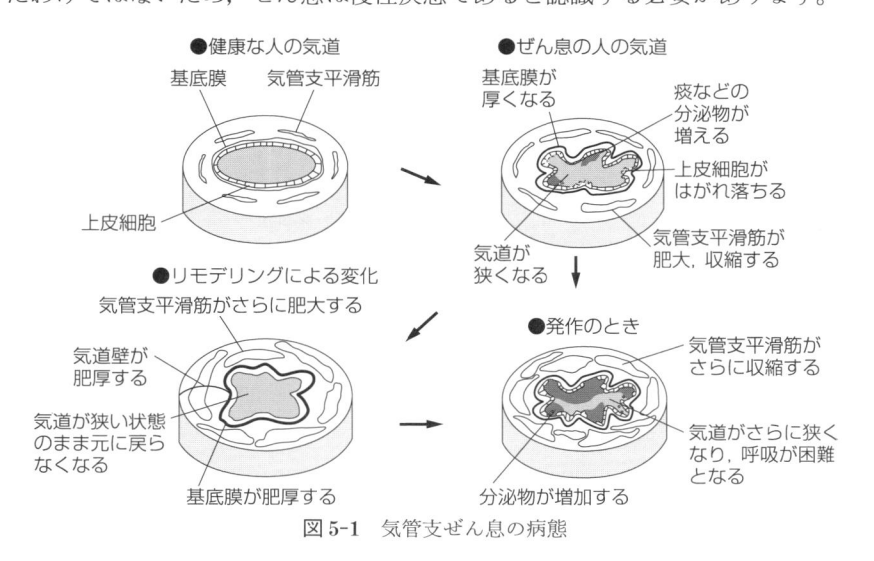

図5-1　気管支ぜん息の病態

ぜん息そのものの発症には，遺伝的要因と環境要因とが複雑に関係していると考えられます。遺伝的な素因として最も重要と考えられるのがアレルギー素因[1]です。最近ではアレルギーだけでなくぜん息に関わる候補遺伝子[2]がいくつか同定されています。ぜん息を発症しやすい環境要因として，感染症の減少と抗菌薬使用の増加（衛生仮説と呼ばれています），住宅の気密性の向上によるダニの増加，タバコ，自動車や工場からの排気ガスなどがあげられます。近年のぜん息患者の急激な増加は環境要因の変化によると考えられています。

（2） 基本症状──教育現場で気づきやすい症状

典型的な症状は，咳，主として呼気性に生じるぜん鳴，呼吸困難です。呼吸困難は子ども自身が感じる自覚症状ですが，客観的には息を吸う時（吸気）にのど元や鎖骨の上，あるいは肋骨の間が陥没する陥没呼吸（図5-2）や，肩が上下する肩呼吸，さらには呼気が吸気と比べて長くなること（呼気延長）などで把握することができます。注意すべきことは一見明らかな症状はないのに，息のしづらさだけを訴えるぜん息発作もあるということです。反対にぜん鳴がなければぜん息ではない，というのは全く誤った認識です。

ぜん息症状は夜間から明け方にかけて最もよく生じるため，二次的に睡眠障害，睡眠不足を生じる可能性があります。一方で起床後症状は改善していきます。この結果登校頃にはぜん息症状はないものの，寝不足などから学校生活に支障をきたす可能性があります。学校生活でのぜん息誘発因子として最も重要なのは運動であり，運動誘発性喘息（exercise-induced asthma：EIA）と呼ばれています。EIAは持久走など休みなく行う運動でよ

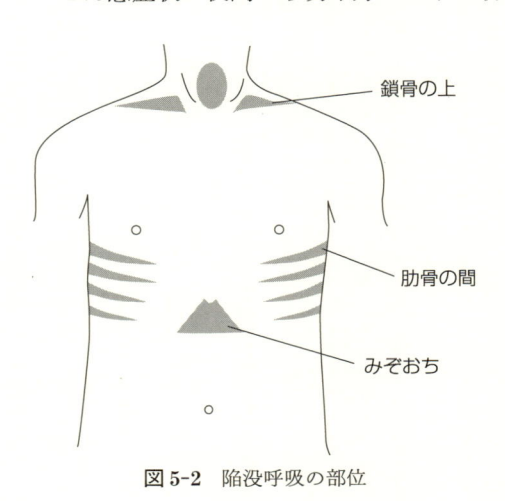

図5-2 陥没呼吸の部位

り生じやすく，インターバルをおく運動では比較的生じにくい特徴があります。また冷気や空気が乾燥している環境の方が生じやすく，これらからわかるように，冬に行われるマラソンは最も注意すべき行事です。EIAはひどければ呼吸機能が半分以下にもなり，急を要する状態となることもあります。一方で多少強度の悪化であったとしても10～20分以内に改善することも多く，本人からの訴えがなければ見逃されることも多いのが特徴です。以下にその他学校生活における発作誘因と配慮すべきことをまとめます。

　①掃除やチョークの粉

　マスクの着用や席順を配慮することで対応可能です。一方でこのような状況下で悪化する場合にはコントロールが不十分である可能性が高く，少なくとも保護者にその状態を報告すべきでしょう。

　②抗　原

　患者それぞれに陽性抗原は異なりますが，ある時点で陰性であっても後にアレルギー反応が成立する場合もあります。そのため抗原となりやすいものに不要に暴露されることは避けるべきです。動物飼育，カビくさい倉庫，鉢植えや昆虫飼育で室内にもち込む土に含まれるカビの濃厚な暴露は避ける必要があります。

　③刺激臭

　理科の実験などで用いるガスや化学薬品，床のワックスやニスへの注意が必要です。

　④宿泊を伴う行事

　宿泊先の抗原対策や悪化時の受診先の確保などの準備が必要です。

（3）　基本的な検査

　ぜん息は，一般的には典型的な症状と気管支拡張薬（β2刺激薬と呼ぶ）吸入による改善から比較的容易に診断できます。6歳以上であれば呼吸機能検査を行うことで，より確実な診断，発作強度や重症度の把握に役立てることができますが，医療側の問題で残念ながら多くのぜん息を患っている子どもは呼吸機

能検査を受けていません。一方で血液などによるアレルギー検査は広く行われますが、アレルギーの証明は診断的には補助的な意味合いしかありません。むしろ後述する治療に役立つものです。

（4） 基本的な治療

ぜん息の治療は発作時の治療と非発作時の治療に分けられます。

①発作時の治療──学校での対応を中心に

発作時の治療は気道狭窄を改善させることが最も重要であり、気管支拡張薬が主体となります。特に吸入療法（薬を直接気道に送達する治療法。吸入用の機械を使って薬液を噴霧させたり、エアゾルで一定量の薬剤を噴霧させて吸い込む方法などがある）は効果の発現も早く確実です。学校生活でぜん息症状をきたした場合、最も身近にいる教職員の対応は極めて重要です。まず子どもに不安を与えないよう落ち着いて対応すべきです。具体的な対策として本人が楽な姿勢をとらせます。横になると息苦しさが増強され、座ると比較的楽である（起坐呼吸）という場合は強度発作を念頭に対応する必要があります。安静を保ち、子どもが持参していれば気管支拡張薬を使用することが勧められます。また、発作時にはしっかり息を吐いていないことが多いため、ゆっくりしっかり息を吐くように声をかけ、同時に背中に触れるなどして呼吸のリズムを整えてやることも役立ちます。症状が落ち着いても1～2時間は運動などを避けて安静を保ち、再度の悪化がないことを確認する必要があります。

緊急を要する強度発作の症状として①起坐呼吸、②話し方がとぎれとぎれ、③顔色不良（蒼白、チアノーゼ）、④意識がおかしい、などがあげられます。このような症状があれば、医療機関へ搬送するべきです。また急激に増悪する可能性があるため、決して本人を歩かせたりしてはいけません。車椅子、あるいは背負って移動させてください。症状が強度でなくても改善が不十分であれば、医療機関を受診する必要があります。

最近でも「症状が続くため家に帰された」という話を聞くことがありますが、一人で帰宅させることは避けるべきです。必ず保護者と連絡をとり、連携して

対応することが重要です。ぜん息は呼吸困難をきたす疾患であり、稀ではありますが死亡することもあります。子ども自身も教師も"これくらいなら大丈夫"と高を括らないよう注意してください。

②発作時の治療――医療機関での対応

医療機関での治療について簡単に触れます。医療機関では病状をより客観的に評価する目的で、パルスオキシメーターという機器で動脈血酸素飽和度（呼吸によって血液中に取り込まれた酸素の程度を示す指標。通常は97～100%）を確認したり、呼吸機能を評価することがあります。これら指標も併せ、1回の吸入だけで治まらない場合には吸入を反復します。特に最初の1時間は、必要であれば3～4回行います。それでも治まらない場合や、もともと発作が強い場合には内服や点滴によるステロイド薬（気道の炎症を最も強力に抑制する作用をもつ薬剤）の全身投与や気管支拡張作用をもつテオフィリン薬持続点滴などが追加されます。薬物治療の他に必要に応じて酸素投与、輸液、増加している痰の喀出を目的に肺理学療法（子どもの胸郭を両手で圧迫するなどの方法で呼吸のリズムを整え、呼吸に用いられる筋肉の疲労を低減し、より多くの呼気を出させるよう促す治療）が併用されます。

③非発作時の治療――慢性期管理

非発作時の治療は、慢性の気道炎症を抑え、症状の再燃を防ぐことを目的とします。非薬物治療として個々の患者に応じた陽性抗原の除去・回避、一般的なぜん息誘発因子としてのタバコ、花火、線香などの煙、自動車や工場からの排気ガスによる空気汚染からの回避があげられます。以前はぜん息には運動、特に水泳が推奨されていましたが、運動療法を効果的かつ安全に行うには十分な配慮が必要です。むしろ最近では、後述する予防薬を十分に用いてぜん息をコントロールした上で、安全かつ十分な運動を行い、その上で予防薬を最低量まで減量することが多いと思われます。

ぜん息症状を反復する場合には気道炎症を抑制して悪化を予防する薬物が用いられます。予防薬として最も重要なのが吸入ステロイド薬であり、他にロイコトリエン受容体拮抗薬（ぜん息予防薬の1つ。喘息の悪化にはロイコトリエンと

いう物質が関わっており，この作用を抑制することで効果を表す）などがよく用いられます。吸入ステロイド薬は正しい吸入方法で使用しないと十分な効果が期待できません。いずれも長期使用での安全性が確認されています。薬剤を用いてぜん息の悪化を抑えることにより，子どもたちの活動性や生活の質の向上が期待されます。ただ，これら薬物を用いてもぜん息を治癒させることはできないことが明らかになってきました。このため一定期間症状が治まってもすぐに中止することはせず徐々に減量し，一般的には6か月から数年に渡って用いる必要があります。

（5） 学校生活とぜん息

　ぜん息は適切な治療を受ければほぼ確実にコントロールできる疾患です。これは何ら支障なく日常生活を送ることが可能であるということです。子どもたちは学校で友達と一緒に生活し，考え，衝突するなかで成長するものですが，時としてぜん息というだけで種々行事への参加が制限される場合があります。反対にぜん息であることを理由に体育授業の見学を申し出る子ども・家族もいますが，いずれも健全な成長を促すのに好ましいとはいえません。この問題を解消するためには，教育と医療の適切な連携が必要です。その一環として2008年3月に日本学校保健会から『学校のアレルギー疾患に対する取り組みガイドライン』が刊行されました。ぜひ参考にしてください。

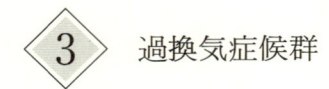

③　過換気症候群

（1） 原因・機序

　過換気症候群は，意図せず生じる過換気により，体内の二酸化炭素が過剰に排出されることで種々症状を生じる疾患です。過剰な呼吸はしばしば"ハカハカした呼吸"と形容され，浅く早い呼吸が特徴です。情緒不安定な状態に何らかの心理的・身体的ストレスが加わって生じることが多く，男女比は1：2といわれています。

（2） 基本症状──教育現場で気づきやすい症状

　特徴的な浅く早い呼吸（促迫呼吸）と呼吸困難，発語困難（ぜん息では強度の発作でも発語は可能だが，本症候群ではとぎれがちにしか話せない。同じ会話困難でもそれぞれに特徴的である），動悸，胸が絞めつけられるような感覚，さらに頭痛，四肢の異常知覚（ピリピリとした感覚），硬直（こわばって動かしにくい）などが出現することがあります。ひどい場合には意識低下や失神をきたすこともあります。また"死んでしまうのではないか"という極めて強い不安感，恐怖感を伴ってパニックに陥ることから，パニック症候群の１つと考えられています。

（3） 基本的な検査

　診断は臨床的には特徴的な呼吸と症状からなされます。確定するための検査として，過換気をきたしている時に動脈血ガス検査（動脈血に含まれる酸素や二酸化炭素を調べる検査。通常の血液検査では静脈血を採るが，呼吸の状態を知るためには動脈血を採る必要がある）を行い，二酸化炭素の低下を確認することがあります。

（4） 基本的な治療

　あわてず落ち着いて対応することが重要です。軽度のものであれば，背中をゆっくりさすって安心感を与え，呼吸をゆっくりするように声をかけて誘導してやるだけで改善することもあります。これで改善しない場合にはペーパーバッグ法（図5-3）が有効です。適当な大きさの紙袋で鼻と口を覆い，自分の吐いた息を再度吸うことで血中の二酸化炭素の是正を行う方法です。ペーパーバッグ法を用いると，比較的短時間（通常５分以内）に治まることが多いです。

図5-3　ペーパーバッグ法

（5） 現場で注意するべき事項と対応

過換気症候群を患っている子どもが一人いると周りの人々にも波及することがあります。特に子どもではその傾向が強く，集団で発症することがあります。また対応に慣れていない場合，対応者自身も無意識に呼吸が同調して過換気状態になったり，より不安を覚えることがあります。子どもに対応する時にはできるだけ集団から離して静かな落ち着ける場所を選び，対応者も過換気を生じないよう自身の呼吸も意識してください。

過換気症候群は，情緒的に不安定な子どもに生じることが多いと記しましたが，これは"ひ弱な子に起こりやすい"ことを意味しているのではありません。たとえば運動クラブでの結果の伸び悩み，レギュラー獲得などの重圧が要因であることも珍しくありません。また反復する子どもの場合には，症状を治めるだけでなく，その後に子どもの学校や家庭での様子を観察，情報収集を行うことが重要です。可能な限り悩みを聞き，相談にのることは，ストレスの軽減につながり，再発防止につながる可能性があります。また背景に発達障害や虐待が存在する可能性もあります。必要に応じて関係諸機関と連携することが重要です。

注
(1) アレルギーについて

アレルギー反応とは，身体が通常であれば反応しないような刺激に対しても過剰に反応し，種々症状を呈することをいう。通常鶏卵を食べても症状が誘発されることはないが，鶏卵アレルギーの患者では過剰な反応の結果，蕁麻疹や呼吸困難などの症状を呈す。この反応に関与しているのは免疫である。本来免疫は自己と非自己とを区別し，不要な非自己の体内への侵入を阻止しているが，この反応が過剰に働くと逆に身体を痛めつける結果となる。アレルギーの原因となるものを抗原（アレルゲン）と呼ぶ。またアレルギー素因とはこのような反応を呈しやすいことを示しており，アレルギー疾患を患っている，血液検査でアレルギーに関わる値が上昇している，家族にアレルギー疾患を有している人がいることなどで判断される。

(2) ぜん息を発症した人と，そうでない人との間での遺伝子を調べるといくつかの違いが見られる。違いがあった遺伝子がどのような働きをしているかを確認し，病気に関係す

る可能性のある遺伝子を候補遺伝子として同定する。

文献

西牟田敏之・西間三馨・森川昭廣（監修），日本小児アレルギー学会（作成）（2009）．小児気管支喘息の治療・管理ガイドライン2008　協和企画

文部科学省スポーツ・青少年局学校健康教育課（監修）（2008）．学校のアレルギー疾患に対する取り組みガイドライン　日本学校保健会

第6章 悪性腫瘍の理解と支援

　小児がんは医学の進歩により，70～80％の患児で治癒可能といわれていますが，今でも幼児期以降の小児の疾患による死亡原因のなかでは第1位であり，約1万人に1人のまれな発症率でありながら生命を脅かす可能性のある疾患です。成人のがんは上皮・粘膜から発生することが多く，早期に診断されると手術のみでも治癒することがあるのに対して，小児がんは非上皮性（血液，筋肉，骨，神経など）のものがほとんどで，微少なものを含めると診断時すでに8割くらいは転移（原発部位以外の離れた場所への浸潤）が存在するといわれています。しかしながら，小児がんの多くは抗がん剤や放射線療法に感受性が高く，成人よりも強力な治療をすることで転移巣を含めて治癒させることが可能です。そういう意味で，小児がんの治療は，一般に化学療法（抗がん剤を組み合わせた治療）と外科手術，放射線治療，症例によっては造血幹細胞移植（移植幹細胞をどこから採取するかによって，骨髄移植，末梢血幹細胞移植，臍帯血幹細胞移植に分類される），免疫細胞療法や分子標的療法（後述）を組み合わせた集学的治療が行われます。

1 小児がんの種類と好発年齢

　小児がんは，白血病（詳細は後述）やリンパ腫（リンパ組織から発生する悪性固形腫瘍の1つで，ホジキンリンパ腫と非ホジキンリンパ腫の2つに分けられる）のような造血器腫瘍，脳腫瘍を含むその他の固形腫瘍に大きく分類できます。

第6章　悪性腫瘍の理解と支援

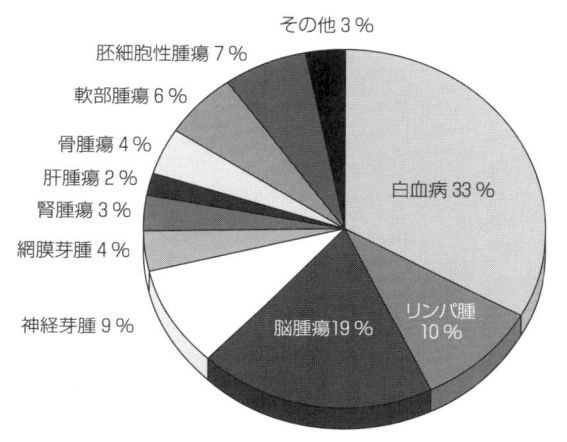

図6-1　小児がんの種類とその頻度

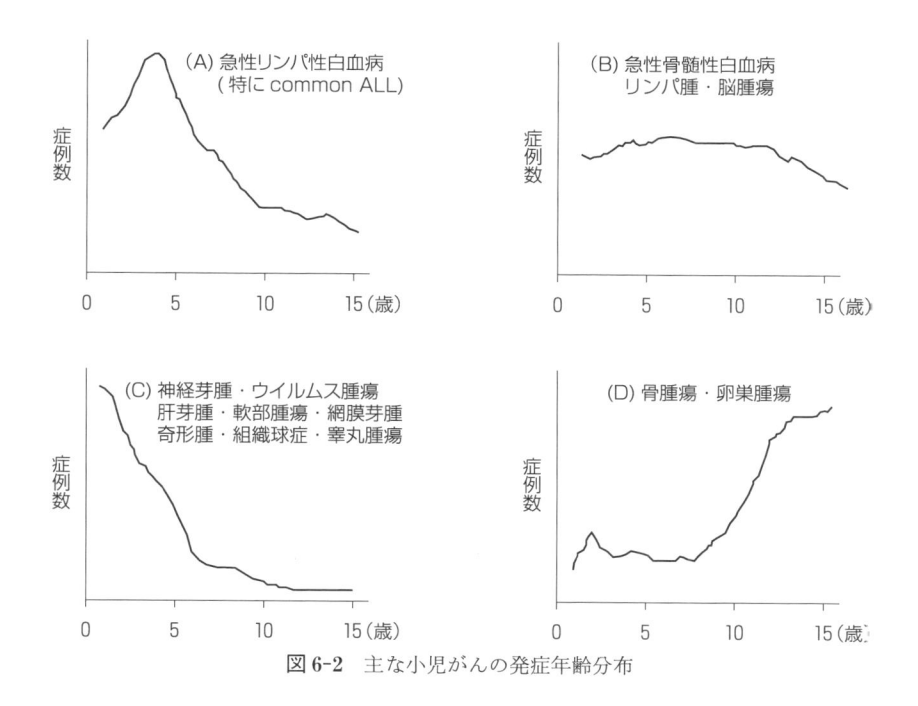

- 白血病 33%
- 脳腫瘍 19%
- リンパ腫 10%
- 神経芽腫 9%
- 網膜芽腫 4%
- 腎腫瘍 3%
- 肝腫瘍 2%
- 骨腫瘍 4%
- 軟部腫瘍 6%
- 胚細胞性腫瘍 7%
- その他 3%

図6-2　主な小児がんの発症年齢分布

(A) 急性リンパ性白血病（特にcommon ALL）

(B) 急性骨髄性白血病　リンパ腫・脳腫瘍

(C) 神経芽腫・ウイルムス腫瘍　肝芽腫・軟部腫瘍・網膜芽腫　奇形腫・組織球症・睾丸腫瘍

(D) 骨腫瘍・卵巣腫瘍

それぞれの割合は図6-1に示したとおりで，白血病が3分の1，脳腫瘍が5分の1，リンパ腫以下のその他固形腫瘍がそれぞれ2～10%を占めています。発症が多い年齢は，図6-2のように4パターンに分けて考えるとわかりやすいと思います。最も多い急性リンパ性白血病（Acute Lymphoblastic Leukemia，以下ALL）が，3～4歳にピークを示す特徴的な分布を示し，急性骨髄性白血病（Acute Myeloid Leukemia，以下AML）やリンパ腫，脳腫瘍などは小児期にまんべんなく発症が見られ，神経芽腫・ウイルムス腫瘍（腎芽腫）などをはじめとする「芽腫」と呼ばれる胎児組織由来の腫瘍のほとんどは，5歳未満に発症し，骨腫瘍・卵巣腫瘍は思春期に多いという特徴があります。

2　白血病

　白血病は血液細胞のがんで，骨髄のなかからはじまります。血液細胞は図6-3のように骨髄内で分化成熟して末梢血管に運ばれ機能を発揮しますが，白血病では正常に成熟できなくなり，幼弱なまま無制限に，どんどんその数が増えるというのが病気の本態で，放置すれば死に至ります。

　白血病は大きく急性と慢性に分けられ，急性白血病はさらにALLとAMLに分類されます。慢性のタイプで小児に見られるものは慢性骨髄性白血病

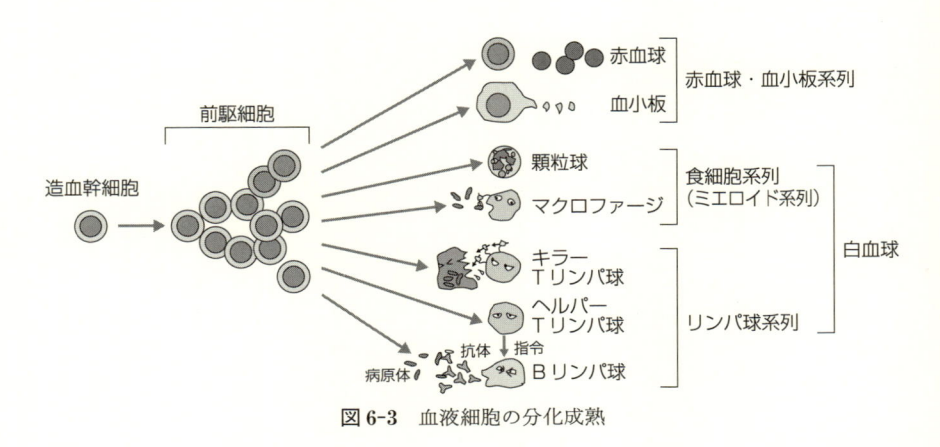

図6-3　血液細胞の分化成熟

(Chronic Myeloid Leukemia，以下 CML）だけです。白血病に近縁の疾患として若年型慢性骨髄性白血病をはじめとする骨髄異形成症候群（血液検査では血球減少症を認めるにもかかわらず骨髄は細胞成分に富んでいる疾患群で，種々の血球形態異常を認めるが，急性白血病と診断できるだけの芽球の増加を欠いているもので，治療が難しい）がありますが小児での発症頻度はまれです。

（1） 診断と予後予測

　急性白血病の発症時にやるべきこと，つまり後々の治療方針を決定するにあたって最も基本的となるべきことは，診断（白血病細胞の種類）を確定し，予後の予測（これからどういう経過をたどるか予想すること）に役立つ情報を集め，治療の強度（層別化：予後因子によって治療の強さに強弱をつけること）を決め，治療プランを決定することです。最近の進歩として，治療経過中に白血病細胞がどの程度残っているか（微少残存病変）によって予後を予測することが可能となりました。「治療に対する反応性を正確に評価する」ことは，その後の再発率を予知したり，治療を強化する上でとても重要となってきました。

（2） 治療の実際

　現在の治療の選択は，多施設共同研究の成果を踏まえて行われます。治療の概念図を図6-4に示しました。急性白血病では，まず寛解導入療法（白血病細胞を顕微鏡では見えないくらいまで減らし，正常造血の回復を示す寛解状態を得るために行う最初の治療）を行います。そして導入後，早期に強化療法（寛解をより強固にするために行う導入療法後の治療），その後に聖域療法（脳と脊髄または睾丸などの薬の行き渡りにくい体の部分，いわゆる聖域への白血病細胞の浸潤を防ぐために行う治療）を行い維持療法（寛解を継続させ，真の治癒を得るために行う治療）に移ります。

① ALLの場合

　寛解導入療法は，まず4種類の抗がん剤で行うというのが一般的になっています。この4剤を使えば，小児の ALL では約98％以上の患児で寛解導入に成

第II部　子どもの病気

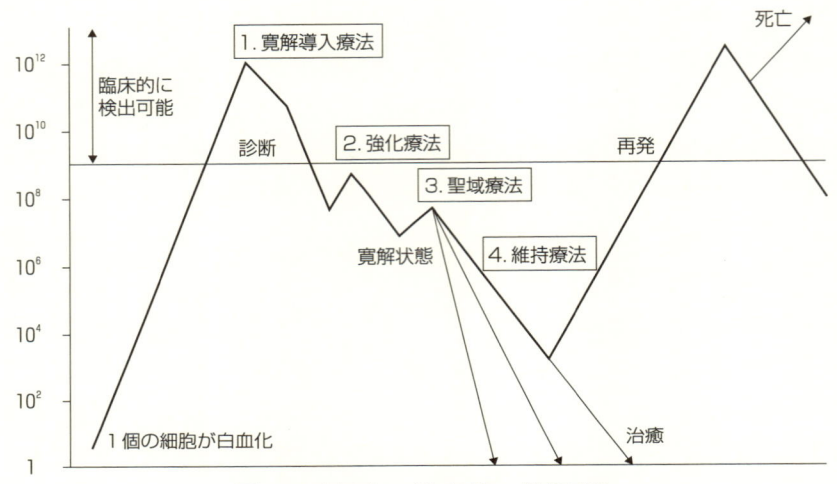

図6-4　小児がん（白血病）の治療経過

功します。その後の強化療法は，導入療法で使用した4剤とは全くちがうものを使用します。強化療法で完全寛解後に体内に残っている白血病細胞をさらに減らしていき，聖域療法で抗がん剤の行き渡りにくい所（中枢神経や睾丸）に対する治療を十分に行い，治療終了時に白血病細胞がほぼ0になっていれば治癒ということになります。

「治療の前半部分を強化することによって維持療法を1年以内に縮められるのではないか」という研究が行われた結果，標準危険群（標準的な治療で治りうるタイプ）でも30～40％の再発が起こってしまい，維持療法を含む合計「2年間」というのは非常に重要な時間であり，幼稚園や学校に通いながら漫然とした感じでやられていた維持療法が非常に重要な意味があった，ということが明らかになりました。今では世界的に2～3年くらいの治療が適当ではないかと考えられるようになっています。

②支持療法の進歩と化学療法の強度

化学療法を成功させるためにはいろいろな支持療法（治療がスムーズに進むように手助けするもので，主なものに輸液，中心静脈栄養，輸血，抗生剤や抗真菌（カビ）剤の予防投与，および感染症の治療などがある）が不可欠ですが，その支

持療法のおかげでかつては考えられなかったほどの強い化学療法が可能になりました。抗がん剤治療を連日行うことは患児にとって大変苦痛なことですが，悪心（嘔吐）対策が向上してかなり苦痛が軽減しました。また，以前は治療中の輸血用供血者の確保も大変でしたが，献血制度の確立と血液センターの活躍のおかげで，いまでは安全な血液が手に入りやすくなっています。あるいは毎日の採血の苦痛についても，中心静脈カテーテル（高カロリー輸液や薬剤投与または採血などを行うために，鎖骨下静脈や頸静脈からカテーテルという管を挿入して先端部分を上大静脈などに留置する医療手技）を使うことによって軽減できるようになりました。これらの支持療法が進歩したおかげで治療成績が良くなっている面は見逃せませんが，治療成績向上のみならず，支持療法の充実が治療中の患者・家族のQOL向上に寄与している点がとても重要であると思います。

③造血幹細胞移植

赤血球，白血球，血小板などのすべての血液細胞を生み出すのが造血幹細胞です。この幹細胞は，現時点で骨髄，末梢血，臍帯血から採取することが可能です。造血幹細胞移植という場合，これらの3種類のソースから幹細胞を提供してもらって移植をする，ということになります。つまり，骨髄移植なのか，末梢血幹細胞移植なのか，臍帯血移植なのか，ということです。また，疾患によっては自家骨髄移植（より強力な化学療法や放射線療法を行う目的で自分の骨髄を採取・凍結保存し，前処置と呼ばれる骨髄造血細胞にも強いダメージを与える強力な治療後に，自分の骨髄を解凍して輸注する治療法），自家末梢血幹細胞移植（化学療法後の回復期や，G—CSFなどを使用し，増加した末梢血幹細胞を採取し前処置と呼ばれる骨髄造血細胞にも強いダメージを与える強力な治療後に，末梢血幹細胞を輸注する治療法）も考えられます。

④免疫細胞療法・分子標的療法

最近注目されている免疫細胞療法（免疫反応の増強，感作・遺伝子改変リンパ球の移植，免疫抑制剤や抗リンパ球抗体投与，がん抗原に対するワクチン療法など）や分子標的療法（分子生物学の進歩に伴い病気の原因が分子レベルで解明され，その結果明らかになった異常な分子を狙い撃ちにする治療法）としては，ある種の急

性骨髄性白血病では白血病細胞を分化誘導（未熟な悪性細胞を成熟させて分裂しなくさせる治療法）して増殖力を失わせる治療と抗がん剤を併用することで，約90％の長期生存が得られるという画期的な結果が出ています。またこれまで治癒に結びつく抗がん剤がなかったCMLやフィラデルフィア染色体（9番染色体と22番染色体との間の相互転座によって生じる染色体異常で，これによってがん遺伝子が活性化される極めて難治性白血病にみられる異常）陽性の白血病に対してチロシンキナーゼ阻害剤（フィラデルフィア染色体の相互転座によりつくられる融合遺伝子がコードする発がん機能を抑える目的で合成された薬物）が著効を示すことが示され，CMLに対しては良好な分子生物学的寛解を示した症例で，治療を中止できる症例もあることがわかってきました。リンパ腫の一部にはリツキシマブ（Bリンパ球の表面物質に対する対抗物質を薬にしたもの）の有効性が確認されています。最近では難治性ALLに対して，患者自身のT細胞を利用してALL細胞を攻撃するブリナツマブやキメラ抗原受容体遺伝子改変T細胞（CAR-T）療法が保険適応になりました。その他にT細胞のPD-1と結合して免疫の働きにブレーキがかからないようにする「免疫チェックポイント阻害薬」が広く使用されるようになっており，今後も新しい分子標的薬剤の開発が進み，難治性がんの成績が向上することを期待したいと思います。

3 脳腫瘍

　脳腫瘍は小児がんのなかで白血病に次いで多く，固形腫瘍では最も高頻度で発症します。しかし小児白血病の成績の向上に比較して，生存率の改善が緩慢であり，現在では小児がんのなかで死亡の最大の要因となっています。
　小児脳腫瘍の特徴としては，次のことがあげられます。
(1) 症状として嘔吐が多いのですが，比較的吐き気は少なく，早朝や体位変換時に噴射状に嘔吐するのが特徴です。頻回の嘔吐で受診して最初は感冒や自家中毒と誤診されることが多いようです。
(2) 頭痛，歩行時にふらつくなどの失調症状，斜視，体温上昇，易興奮性や

傾眠傾向などの行動異常があります。内分泌症状として食欲異常，思春期早発や尿崩症に見られる多飲多尿があり，精神神経症状としては，学業成績不振やけいれんがあります。
(3) 6歳以下の乳幼児では頭囲拡大を起こします。
(4) 一般に成人に比べると症状の進行が急速です。

(1) 小脳腫瘍

主に髄芽腫と小脳星細胞腫が見られます。

①髄芽腫

10歳以下に多く，小脳腫瘍の40％を占め，典型例は小脳の中心部より発生し，脳圧亢進，閉塞性水頭症を呈します。小脳の中心部に発生する増殖の速い悪性腫瘍で，小児脳腫瘍で最も多く代表的なものであり，早期に転移しやすいという特徴があります。頭痛・嘔吐のほかに歩行障害などの小脳性失調症状が見られます。診断時より全中枢神経系に微少な転移が存在すると考えられ，まれに中枢神経外にも転移が見られます。そのため髄芽腫は，脳外科的摘出手術のみでなく，多剤併用化学療法と全脳・全脊髄と腫瘍が存在していたところへの放射線照射の併用が基本です。これらの集学的治療により，5年生存率が60〜80％と成績向上が見られています。また最近，乳幼児においては造血幹細胞移植を併用し，放射線治療を回避する試みもされています。

②星細胞腫

10歳以下に多く，嚢胞を伴う小脳腫瘍として発症します。神経膠腫（グリオーマ）の分類のなかで，星状細胞に由来する腫瘍のうちの高分化腫瘍です。治療の基本は手術で，完全摘出されれば90％以上の無病生存が期待できます。

(2) 脳幹部腫瘍

脳幹部から発症し，斜視，嚥下困難，構音障害（話し言葉の語音が正しく発音されない状態），顔面神経麻痺などの脳神経障害症状や失調や片麻痺をきたします。脳幹部は生命維持に必要な機能を担っていますので，外科的摘出は通常不

可能で，放射線治療により，一過性の症状緩和は可能ですが，約半年という短期間で腫瘍は再増大し，神経症状の悪化を伴い死に至ることが多い，現時点でも予後の改善がまだ見られていない小児がんの代表です。

（3）頭蓋内胚細胞性腫瘍

大きく胚腫とそれ以外（卵黄囊腫，胎児性がん，混合胚細胞腫瘍，成熟奇形腫など）に分けられます。人種差が大きく，日本を含むアジアで頻度が高く10〜20歳に多く見られます。脳の中心部の胚腫は男子に多く，髄液の流れの閉鎖を起こし，頭蓋内圧亢進症状すなわち頭痛・嘔吐，あるいは頭囲拡大を起こします。この腫瘍に対しては，全脳照射や拡大局所照射が行われてきましたが，照射による脳機能の低下や下垂体機能低下が問題になっており，現在では化学療法を先行させ，照射範囲を縮小させる方法も取られています。

（4）頭蓋咽頭腫

脳の中心部に多い先天性良性腫瘍で，5〜9歳頃の発症が多いようです。最も多い症状は視野異常で，成長ホルモン分泌低下による低身長や甲状腺機能低下症・尿崩症を呈することがあります。全摘出が行えれば生命予後は良いのですが，ホルモン低下症は残ることが多く，一生にわたる補充療法（体にとって必要なホルモンなどを薬で補う治療）が必要です。

4　その他の主な固形腫瘍

小児期には表6-1に示したように種々の固形腫瘍が認められますが，ここでは代表的な3つの腹部原発の固形腫瘍（芽腫）について説明します。

（1）肝芽腫

肝芽腫の発症ピークは1歳代で，腹部膨満あるいは上腹部腫瘤で気づかれることが多いようです。胎生期に肝細胞に分化する未熟細胞に異常が生じがん化

第6章　悪性腫瘍の理解と支援

表6-1　主な固形腫瘍の特徴（脳腫瘍以外）

疫学的な特徴	基本的な症状	基本的な検査	代表的な治療方法
網膜芽細胞腫			
2歳以下が70% 遺伝性-常染色体優性 両眼性が25〜30% 家族性が約40%	白色瞳孔70% 斜視13% 結角膜異常6%	眼底所見 全身骨X線 骨髄・髄液検査 血清NSE	眼球摘出 多剤・局所化学療法 局所療法（レーザー等） 局所放射線照射
肝芽腫			
3歳以下が50% 未熟児に多い	無痛性腹部腫瘤 腹痛，発熱 体重減少 黄疸，貧血	腹部エコー 腹部CT/MRI 胸部X線/CT 血清AFP	外科的な腫瘍摘出 多剤併用化学療法 転移例の場合は造血幹細胞移植
神経芽腫			
1歳以前と3〜4歳の二峰性，5歳未満が88% マススクリーニング休止後発見数は半減	腹部膨満 発熱・貧血・体重減少・不機嫌等の全身症状 骨・関節痛，歩行障害，咳，呼吸困難	腹部エコー 腹部CT/MRI 腎盂造影 尿中VMA，HVA 血清NSE	多剤併用化学療法 外科的な腫瘍摘出 局所放射線照射 進行例の場合は造血幹細胞移植
ウイルムス腫瘍（腎芽腫）			
1〜3歳がピーク 5歳以下が80% 両側性約5%	腹部腫瘤88% 血尿18% 胃腸症状13%	腹部エコー 腹部CT/MRI 腎盂造影 胸部X線/CT	外科的な腫瘍摘出 多剤併用化学療法
横紋筋肉腫			
男：女＝1.4：1 発症ピークは1〜2歳	原発部位でさまざま 頭頸部35% 泌尿生殖器25% 四肢20% 体幹10% その他10%	腫瘤エコー 腫瘤CT/MRI 全身骨X線 骨髄・髄液検査 胸部X線	多剤併用化学療法 外科的な腫瘍摘出 局所放射線照射 転移例の場合は造血幹細胞移植
骨肉腫			
半数以上が10歳代 男：女＝3：2 大腿骨遠位端・頸骨近位端・上腕骨	局所骨痛・腫脹 可動域の制限	全身骨X線 腫瘤CT/MRI 胸部X線/CT 血清Al-P	多剤併用化学療法 外科的な腫瘍摘出
ユーイング肉腫			
10歳代と10歳未満 男：女＝2：1 骨盤・大腿骨・頸骨・上腕に多い	局所骨痛・腫脹 熱感 可動域の制限	全身骨X線 腫瘤CT/MRI 胸部X線/CT 血清LDH/CRP	多剤併用化学療法 外科的な腫瘍摘出 局所放射線照射 転移例の場合は造血幹細胞移植
胚細胞性腫瘍			
卵巣：年長児に発生（多くは奇形腫，未分化）精巣は二峰性（3歳以下-卵黄嚢腫瘍と思春期-胎児性がん） 仙尾部：乳児期発症が大部分-奇形腫70%，卵黄嚢がん30%	下腹部腫瘤 急性腹症 嘔吐，貧血 無痛性睾丸腫大 仙尾部腫瘤	腫瘍部エコー 腫瘤CT/MRI 胸部X線/CT AFP，HCG-β	多剤併用化学療法 外科的な腫瘍摘出 転移例の場合は造血幹細胞移植
ランゲルハンス細胞組織球症			
L-S病：乳児期に発症 H-S-C病：2〜5歳の幼児期に発症 好酸球性肉芽腫：年長児	出血性の小丘疹 脂漏性湿疹様 皮下軟部腫脹 骨の痛みと腫脹 肝脾腫，呼吸促迫	全身骨X線 骨・Gaシンチ 頭部・胸部CT 腹部エコー/CT/MRIなど	多剤併用化学療法 再発難治例の場合はまれに造血幹細胞移植

注：NSE：神経特異的エノラーゼ，AFP：α-フェトプロテイン，VMA：バニリルマンデル酸，HVA：ホモバニリン酸，Al-P：アルカリフォスファターゼ，LDH：乳酸脱水素酵素，CRP：C反応性蛋白，HCG-β：ヒト絨毛性ゴナドトロピン，L-S病：レッテラー・ジーベ病，H-S-C病：ハンド・シューラー・クリスチャン病．

したと考えられ，血清 AFP（α-フェトプロテイン）が異常高値を示すことが多く，診断や治療経過を追う場合にも用いられます。治療は抗がん剤投与も効果的ですが，最終的には肝腫瘍を完全に切除できるかどうかで決まります。腫瘍を摘出不能な患児に対しては部分生体肝移植も試みられています。

（2） 神経芽腫

　神経芽腫は小児期に発症する悪性腫瘍のなかで，神経冠細胞より派生した交感神経原細胞に由来するもので，固形腫瘍では脳腫瘍についで頻度の高い疾患で，後腹膜（副腎が最多）や後縦隔を好発部位とします。発症年齢は，1歳以前と3〜4歳の二峰性で，我が国では神経芽腫マススクリーニングの導入により，1歳以前に発見される症例が増加し，全体のおよそ60％を占めていました。しかし進行例の発生数はあまり減少しなかったため，2004年から全国での実施は休止されています。

　臨床症状は発見時年齢・病期で異なるのが特徴で，かなり多様です。進行例では，発熱，貧血，体重減少，不機嫌などの全身症状を伴い，骨・骨髄転移による骨・関節痛や歩行障害を示すこともあります。診断は，腹部の触診でかたい移動性のない表面が凸凹な腫瘍が触れ，さらに超音波・CT・MRI で腫瘍が確認され，尿中にカテコールアミン（ドパミン，ノルアドレナリン，アドレナリンの総称で，主に交感神経，副腎髄質，脳などに分布し，交感神経伝達物質や副腎髄質ホルモンとして重要）の代謝産物であるバニリルマンデル酸（VMA），ホモバニリン酸（HVA）が増加していれば確実です。

　治療としては，病期の進んだ症例に対しては，術前化学療法で腫瘍の縮小を図り，腫瘍摘出を行うことが勧められ，放射線治療も局所療法として化学療法に追加する形で行われます。全体としては，欧米の成績と遜色のない成績が得られていますが，依然として難治症例の予後は厳しく，進行神経芽腫に対しては，抗 GD2 抗体療法や大量 MIBG 治療，造血幹細胞移植など種々の治療が行われます。

（3） ウイルムス腫瘍（腎芽腫）

　胎児期の腎組織の遺残から発生する腎臓腫瘍で，入浴時などに親が偶然腹部腫瘤に気づき受診することが多いようです。進行性神経芽腫ほど全身症状が強く出ることはなく，腫瘤は境界明瞭で表面は平滑です。転移は肺・肝臓が多く，手術，放射線照射，化学療法を駆使して治療を行い，現在では 5 年生存率が 80〜90％に達しています。

5　緩和医療とターミナルケア

（1）　緩和医療の導入

　これまで緩和医療はターミナルケアとほぼ同義語で，主に末期がん患者などに対し治癒や延命ではなく痛みをはじめとした身体的，精神的な苦痛の除去を目的とした医療を意味する場合が多かったのですが，現在緩和医療はがんの診断時から始まり，診断初期から積極的治療と並行して痛みや嘔気などを緩和するための治療とされています（図 6-5）。

　ターミナルケアへの移行に際しては，医師だけでなく看護師・ソーシャルワーカーなどからなる医療チームでの十分な話し合いが行われ，まず医療者の意見の統一が必要です。その上で家族や患児と今後の治療のさまざまなオプションについて話します。家族との話し合いは，静かで落ち着ける場所と時間を選び，家族の理解の程度を確かめながら本題に入ります。大切なのは，わかりやすく正確に，そして共感しながらの説明です。この話し合いにおいて最も重要なのは，緩和医療を行うことは患児を見放すことではなく，むしろその反対に患児の残された時間を平和で豊かなものにすることを目的に最大限の努力をする医療であることをよく理解してもらうことです。この目標の変更を「ギアチェンジ」とも呼びますが，タイミングや説明の仕方などについては，ガイドラインなどのマニュアル化が難しい部分で，医療者の経験と智恵が問われるところです。

　一方患児に対してはどのように説明すべきでしょうか。小児がんの病名告知

第II部　子どもの病気

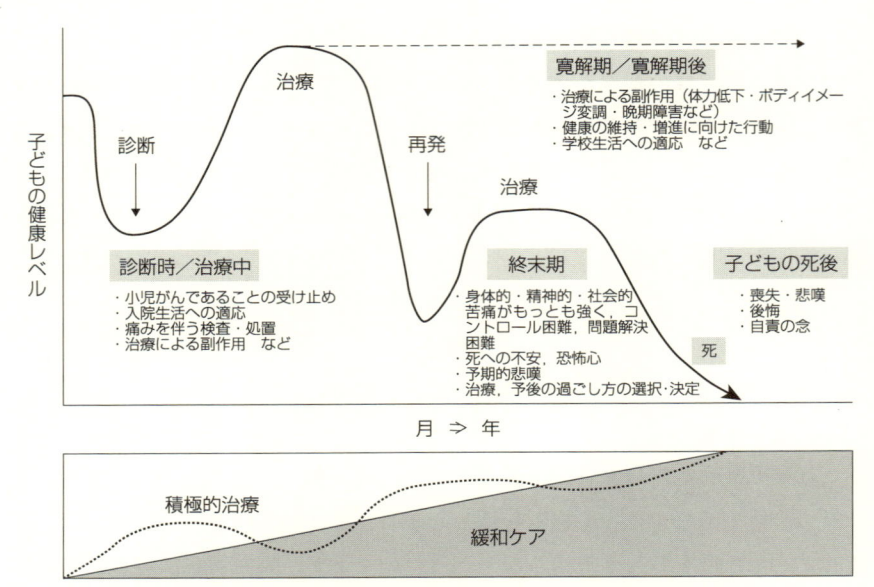

図6-5　患児と家族の経過（積極的治療と緩和ケアとの関係）
注：小児がん患者と家族への緩和ケアには，①疾患が進行するにつれて積極的治療から緩和ケアへと徐々に移行する場合（実線）と，②延命やQOLの向上のために病期に応じてあるいは子どもと家族の意向に応じて，積極的治療と緩和ケアそれぞれが優先的に提供される場合（波型破線）がある。
出所：櫻井美和・濱田米紀（2009）．終末期の緩和ケア　丸光恵・石田也寸志（監修）ココからはじめる小児がん看護　へるす出版　375の図10-E②を引用。

が一般化してきた現在でも，治すことが難しくなってからの予後の告知に関しては議論が分かれるところです。アメリカからの報告では，ギアチェンジに関する目標の変更に関して，子ども自身が参加したいと答えている者が少なくないという報告があります。子ども自身の死に対する概念の発達や死の理解が大きく関係すると思われます（表6-2）が，実際には，患児の年齢や性格，家族の思い，周囲の状況などさまざまの点を考慮して，ケースバイケースで考えていくしかないと思われます。

（2）　ターミナルケアサポート

痛みのコントロールに関しては，薬物を使用しない物理療法や気分転換などコメディカルや家族が行えるものと薬物療法があります。薬物療法に関しては，

表6-2 子どもの死の理解

	Gusell[1]	Foley[2]	Herman[3]
3歳	死についてほとんどあるいはまったくわかっていない。	死は別離または動かないことを意味する。	死を可逆的に考え、死のなかに生を見る。
6歳	死について情緒反応が起こってくる。	死は高齢者にのみ起きることで、肉体の限界によってもたらされる。死を魂や天使に置き換えることもある。	
8歳	すべての人間が死ななくてはならないことを理解する。		死を擬人化する傾向が見られ、死を鑑別した人と考えるかあるいは死を死者と同一視する。
9歳	死の論理的、生理的な考えができるようになり、科学的な事実として死を承認する。		
10歳	成人の死生観に近づく。	死は生命の終わりであり、最終的で復活しない。思春期でもなお、人の死はめったにないものだと思いがちである。	死を自然の法則によって起きる1つの過程であり、生命あるものはいずれ活動が停止し、死は不可避であるといった現実的な死の考えになる。

注：1　小嶋謙四郎（1982）．小児児童心理学　医学書院　10．
　　2　Foley, G. V. et al. (1990). *Cancer Journal for Clinicians*, **40**, 327-354.
　　3　H. ファイヘル（編）、大原健士郎他（訳）(1973)．死の意味するもの　岩崎学術出版　81-82．

WHO方式を原則とした2014年の日本緩和ケア学会ガイドラインが小児でもほとんどそのままあてはまります。原則は、除痛段階に沿って効力の順に（抗炎症剤、鎮痛補助剤、麻薬など）、時刻を決めて規則的に、適切な投与経路（経口、坐薬、注射など）から、それぞれの小児に適合する個別的な量を用いて痛みの緩和を行うということになります。小児では病態に起因した小児の持続性の痛みの強さに応じ、二段階除痛ラダーによって鎮痛薬を選択することが多くなっています。薬物療法には種々の副作用（便秘、悪心・嘔吐、鎮静、かゆみなど）が起こりえますが、十分な対策をとりながら使用すれば、ほとんどの患児で十分な除痛効果が得られます。

　両親・家族へのサポートは、時として非常に困難です。病気にさせてしまったという間違った罪悪感と、ひょっとすればまだ違った治療を行えば治る可能性があるのではないか、ギアチェンジの選択は間違っているのではないか、などの迷いが起きるのが普通だからです。やはり繰り返し話し合いをするしかないと思われます。治療がもう効果がないということを納得すれば、両親や家族は子どもがもう助からない、つまり死ぬのだということを受け入れるプロセスに入ります。これは悲嘆の予行演習と呼ばれるもので、どこかで治るという奇

跡を望みながらこのプロセスが進みます。

　患児が治癒を望めなくなった場合，病院で最後の時を迎えるのか，自宅で在宅の看取りをするのか，つらい選択をせまられることがあります。最近の医療・家族環境では，在宅の死はますます困難になってきています。インターネットなどを検索すれば，エビデンスに乏しいたくさんの情報が掲載されています。なんとかしたいと思う家族が飛びつく気持ちもわかってあげなければなりませんが，患児本人のメリットを優先した上で医療側も意見を述べるべきでしょう。

　在宅で死を迎える際にはもちろんですが，病院に入院中であっても，最後の時を迎えることが確実になった時には，きょうだいへのサポートも必要です。患児と面会した時に，衝撃ができるだけ軽くすむように医療スタッフはきょうだいに話をしなければなりません。死の過程が苦しくて怖いものではないこと，この時期を過ぎれば患児のたましいは完全に解き放たれることなどを信念に基づいて説明します。きょうだいと患児の時間を大切にしてあげること，両親が病気について包み隠さずに説明をしておくこと，きょうだいが自分の思いを率直にいえる状況になっていることが大切です。

　ターミナル期のサポートはグリーフケアとしてその後も続きます。患児が亡くなった後も医療チームや教師は，家族にとって患児の話ができるという意味で重要な存在です。両親をはじめ残された家族にとって，子どもの死ほど悲劇的なことはありません。悲嘆のプロセスのペースが両親でずれることもあり，それが食い違いを引き起こすことも知られています。子どもは未来のシンボルであったわけですから，それが失われることは，家族にとって特別の意味をもつのだということを理解すべきです。また適切な時期を経過した後に「振り返り」の機会が提供されるのは，望ましいことだと思います。私どもの病院では，30年前にお子さんを亡くされたご両親が組織した「つくしの会」というものがあり，1年に1回みんなで集まって亡くなった子のことを話し合います。亡くなった子どもたちのことを話し合える場所として，とても大切な時間を共有しています。

第6章　悪性腫瘍の理解と支援

```
 半年〜2年        5年           15年〜一生
┌─────┐  ┌─────┐  ┌──────────┐
診断    終了
        治療      長期フォローアップ
                  ┌日常生活の問題
病名告知           晩期合併症の有無
治療中の問題        就学・進学
┌治療による副作用    就職・結婚・挙児
│家族関係          └2次がん　など
└学校・友人関係─復学
```

　教師
　特別支援教育
　コーディネーター
　スクールカウンセラー

晩期合併症の問題
（サポート／紹介）

医師・看護師・薬剤師・院内教師・保育士

臨床心理士・ソーシャルワーカー・作業療法士・ボランティア

家庭医・産婦人科医・泌尿器科医・精神科医

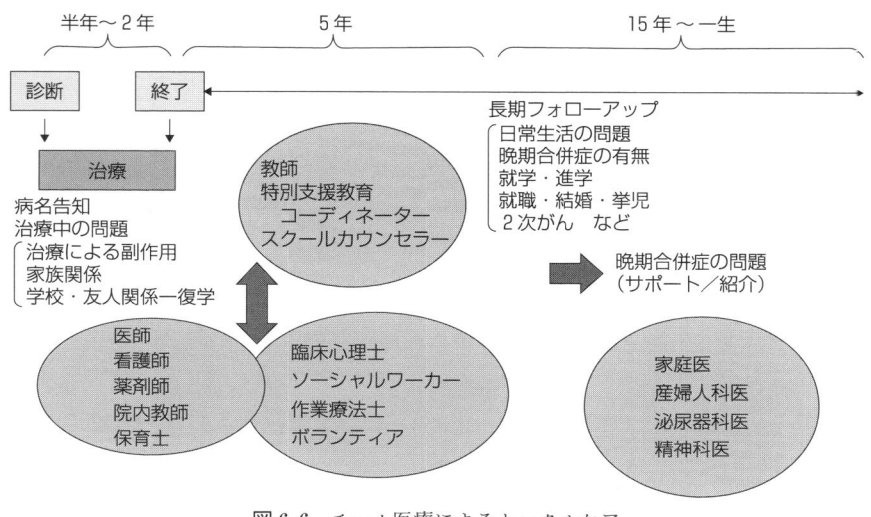

図 6-6　チーム医療によるトータルケア

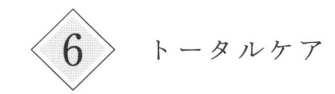

⬥6⬥　トータルケア

　小児がんは，病気になった子どもの身体だけでなく，精神心理面，家族関係，学校や幼稚園などの日常活動などに多くの影響を与えます。また小児がん患児だけでなく，両親やきょうだい，祖父母を含めた家族に与える影響も大きく，小児がんの発症を機に周囲のすべてのものに何らかの影響が起きるといっても過言ではありません。

　まず小児がんの診断がつき治療を開始する頃には，本人への病名告知の問題があります。また患児の入院治療に際しては，きょうだいを含めて家族メンバーそれぞれの日常生活の変化があり，患児自身も幼稚園や学校の友人関係の問題が生じます。治療が進むにつれて原籍校への復学の問題，日常生活復帰における体力の問題などが出てきます。そのため小児がん治療が順調に進み治癒するとしても，医師・看護師・薬剤師・院内学級教師・保育士・臨床心理士・ソーシャルワーカー・作業療法士など病院スタッフと，原籍校の教師・特別支援

学級担任あるいは特別支援教育コーディネーター・スクールカウンセラーなどとの十分な情報交換と連携が必要です。小児がんの治療においては以上のような多職種が関わるトータルケアが必須であり，治癒が望めないようなターミナル期を迎える場合はなおさら家族以外の方々の協力が不可欠です。

　また最近では小児がんが治癒した後にも，種々の身体的・心理社会的晩期合併症を有することもあり，復学・社会復帰・就労・結婚・出産などを含めた数多くのイベントを疾患克服後に生まれて初めて経験することから，小児関係の医療者だけでなく家庭医・産婦人科医・泌尿器科医・精神科医を含めた成人診療科医による支援や，小児がん経験者同士の交流が必要と考えられています。

　以上のようなトータルケア（図6-6）が，どこでも行えるわけではありませんが，身体的なケアだけでなく，心理的・社会的サポート等々が伴ってこそ，よりよい治療が望めることを肝に銘じて，トータルケアが十分行える環境を提供できるように，みんなが協力していきたいものです。

文献

滝田順子（編集）（2021）．『小児白血病リンパ腫』中山書店
日本小児血液・がん学会（編）（2015）．『小児血液・腫瘍学』診断と治療社（現在改訂中）
別所文雄・杉本徹・横森欣司（編）（2007）．小児がんの診断と治療　診断と治療社
細谷亮太・真部淳（2008）．小児がん――チーム医療とトータル・ケア　中央公論新社
マイケル・C・ロバーツ（編），奥山真紀子・丸光恵（監訳）（2007）．小児医療心理学　エルゼビア・ジャパン
前田尚子（責任編集）JPLSG 長期フォローアップ委員会長期フォローアップガイドライン作成ワーキンググループ（編）（2021）．『小児がん治療後の長期フォローアップガイド』クリニコ出版
前田美穂（責任編集），JPLSG 長期フォローアップ委員会長期フォローアップガイドライン作成ワーキンググループ（編）（2013）．小児がん治療後の長期フォローアップガイドライン　医薬ジャーナル社
丸光恵・石田也寸志（監修）（2009）．ココからはじめる小児がん看護　へるす出版

第7章
腎・泌尿器疾患の理解と支援

1　子どもの腎疾患，泌尿器疾患にはどのようなものがあるか

　泌尿器とは，尿をつくり，体外に排出するために働く器官の総称です。図7-1に示すように，泌尿器系の臓器は横隔膜の下にあり，脊椎（背骨）をはさんで位置する左右一対のそら豆の形をした臓器です。泌尿器系の臓器は，腎臓，尿管，膀胱，尿道の4つで構成されています。腎臓は腎動脈が運び入れた血液から老廃物や不要物質，余分な水分を尿管・膀胱へと排出する役割を，尿管は腎臓と膀胱をつなぎ，膀胱は尿を一時的に溜める機能を，そして尿道は膀胱に溜まった尿を体外に排出する働きをしています。

　泌尿器の病気は腎臓病と腎臓病以外（腎盂，尿管，膀胱，尿道など）の病気に大別できます。さらに腎臓病は「ろ過作用が悪くなり不要物質（余分な水分や栄養分が代謝された老廃物）が体内に溜まってしまう病気（急性腎炎，慢性腎炎など）」と「必要な物質（血液中のたんぱく質など）が尿へ漏れてしまう病気（ネフローゼ症候群など）」に分類できます。

　以下に代表的な子どもの泌尿器の病気についてその症状と治療，および生活での注意点を述べていきます。

（1）急性腎炎

　急に尿量が減り，むくみ（浮腫），コーラ色の尿（肉眼的血尿）や高血圧によ

第II部　子どもの病気

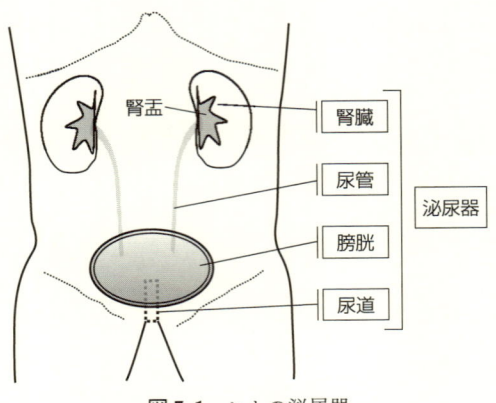

図7-1　ヒトの泌尿器

る頭痛などの症状で発症してくる，6～10歳に多い病気です。小児では溶連菌（A群β溶血性連鎖球菌という細菌のことで，鼻やのどの粘膜，扁桃腺に感染することがほとんど）による扁桃炎（喉の奥にあるリンパ組織のことで，医学用語では扁桃と呼ばれる）にかかってから1～3週間後に発病してくることがほとんどです。

　90％以上の子どもが発症後1～2か月で急速に改善します。初期には老廃物や水分・塩分の排泄が悪いので食事制限（たんぱく質，塩分・水分の制限）や運動制限が必要となり発病から2～3週間は入院します。また溶連菌が原因のことが多いので抗生物質を服用させます。むくみを取るための利尿剤（腎臓がつくる尿の量を増加させる作用をもつ薬の総称）や高血圧の治療のための降圧剤が投与されることもあります。むくみがなくなり血圧も下がってきたら，退院して登校も可能となりますが，体育などは半年くらい禁止となります（表7-1）。

（2）　慢性腎炎

　浮腫や肉眼的な血尿などの症状で見つかることもありますが，多くは無症状のうちに学校検尿で偶然に発見されます。徐々にろ過作用が悪くなり不要物質（余分な水分や老廃物）が体内に溜まってくる（腎不全）進行例と，血尿やたんぱく尿が検査で認められるだけで，正常な腎臓の働きが維持される非進行例が

あります。前者ではステロイド剤（ホルモンの一種で，腎臓の上端に存在する副腎や精巣・卵巣などでつくられるが，炎症を抑える働きが強いので腎臓病をはじめ，さまざまな病気の薬としても使われる）を中心とした薬物療法が行われますが，後者では副作用の強い薬物は服用させずに定期的な診察や尿検査のみで経過を観察します。したがって慢性腎炎の子どもに対する生活管理（食事や日常生活）は，その重症度によって異なります（表7-1）。進行例か非進行例かの判断は腎生検（腎臓の細胞を採取して顕微鏡で腎臓の組織変化を診断する方法）の結果や，尿検査の結果（たんぱく尿の多い慢性腎炎ほど進行例が多い）によって行います。

（3） 無症候性血尿

学校検尿で発見される子どもの多くがこれにあたり，尿検査で血液が混入する（血尿）以外，本人は無症状で，たんぱく尿もなく血液検査も正常なものです。慢性腎炎の軽症（非進行例）の子どもが多く含まれます。薬物療法や生活管理は行わず，悪化しないかどうか念のため定期的に尿検査を行います。

かつては「運動によって潜在的な慢性腎炎が悪化するかもしれない」との危惧から運動を制限する医師も多かったのですが，長期の観察調査で運動制限の有無に関係なく悪化例はほとんどないことから，現在運動制限は行いません（表7-1）。

（4） 無症候性たんぱく尿

尿検査でたんぱくが検出される（たんぱく尿）以外は血尿もなく，血液検査も正常なものです。ほとんどの子どもが学校検尿で発見されますが，思春期の体位性たんぱく尿（起立性たんぱく尿）が原因となっていることが少なくありません。これは腎臓のうっ血のため，立ったまま長時間活動した後に排尿すると，腎臓病がないにもかかわらず尿にたんぱくが漏れ出てくるもので，病的意義は少ないと考えられています。体位性たんぱく尿が出ないようにするためには，尿検査の前日は就寝前によく排尿し，翌朝最初の尿を採尿することが重要です。運動の制限は不要で，腎臓病の初期ではないかどうかを，尿検査で経過

表7-1 管理区分の目安

管理区分	慢性腎炎症候群	無症候性血尿またはたんぱく尿	急性腎炎症候群	ネフローゼ症候群
A 在宅	在宅医療または入院治療が必要なもの		在宅医療または入院治療が必要なもの	在宅医療または入院治療が必要なもの
B 教室内学習のみ	登校は可能だが腎機能の低下またはたんぱく尿・血尿が(++)以上あるもの、もしくは病状が安定していないもの		回復期でたんぱく尿を認めるもの	登校は可能だが病状がまだ安定していないもの（病状が安定するまで）
C 軽い運動のみ	血尿とたんぱく尿が(+)程度、たんぱく尿または血尿が(++)以上のもの	無症候性たんぱく尿および血尿で常にたんぱく尿(+)・血尿でたんぱく尿が(++)以上のもの	発症後3か月以上経過しているものでたんぱく尿陽性のもの	病状は安定したが、ステロイド治療中のもの（Dに移行するまで）
D 軽い運動および中等度の運動のみ	血尿単独もしくはたんぱく尿が(+)程度で変動が少ないもの	無症候性たんぱく尿もしくは血尿で血尿が(++)以上のもの、それ以下の尿所見のもの、発見後3か月以内のもの	発症後3か月以内でわずかに血尿のみが残るもの。3か月以上経過しても、かなりの血尿が残り、尿たんぱく尿が残り、病状が安定していないもの	ステロイド隔日投与中で寛解が維持されているもの
E 普通生活	血尿(+)程度、もしくはたんぱく尿(+)でたんぱく尿(±)以下で尿所見が安定しているもの	血尿(+)程度、もしくは血尿(±)以下で尿所見が安定しているもの	発症後3か月以上経過して微少血尿が残るもの。または尿所見が消失しているもの	ステロイドの投与を中止して寛解が維持されている症例

注：1 慢性腎炎症候群とは病理組織学的に慢性に経過する腎炎であることが明らかな症例、および学びその臨床経過からそれが推定される症例をいう。
2 無症候性血尿またはたんぱく尿とは、健康診断における検診でたんぱく尿または血尿が発見され、その他の理学的所見、臨床検査所見に異常を認めず、腎病理所見が明らかにされていない症例をいう。

出所：日本学校保健会（編）（1989）、改訂　学校検尿のすべて　日本学校保健会より。

第II部　子どもの病気

（5） ネフローゼ症候群

　尿に大量のたんぱくが漏れ出てしまうために血液のたんぱく質濃度が減り，むくみ（浮腫）や高コレステロール血症を伴う病気で，2～6歳に多く発病します。成人では糖尿病などで腎臓が傷んだことによるものも多いのですが，小児ではほとんどが特発性と呼ばれるタイプで，明らかな原因もなく発病します。このタイプはステロイド剤がよく効き，入院してこの薬を服用させると2～4週間以内に尿へのたんぱくの漏れは止まり，むくみもなくなり退院できます。半数以上の子どもが風邪などをきっかけに再び同様の状態になりますが（再発），思春期を過ぎると再発しなくなってきます。運動はたんぱく尿が出ている時と，ステロイド剤を大量に服用している間は慎重にします（表7-1）。

（6） 腎不全

　腎臓の働き（老廃物処理能力）が正常のおよそ50％以下になった状態です。まぶたや足が腫れぼったい，食欲がない，頭が痛い，顔色が悪い，吐き気が続くなどの症状がある時は腎不全の可能性があります。もともと正常の働きを有していた腎臓が数日から数週間で急激に腎不全になってしまう急性腎不全（代表例：溶血性尿毒症症候群［後述］）と慢性腎炎などの腎臓病が徐々に悪化して数年から十数年かけて腎不全になっていく慢性腎不全があります。

　腎不全状態を放置すると死亡することもあるので，適切な治療が必要で，時には至急腹膜透析（胃腸を覆う腹膜が腎臓の代わりになる「血液ろ過作用」をもっていることを利用して，腹部にあらかじめ細いカテーテルという管を埋め込んでおき，そこから透析液を腹膜内に入れ，1日4～6回入れ替えて老廃物を除去する方法）や人工腎臓によって血液のなかの余分な水分や老廃物を除去する必要があります。腎不全の小児においては，人工腎臓による血液透析だけでは十分でなく，その後の社会的復帰を目指して腎移植が次の段階として予定されます。

(7) 夜尿症

　夜尿症とは，5歳を過ぎても50％以上（1か月で2週間以上），おねしょ（睡眠中の無意識の排尿）が見られる場合を指します。ただこの基準に照らすと，5歳児ではまだ15％程度の子どもが夜尿症といえます。腎臓でつくられた尿は，膀胱に溜められた後に尿意に従い尿道を通って排出されます。昼間と夜間睡眠中の排尿を比べると，夜間睡眠中の排尿を少なくするメカニズムが存在します。つまり夜間睡眠中の尿量の減少・膀胱容量の増加です。このメカニズムは成長とともに発達し，3〜4歳を過ぎると，大部分の子どもはおねしょをしなくなります。しかし夜尿症の子どもは，排尿の日内リズムが未熟なため，夜間睡眠中に膀胱容量以上に尿がつくられ，尿意が発生します。しかし子どもは生理的に眠りが深いために，この尿意では覚醒できず夜尿をしてしまいます。こうした未熟性の原因は遺伝的な背景があるものが大部分で，「育て方」「生活環境の変化」「精神的要因」は主な原因ではなく，「本人の自覚があるか，ないか」「夜，起こすか，起こさないか」といったこととは無関係です。治療は水分のとり方を指導（朝・昼多く，夕方から控えめにする）したり，薬物（尿量を減らすホルモン剤や膀胱容量を大きくする薬を就寝前に服用）や睡眠中に尿意を催した時に覚醒させる夜尿アラームを使ったりします。

(8) 尿路感染症

　腎盂から尿管，膀胱へと続く尿の通り道を尿路といいますが（図7-1），そこに細菌やウイルスなどの病原体が入り込んで炎症を起こすことを尿路感染症といいます。病原体は，尿の通る方向と逆に，尿道から侵入した大腸菌が原因となることがほとんどです。一般に女児の方が男児よりも尿道が短いために細菌が入りやすく，尿路感染症を起こしやすい傾向があります。尿路感染症は尿路のどこで炎症が起きているかで，「尿道炎」，「膀胱炎」や「腎盂腎炎」などに分けられます。「膀胱炎」では尿が黄色くなる，臭いがする，尿の回数が増える，排尿時に痛みがあるなどの膀胱刺激症状といわれる症状が起こりますが，「腎盂腎炎」ではかぜ症状が無いのに突然38.5度以上の発熱が見られ，嘔吐や

下痢を伴うこともあります。「膀胱炎」なら抗生物質の内服で治りますが、「腎盂腎炎」の場合には、入院の上、抗生物質の点滴治療が必要となります。

（9） 溶血性尿毒症症候群

　この病気は小児の場合ほとんどが病原性大腸菌O157：H7（以下、O-157と略す）によって汚染されたものを摂取することで発病し、急性腎不全や貧血、脳の症状を起こします。1996年、大阪府堺市での5,000人を超すO-157感染の大流行は当時大きな話題となりました。最初は胃腸炎症状（発熱、吐き気、嘔吐、下痢、腹痛など）で始まり、数日のうちに血液が下痢便に混じるようになってきます（血便）。さらに進行すると、刺激に過敏になったり、けいれんを起こしたり、意識がなくなって死亡する場合もあります。また貧血のために疲労感を訴えたり、顔色が悪くなったりします。急性腎不全になると尿の量が減ります。この病気に対する特効薬はありませんが、2週間ほど入院して腎臓や脳に対する対症療法を行います。O-157を摂取して最初の1週間以内に起こる胃腸炎の段階では、十分な水分補給をして脱水にならないようにします。強い下痢止めは菌や毒素が体から排泄されるのを遅くする可能性があるため使用しません。以前は死亡率の高い病気でしたが、現在は95％以上の子どもは救命可能です。

② 慢性腎疾患の子どもの学校生活における留意点

　運動を行うことが「病気の腎臓」にどのような影響を与えるかについてはまだ不明な点が多いので、過度の運動制限は禁物です。ただ寝不足や過労、2時間以上の長時間の激しい運動、起立などは腎臓への血流を悪くするので、腎臓病の子どもはこのようなことを避けなければなりません。

　腎臓病の子どもの学校生活を預かる教師は、どの程度の運動が可能かを判断するために、子どもの主治医に「学校生活管理指導表」（第4章の表4-1、表4-2参照、pp.70-73.）を記入してもらって学校に保管してください。この「学校

生活管理指導表」は日本学校保健会が2002年度に作成したもので，学校教育の現場で広く使用されています。

（1） 体育実技の参加と評価はどのように対応するか

実技の内容については学校生活管理指導表を参考にします。実際の実技がどのくらいの運動量になるのかわかりにくい場合には，あらかじめ内容を主治医へ伝えて指示をもらってください。実施可能な「ステップ」を示すことで主治医から具体的な指示がもらえると思います。たとえば，水泳では「水に浸かるだけ」「水のなかを歩く」「ボードを使って泳ぐ」「○分間泳ぐ」など具体的に提示すると判断しやすくなります。

腎臓病の場合，体育実技に参加できないこともしばしばあり，体育の評価が下がってしまうことがありますが，「制限」が評価に含まれないようにしてください。学校生活管理指導表には審判やスコアラーなどの参加の可否の項目もありますので参加できるものがあれば，その能力で評価するようにしてください。

（2） 登下校，遠足・修学旅行はどのように対応するか

長期入院していた病気の子どもは，体力が極端に落ちているため，退院直後は登下校の際に送迎を行うことも少なくありません。長距離の場合や山道の場合は特に送迎が必要となります。このような事情を教師は理解してあげて，状況を見ながら少しずつ徒歩へ切り替えていくように激励してください。

子どもたちの楽しみである遠足も，腎臓病の程度によっては影響することがあります。腎臓病が重い場合でも送迎ができる場合には，目的地まで送迎し，現地参加の形を取ることは可能です。また一部のみの徒歩参加なども考えられます。事前に主治医に確認するよう保護者に指導をしてください。

子どもたちにとって学校生活のなかで最も重要な行事の1つである修学旅行は，できる限り参加させる方向で主治医は治療計画を立てます。このため普段よりも薬の投与量を多くすることもあります。また海外の修学旅行も多くなっ

ていますが現地での対応がどこまでできるか不明なこともしばしばです。事前にスケジュールを主治医へ見せ，どこまでの参加が可能かといった確認や，現地でのトラブル時の対処として，学校の引率の先生への治療内容と注意点の連絡，また現地医師への手紙をもらっておくよう保護者に指導してください。少しでも不明なことがある場合には事前に主治医へ直接確認してください。長時間の歩行が必要な場合には，あらかじめ車椅子の手配などをしておくと参加できる内容を増やせます。

　夜尿症の子どもにおいても同様です。宿泊行事に参加することは，友人に夜尿症であることを知られてしまう可能性があり，大きな不安ですが，積極的に参加させることを前提に対応します。具体的には「主治医に頼んで，宿泊行事の日のみ，強いお薬を処方してもらう」「夜尿をしてしまうおおよその時刻を保護者に聞いて，その１時間ほど前に他児に知られないように，そっと起こす」「１晩に数回の夜尿をしてしまう子どもの場合は，夜半に保健室へ移動させる」などの対応をしてあげるとよいでしょう。

（３）　学校での食事（給食）はどうするか

　登校できるような腎臓病の子どもの多くは，厳しい食事制限は必要ありません。しかし慢性腎炎の子どもで，時にたんぱく制限をする場合があります。この場合には，保護者が病院で栄養指導を受けていますので，給食の内容について，保護者から相談がある場合があります。給食予定表で栄養価の内容がわかる場合には保護者へ渡しておくと，それを中心として１日の食事を計画できるので保護者には大変参考になります。

（４）　授業中のトイレについてはどう対応するか

　夜尿症の子どもは，夜間睡眠中の尿量を減らす目的で，主治医から１日のなかでの水分摂取の配分を指導されていることがあります。つまり朝・昼多く，夕方から控えめにするようにしていることがあります。このような場合，休み時間に排尿していても授業中に尿意をもよおすことも少なくありません。また，

膀胱炎や腎盂腎炎などの尿路感染症の子どもに対しても、主治医は病原体の排泄を促す目的で水分補給を十分に行うよう指導します。したがって、こういった病気の子どもが授業中に尿意をもよおしたら、速やかにトイレに行かせてあげてください。尿意を我慢させることは病気の悪化につながることもあります。

(5) 保健指導と流行性疾患発生時に注意すべき点

学校ではしばしば感染症の流行が起こります。腎臓病の子どものなかにはこれらの感染を受けることによって重篤な状態になることがあります。

ネフローゼ症候群の子どもが風邪、風疹（三日はしか）、流行性耳下腺炎（おたふく風邪）など発熱を伴う病気にかかるとしばしば再発します。また腎炎の子どもは発熱とともに肉眼的血尿が出現したり、たんぱく尿が増えてむくみを生じることもあります。場合によっては、急に腎臓病が悪化して腎不全へ陥ることもあります。したがって子どもたちには、風邪にかからないよう、うがいを励行させ、風邪がはやってきたら、予防のためにマスクをつけてウイルスを吸い込まないようにすることを勧めてください。一人だけうがいをすることは子どもにとって負担となることがありますので、みんなにうがいの必要性を説明し、塩水やお茶などでなるべくみんなでうがいをするように保健指導をしてください。

腎臓病の治療薬である免疫抑制剤（免疫の働きを抑える薬で、腎臓病の他、臓器移植や自己免疫疾患の治療に使われる。ウイルスや細菌から身を守る機能を弱めるため、感染症にかかりやすくなる）を内服している時に、麻疹（はしか）や水痘（みずぼうそう）に罹患すると重症化することがあります。したがってクラス内に発生した時は、予防のための投薬を早急に受ける必要があるのですみやかに保護者へ連絡してください。これらの病気は、発疹出現前に感染し診断前に感染児童と遊んだ、ということもあり得るので他クラスの先生方とも十分に情報交換してください。

（6） けが・骨折，出血，その他のことで留意すべきこと

　免疫抑制剤を内服している時は，けがが化膿しやすくなっているのでけがをしたら保健室で消毒をするよう指導してください。また，ステロイド剤は長期に内服すると骨粗鬆症（骨の形成速度よりも吸収速度が速いことにより骨に小さな穴が多発する症状をいう）をきたし，脊椎の圧迫骨折（脊椎が押し潰されるように変形してしまう骨折。通常は堅い脊椎が，骨粗鬆症になっていると，少しの衝撃でつぶれてしまう）を起こしやすくなっています。骨粗鬆症がある場合にはジャンプや飛び降りを禁止してください。骨粗鬆症が強い場合にはコルセットをつけている場合もあります。そのような子どもには無理な姿勢をしないよう指導してください。骨折などの可能性がある場合（脊椎の圧迫骨折では激しい腰痛など）は至急保護者へ連絡します。

　ステロイド剤にはその他，高血圧，白内障（目のなかの水晶体つまりレンズが濁る病気），緑内障（目が正常な働きをするための「適正な眼圧」以上の眼圧のために，視神経が障害され，視野が欠けてくる病気）といった症状が出る場合がありますので頭痛や眼痛に気をつけてください。また長期にステロイド剤を内服していると身長の伸びが止まったり肥満を生じます。これらは内服量が少なくなると改善しますので，心配ないことを伝えてください。他の子どもたちにも必要であれば保護者と相談の上，薬のためであることを説明しておく必要があることがあります。また，服用中のステロイド剤を急に中止するとショックを引き起こすので，服薬を忘れないように指導してください。

　また，抗凝固剤（血が凝固［固まること］しないようにする薬で，腎臓病では腎臓のなかの毛細血管で血が固まりやすくなっていると考えられるため，このタイプの薬を服用する）服用中は血液が止まりにくいので打撲（特に頭部打撲）には十分注意させます。サッカーでのヘッディングなどは禁止です。

（7） 子ども本人にはどのように病気のことを伝えるか

　保護者は自分の子どもが病気になると，自分を責めてしまう場合があります。もちろん子どもが腎臓病になってしまった原因は，本人が悪いわけでも，保護

者のせいでもありません。たまたまなってしまったのです。そのことをきちんと説明することで，子どもの不安をやわらげることができます。

　また主治医との間で，子どもにどこまで病気について知っているのかを確認できたら，本人には，本人の病気以外の病気に関する知識を与えないようにします。たとえば「急性腎炎」の子どもに中途半端に「腎不全」の知識を与えると，「急性腎炎」はとても経過良好で完全回復する病気なのに，「自分も運が悪いと腎不全になるのでは……」と無用の心配をしてしまうことがあるからです。同様に兄弟・姉妹，友人にも本人が知っている病気以外の病気に関する知識を与えないようにします。

文献
金子一成（2008）．夜尿症　小児内科，**40**（増刊），964-968.
金子一成（2009）．腎疾患の子どものケア　チャイルドヘルス，**12**(11)，785-789.

第8章

成長障害，内分泌疾患の理解と支援

① ヒトの成長とその異常について

（1） 成長とは

　ヒトを含む生物の「成長（＝発育）」は本書でのキーワードの1つである「発達」とはどう異なるのでしょうか？　一般に，発達は運動や言語，また認知機能に関わる質的な変化を指しますが，成長は身長や体重の増加に代表されるように，体全体またはその一部のボリュームが大きくなること，また，その結果起こる形態の変化を示す場合が多いようです。

（2） 成長のメカニズムとは——成長に影響を及ぼすいろいろな因子について

　身長発育の程度やパターンは，多くの要素によって規定されていますが，性差を除けば，最も影響の大きいのが，生来遺伝子によって決定されているいわば「体質」と呼ばれるものです。現在，我が国では，子の身長は父母の身長の平均値に，男子の場合は6.5cmを加算，女子の場合は6.5cmを減算することによっておおよその最終身長（成長が完了した時点での身長）を概算することができます。これを目標身長（Target height）といって，大きく外れる場合は，生活環境や病気の影響を考える必要があります。身長増加は，さまざまなホルモン（成長ホルモン，甲状腺ホルモン，性ホルモンなど）や，成長因子と呼ばれるたんぱく質が骨や軟骨に作用して起こりますが，栄養状態，睡眠，運動や心

理状態も影響を及ぼします。一般に，身長増加が最も大きいのは生まれてからの1年間（約25cmの増加）ですが，第二次性徴の時期にもピークがあり（思春期身長スパート），その後数年を経て身長増加はほぼ終了します。思春期開始後から最終身長までの伸びは，男子で約30cm，女子で約20cm（初潮後5～6cm）です。

（3） 成長の評価のしかた——成長曲線を描いてみよう

身長を測る際には，顎を軽く引いて正面を正視させ，頭を強く押さえつけすぎない状態で測定します。夕方には，朝に比べて約1cm程度低く計測されます。また，乳幼児や病気で立てない子どもでは，臥位（寝た姿勢）で測定しますが，重力の影響を受けないので，立位より1～2cm高く計測されます。体重測定では，食事前後，排尿排便前後などの条件をあわせて測定し，着衣の重量分を差し引いて評価することに留意してください。子どもの成長を評価するためのツールとして，成長曲線（図8-1の実線部分）があります。これは男女別の同一月齢の集団（たとえば8歳3か月とか……）における身長と体重の平均値（m）と標準偏差（SD）を求めて，$m-2SD$, $m-SD$, m, $m+SD$, $m+2SD$ の5点の各々を月齢に対する関数の曲線として表現したものです。学校での身体計測値をこのグラフにプロットすることで，その子どもの発育パターンを知ることができ，病気の発症や経過，また生活状況について評価することができるのです。ある子どもの計測値（X）と，同一月齢集団の平均値（m）との差を，標準偏差（SD）で除した指数，$(X-m)/SD$ をSDスコアといいます。10歳4か月で身長が133.5cmの男子を例にします。この年齢集団の平均身長は138.2cm，標準偏差は6.1cmなので，この子どもの身長SDスコアは$(133.5-138.2)\div 6.1=-0.77$となります。なお，成長曲線はインターネットからダウンロードすることができます（「成長曲線　ダウンロード」で検索）。

（4） ヒトの成長パターンについて

一般に幼児期後半から，思春期が始まるまではヒトの身長は成長曲線に平行

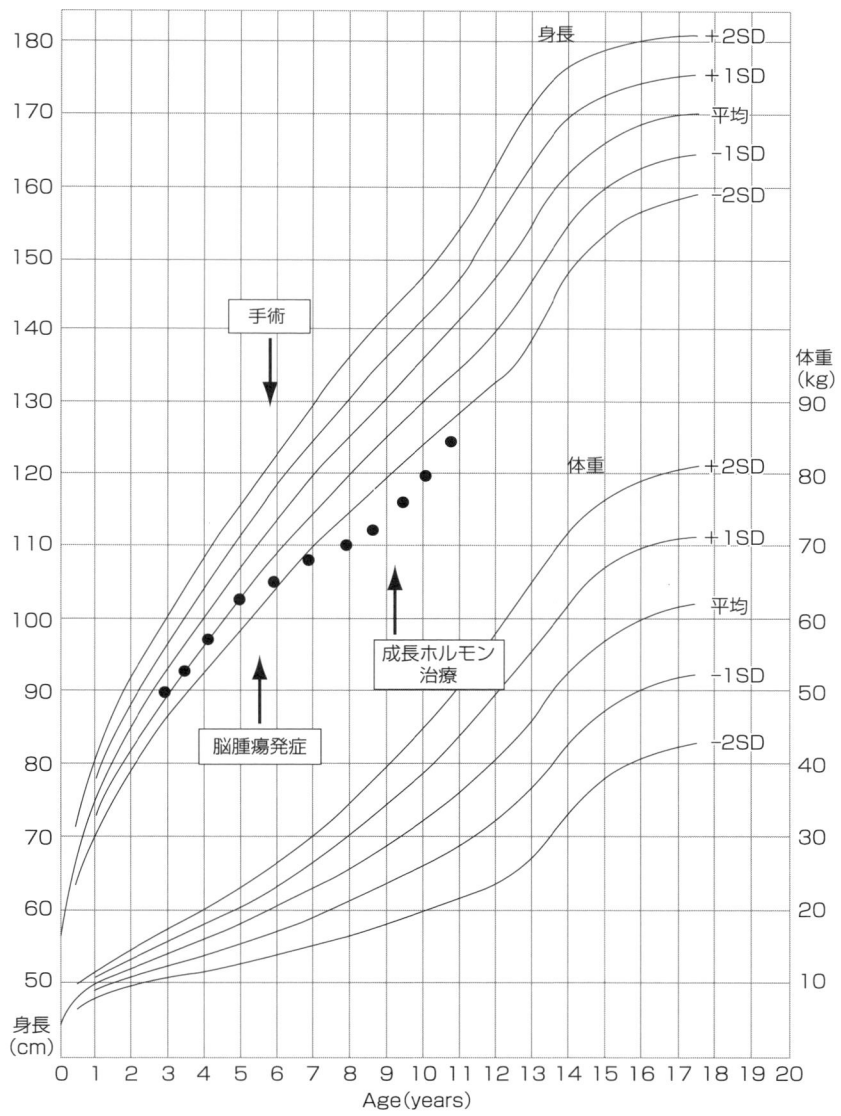

第 8 章　成長障害，内分泌疾患の理解と支援

図 8-1　成長ホルモン分泌不全の男児の身長の経過

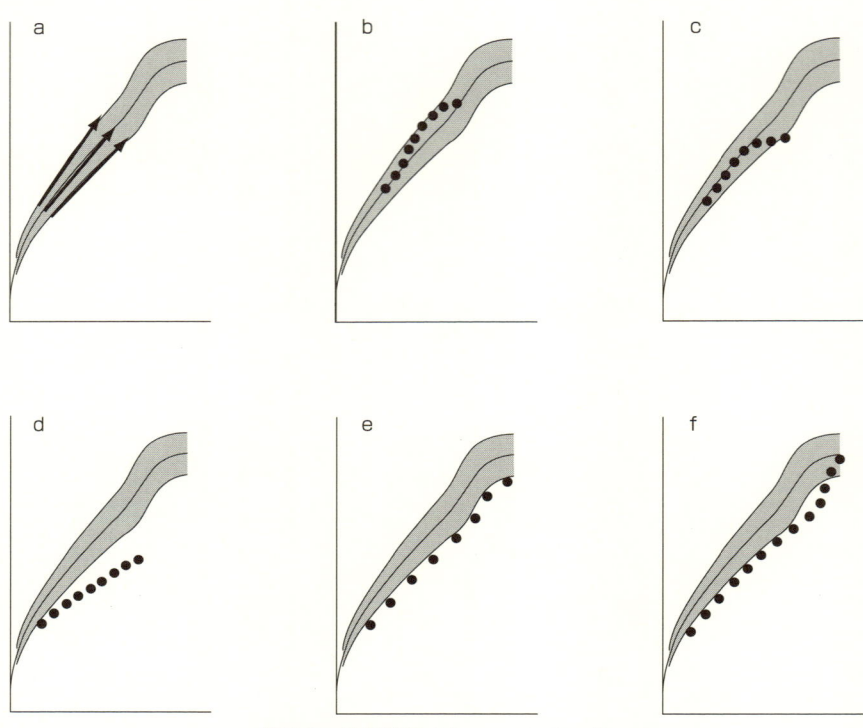

図 8-2　身長発育パターンのいろいろ

に増加していくことが多く，この間は相対的順位（背丈の順番）が入れ替わることは少ないものです。すなわち，SDスコアはずっと一定のままとなります（図 8-2a）。一方，病気で身長増加速度が低下したり，逆に思春期が早発して身長が急に増えてきた場合は，その子どもの成長曲線が，前者では下方へ（図 8-2c），後者では上方へ（図 8-2b），いずれも標準曲線から外れてくる様子を見ることができます。図 8-1 には5歳で脳腫瘍を発症し，成長ホルモンの分泌不全を起こした男児の身長の変化を成長曲線上に描いたものを例として示します。

（5）成長障害を引き起こす疾患と状況について

成長障害に関係する状態について以下のように分類して考えてみましょう

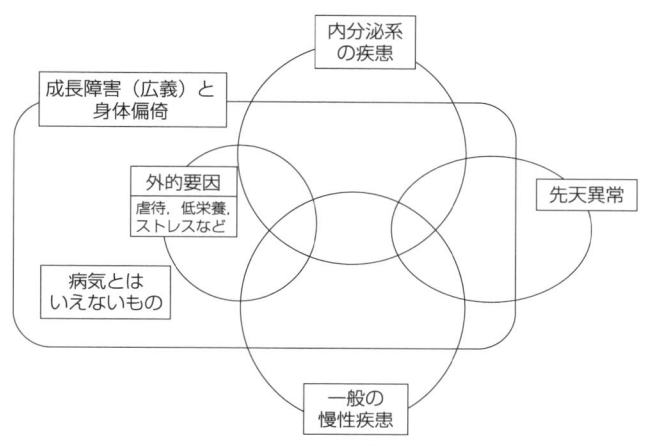

第8章 成長障害，内分泌疾患の理解と支援

図8-3 成長障害と身体偏倚の原因

（図8-3参照）。

①一般の慢性疾患によるもの

一般の重症慢性疾患，特に，腎不全を伴う疾患，炎症性腸疾患（腸粘膜の炎症で消化吸収機能が低下する。クローン病，潰瘍性大腸炎などがある），肝臓の機能不全，チアノーゼ型心疾患などでは，発症あるいは経過中の状態によって，身長や体重の増加速度の低下が見られます。乳幼児期から発症する重症疾患では図8-2d，それより後の年齢で発症する場合は図8-2cのパターンを示します。逆に成長障害を見つけることが，これら疾患の発症や状態悪化を発見する契機になることもあり，これは教育現場から医療者に対する情報提供として重要なものの1つです。

②先天的な異常に関係するもの

ダウン症，ターナー症候群などの染色体異常や，多くの奇形症候群の症状の1つとして低身長が認められることがあります。多くは図8-2dのパターンを示します。先天異常疾患では，その病気，その患児に各々特別な対応が求められます。低身長をきたす先天性疾患のうち代表的な疾患を2つあげておきます。

○ターナー症候群

女児に認められる疾患で，X染色体の一部の欠損によって生じ，幼児期か

ら目立ってくる低身長と卵巣機能低下が主な徴候で，成長ホルモン治療による身長増加効果があります。

○軟骨無形成症

成長因子の受容体異常（軟骨細胞の増殖を制御する情報の伝わり方の異常）による疾患で，四肢短縮型（手足が短い）の低身長を呈するものです。外科手術によって四肢を伸張する治療法（骨切り延長術）が行われることがあります。

③外的な要因によるもの

飢餓や神経性食思不振症（多くは若年女子に見られ，食物摂取の不良，体重減少，「やせ願望」などが見られる）などによる極度の栄養障害，虐待や劣悪な生活状況による心身のストレスにおいても身長増加速度の低下が認められます。神経性食思不振症や極度の栄養不良では体重減少となり，その他の心身ストレスでは体重増加不良による肥満度（後述）の減少を認めます。また，栄養の保たれている被虐待児の一部では，むしろ過食や肥満度の増加が見られることもあります。学校での子どもの様子の変化や成長の異常に気づくことが，問題発見の端緒になることがあります。一方，このタイプの成長障害の背景にある問題の"解決"には，教育や医療の現場のみが対応するのではなく，心理，福祉の専門家や行政機関など多くの関係者の協力が必要となります。

その他，内分泌疾患によるものと，病気とはいえない成長障害（非疾患性身体偏倚）については後述します。

◇2◇ 内分泌疾患のいろいろ

（1）内分泌とは

内分泌系とは，ホルモンの分泌と制御に関わる生体システムのことです。ホルモンとは特定の器官で合成分泌され，血流を介して，他の特定の組織，臓器で，特異的な働きをする生理活性物質と定義されます。ホルモンを分泌する器官としては，脳下垂体，甲状腺，副甲状腺，副腎，性腺（精巣，卵巣），膵臓が

あります。脳下垂体は前葉と後葉からなり，成長ホルモンや抗利尿ホルモンを分泌するとともに，甲状腺，副腎，性腺の各ホルモンを制御する中枢器官の役割も担っています。内分泌疾患では，これらの臓器の働きが低下（ホルモン分泌不全）または，過剰（ホルモン分泌増多）になることによって，さまざまな症状と身体への影響が出現します。

(2) 低身長に関係する疾患

　成長ホルモンの分泌障害による低身長は，遺伝子異常や脳下垂体の形成異常など先天的な原因の他，周産期の問題（出生前後の仮死状態など），腫瘍などによる下垂体の後天的傷害によって起こります。先天的な原因，周産期障害では幼児期早期から（図8-2d），後天的な原因ではそれが生じた時点から（図8-2c），成長ホルモンの分泌低下による身長SDスコアの低下が目立ってきます。成長ホルモンの分泌の低下は分泌刺激試験によって評価することができます。これは，成長ホルモンの分泌を促すような薬剤を内服，または注射し，その直前から30分おきに血液を採取し成長ホルモンの濃度を測定するものです。採取した血液検体のいずれかで一定以上の成長ホルモンが測定されなければ分泌低下との診断がなされます。下垂体の他のホルモンの分泌が障害されると，制御下にある下位の内分泌腺の異常（甲状腺機能低下，副腎機能低下，性腺機能低下）による症状が起こってきます。また脳下垂体の後葉が障害されて抗利尿ホルモンの分泌が低下すると，体に水分を保持する機能が失われ，尿量が飲水量とともに異常に多くなります。これを尿崩症といい，脳下垂体やその近傍の腫瘍の重要な症状の1つです。

　甲状腺の機能低下も身長増加速度の低下を引き起こします。先天性甲状腺機能低下症（クレチン症）は生まれつき甲状腺の働きが低下している疾患ですが，現在我が国では新生児全員に検査（新生児マススクリーニング）がなされ，早期発見，早期治療できるシステムが整っているので，治療薬である甲状腺ホルモン製剤を正しく服薬していれば症状が出現することはありません。橋本病は甲状腺の炎症性破壊により，甲状腺ホルモンの分泌が低下する疾患です。学童期

より思春期に，また男子より女子に多く見られます。全身倦怠や便秘，肥満傾向，寒さに弱いなどの症状に加えて，成長ホルモン分泌低下と同様，身長増加速度の低下が認められます（図8-2c）。

　内分泌疾患の治療の基本は，ホルモンが足りない場合は補い，過剰の場合は抑制することです。前者として，内服，点鼻や注射によるホルモン補充療法，後者として，薬剤や手術による機能抑制療法が行われます。成長ホルモン治療では，1日1回本人または家族が注射を行います。甲状腺機能低下症では甲状腺ホルモンを1日1回内服します。いずれも補充療法開始後に身長増加速度の回復が期待できます。

（3） 肥　満
①種類と原因

　肥満はその成因から症候性肥満と単純性肥満の2種類に分類されます。前者はプラダー・ウィリー症候群（幼児期以後の高度肥満と，発達や行動の異常を認める疾患）など特異的疾患を原因とするもので，高度肥満と種々の合併症を伴うまれなものです。圧倒的多数をしめる後者は，基本的には摂取カロリーと運動によるエネルギー消費のバランスが破綻して起こるもので，生活状況に大きく影響されて生じるので生活習慣病とも呼ばれます。しかしながら，最近，体質（遺伝的背景）の違いで，同じような生活をしていても，肥満になる人も，ならない人もあることがわかってきました。したがって，肥満は，過剰な食事や怠惰な生活，また自己管理の破綻のみによって生じるとはいえません。また，肥満は見かけ上"肥っている"ということではなく，医学的には脂肪組織の過剰ということによって定義されます。特に皮下脂肪よりも内臓脂肪が種々の合併症の原因となっていると考えられています。

②肥満度の評価の方法

　子どもは常に発育するのが通常の状態ですから，身長とともに体重が増加するのは当然のことです。小児肥満の場合は，体重の増加程度が多すぎることが問題になるのです。したがって小児肥満の評価では，体重の変化よりも肥満度

表 8-1　標準体重算出のための係数表

年齢＼係数	男 a	男 b	女 a	女 b
5	0.386	23.699	0.377	22.750
6	0.461	32.382	0.458	32.079
7	0.513	38.878	0.508	38.367
8	0.592	48.804	0.561	45.006
9	0.687	61.390	0.652	56.992
10	0.752	70.461	0.730	68.091
11	0.782	75.106	0.803	78.846
12	0.783	75.642	0.796	76.934
13	0.815	81.348	0.655	54.234
14	0.832	83.695	0.594	43.264
15	0.766	70.989	0.560	37.002
16	0.656	51.822	0.578	39.057
17	0.672	53.642	0.598	42.339

出所：文部科学省スポーツ・青少年局学校健康教育課（監修）（2006）．児童生徒の健康診断マニュアル（改訂版）日本学校保健会

を重視する必要があります。通常，成人の肥満度の評価にはBody mass index（BMI＝体重kg÷［身長m］^{2}）を用います。小児ではBMIの標準値が年齢によって異なるので，国際比較が可能な日本人BMI曲線による評価方法が整備されつつありますが，まだ一般的ではありません。従来，よく使われてきたのは，性別，年齢別，身長別の標準体重に対する肥満度を求めるものです。

また，標準体重は性別年齢別身長別の表とは別に，以下の式で求めることもできます（ここで，a，bは，性別，年齢別に表8-1のように決定されています）。

　　身長別標準体重（kg）＝a×実測身長（cm）－b

対象児の標準体重が求まれば，肥満度を以下の式によって計算します。

　　肥満度％＝100×（実測体重－標準体重）÷標準体重

これらの方法は煩雑なこともあり，医療や教育の現場では，横軸に身長，縦軸に体重をプロットして，おおよその肥満度を判定する肥満度判定曲線が用いられることが多いようです（図8-4，図8-5）。肥満度20％以上を肥満，50％以上を高度肥満とします。

第II部　子どもの病気

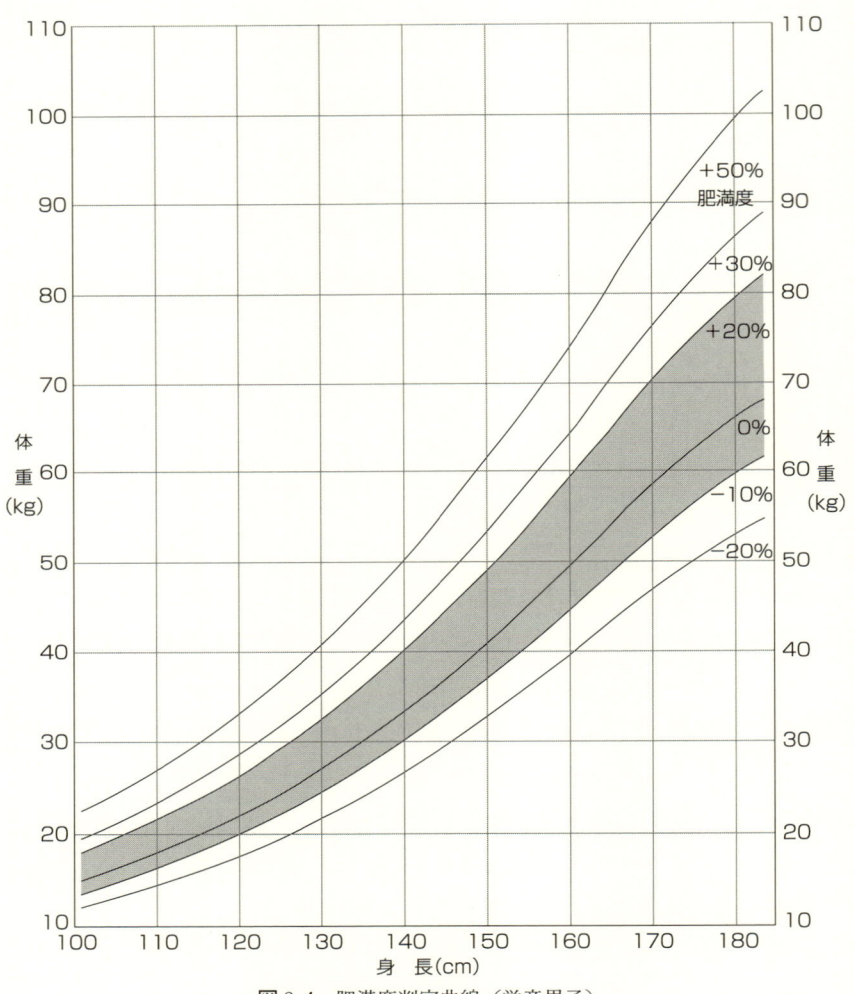

図8-4　肥満度判定曲線（学童男子）

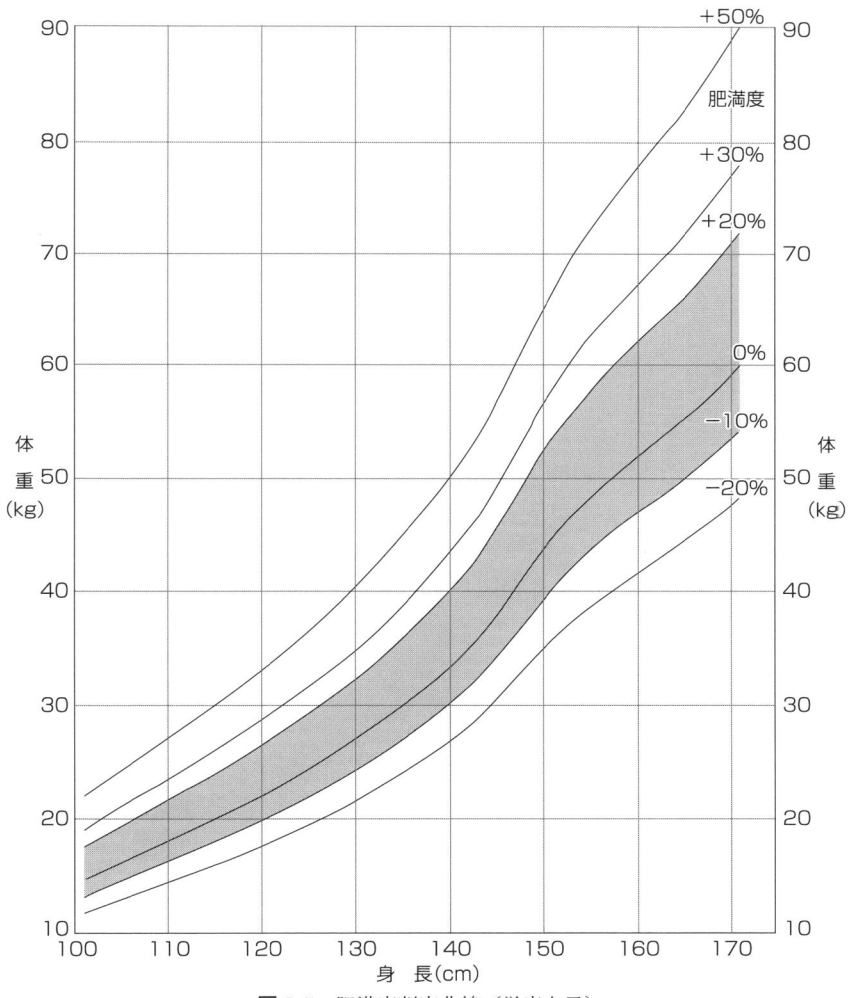

第 8 章　成長障害，内分泌疾患の理解と支援

図 8-5　肥満度判定曲線（学童女子）

③合併症

　肥満の合併症には，高脂血症，2型糖尿病（後述），肝機能障害，高血圧などがあり，いずれも動脈硬化に関連して重要な臓器の血管が詰まって機能低下を生じる心筋梗塞や脳梗塞などの原因となるものです。これらのいろいろな変調が複合した状態はメタボリックシンドロームとして，成人では健康対策の重要課題となっています。肥満の程度が著しい場合は，過体重が骨や関節に負担をかけたり，夜間睡眠中に呼吸障害（睡眠時無呼吸症候群）を引き起こすことがあります。また肥満自体が活動性の低下を引き起こし，逆に活動性の低下が肥満を促進するという悪循環を生じることがあります。このような状況は不登校や引きこもりの遠因になり，さらに，自己評価を低めたり，「いじめ」の対象になることもあります。

④治　療

　先ほど述べたように小児肥満においては，体重を減らすのではなく，（身長の伸びを考慮しながら）肥満度を減らすことを主眼とします。薬剤による治療法は一般的ではなく，食事療法と運動療法が中心となります。必要な治療程度は肥満度の程度，身長増加速度，合併症の有無によって異なります。食事は摂りすぎていることが多いので，運動量にもよりますが，摂取カロリーを年齢別身長別の所要量に設定するだけで肥満度の減少が得られることが多いようです。うまくいかない時は，たんぱく質の所要量は維持しながら，摂取カロリーをさらに10〜20％減らします。運動療法は代謝動態やホルモン感受性を変化させることで，単にエネルギー消費による体脂肪減少以上の好ましい効果が得られます。有酸素運動が望ましく，例として陸上競技（長距離走），水泳，球技などがあげられます。しかし，最も重要なことは，本人が喜んで行い長続きすること（1日30分以上で連日が理想）です。また，肥満が高度の場合には，運動前に循環器系や，骨，関節に負担がかからないか確認が必要です（メディカルチェック）。これらの食事や運動の改善と生活の自己管理は表裏一体の関係にあります。本人や家族が客観的に状況を把握するため，毎日の体重と食事内容（無理ならおやつだけでも），生活内容を記録してもらうことがあります。この記録

をつけるだけで肥満度の減少が認められることもあります。この方法は小児科領域では，古くから行われてきましたが，最近レコーディング・ダイエット法（岡田斗司夫氏）として広く知られるようになりました。

(4) 糖尿病
①種類と原因
　糖尿病には大きく分けて2種類あります。1型糖尿病は，自己免疫によって膵臓のインスリン分泌が障害されることによって起こります。発症率（年間10万人あたり1～2名）から試算すると，1人の教師が出会う1型糖尿病の子どもは40年間の教員生活において1～2人程度と思われます。一方，2型糖尿病は肥満や生活習慣を背景に発症し，医療管理や合併症に関しては1型糖尿病と共通する部分はあるものの，病因的には全く異なるものです。中学生以上になると2型糖尿病の発症率の方が高くなります。

②病態と合併症
　インスリン作用の欠如または低下により，体内のブドウ糖が利用できなくなり，余剰分が血液中に貯まってきます（高血糖）。急性期には脱水やケトアシドーシス（ケトン体という代謝物により血液が酸性化して意識障害などが起こる）により生命の危険さえあります。また，治療が不適切で高血糖の状態が長く続くと，細小血管の障害による網膜の異常（視力低下），腎臓の機能低下（腎不全）や，神経障害を引き起こす可能性が高くなります（糖尿病三大合併症）。また，肥満の項で述べたように，動脈硬化を促進し，心臓や脳の血管障害を引き起こす要因の1つになります。

③治　療
　1型糖尿病では，一生涯インスリン注射を必要とします。よりよい血糖コントロールのためには，1日数回以上の注射と自己血糖測定（自分で血糖を測定すること）が求められますが，小学校以上の年齢では患児自身が施行することがほとんどです。インスリンが相対的に過剰になった場合は，血糖が下がりすぎることがあり（低血糖），その場合は糖分の入った食品を摂取しなければな

りません。

2型糖尿病の治療は，肥満が背景にある場合は食事，運動療法が基本となります。うまくいかない場合は，内服薬やインスリン注射を行うこともありますが，1型とは違い，血糖コントロールが落ち着けば治療を中止することもできます。

④1型糖尿病児の学校生活における留意点

1型糖尿病は，完全に治癒することは困難ですが，適切な医療管理によって健常者同様の生活と人生が可能になる病気です。この点において，この病気を小児の慢性疾患のモデルの1つとして捉え，そのマネージメント方法を他の病気に応用することができます。以下では学校現場での対応について考えてみます。

○医療面での注意──治療と管理

インスリン注射と自己血糖測定は通常1日2回以上で，多くの場合，各食前と睡眠前の4回行われます。昼食前に注射する場合は，時間（5分程度）と場所の確保が必要となります。注射の場所は時間の節約を考えれば教室内が望ましいのですが，実際は他児との関係により，保健室，職員室などで行われることもあります。一番問題になるのが低血糖時の対応です。昼食時間前の体育の授業中などに最も起こりやすく，初期症状は，強い空腹感，全身倦怠感，手の震えなどですが，進行すると意識障害やけいれんを起こすこともあります。症状の軽いうちに本人が教室内で自己処置（糖分を経口摂取）して回復することがほとんどです。意識状態が不確かであれば，気管への誤嚥を避けるため，決して無理矢理に食品を経口摂取させずに，保護者への連絡と同時に，救急隊に病院への搬送を依頼します。病院ではブドウ糖を静脈注射します。これらの処置は迅速に行われるべきですが，多少遅れても生命や後遺症など予後に大きく関わるというようなものではありません。

○学校行事

通常はすべての学校行事に参加することができます。運動会，遠足，クラブ活動などの場合は低血糖への注意を要しますが，本人や保護者が自分の判断，

あるいは主治医の指示で予防的処置を行っている場合が多いようです。宿泊を伴う行事では、上記の突発的な低血糖の注意に加えて、インスリンの注射場所と時間の確保が必要です。また、血糖測定に必要な穿刺針や使用後のインスリン注射針などを医療用ゴミとして処理することにも配慮が求められます。

〇病状を公開すること

1型糖尿病では、学校でインスリン注射を行ったり、低血糖時の処置に他人の助力を必要とするのですべての病状を公開することが望ましいと思われます。しかしながら、本人や親のなかには、自分の病気を他人に知られることによる不利益（たとえば級友によるいじめ、学校側の過干渉や生活制限）を憂慮する気持ちもあり、この傾向は高学齢になるほど強くなります。病状公開は、本人や親の希望に沿ったスタイルで行われるべきで、小学生ではクラス全員に担任から説明、中学生以上では担任教師、養護教諭、その他一部の友人のみに本人が説明するというのが一般的な状況です。内容としては、学校生活における具体的な留意点が中心となりますが、その際、病気の成り立ちや全体のイメージがどう伝わるかは重要な点です。病弱児が、健常者とは異なる者として排除されることなく、共生社会におけるパートナーとして認識されるよう配慮したいものです。

〇慢性疾患児に対する一般教育

医療管理が適切に行えれば、ほぼ通常の生活が可能であるので、患児を必要以上に保護的に扱うことは避けるべきでしょう。1型糖尿病に代表される肢体不自由や知的障害を伴わない慢性疾患児では、親子ともに現在の状況に対してよりも、将来の合併症、進学、就労、結婚などに対する不安が大きいと思われます。したがって、病気のことで自己評価を下げないように、むしろ競争的環境のなかで潜在的能力を伸長させるような教育的配慮が期待されます。逆に、病気のことを口実にした不要な行動制限や怠学については、これを戒めていく態度も必要です。

（5） その他の内分泌疾患

①バセドー病（甲状腺機能亢進症）

甲状腺ホルモンが過剰に分泌される疾患ですが，眼球突出や甲状腺の腫れに加えて，疲労感やいらいら感，子どもでは成績不振が目立ってくることもあり，注意欠陥多動性障害（ADHD）とまちがわれることもあります。多くは内服薬で治療可能ですが，心拍数増加や血圧上昇など循環器系への影響があるため，急性期には運動の制限が必要です。

②副腎疾患とステロイド剤服用

副腎の疾患は子どもではまれですが，機能不全のある時は補充療法として1日数回の投薬が必要です。服薬がとぎれた際に，感染やけがなど肉体的ストレスのかかった場合は急激にショック状態に陥ることもあります。また，悪性腫瘍やその他の難病でステロイド剤（副腎皮質ホルモン製剤：抗炎症作用があり，多くの疾患の治療に使われている）の長期大量療法を余儀なくされる場合があり，副作用として肥満や顔貌の変化，身長増加速度の低下，易感染性などの影響が及ぶことがあります。ちなみに，アトピー性皮膚炎に使用されるステロイド外用剤（軟膏）や，気管支ぜん息に使用される吸入ステロイド剤では，全身的な副作用の出現することはほとんどありません。むしろ副作用を恐れて必要な使用をさしひかえることが大きな問題となっています。

③思春期早発症

本症は，第二次性徴の出現が早すぎる状態を指しています。女子では7歳半以前の乳房腫脹，8歳以前の恥毛発生，9歳以前の初潮，男子では9歳以前の睾丸発育，10歳以前で恥毛発生，11歳以前の腋毛，ひげの発生と定義されます。脳腫瘍や性腺の疾患によるものもありますが，特に女子では特別な疾患のない特発性のものが多いようです。身長は急激に伸びますが，早期に成長が止まり，低身長に終わることもあります（図8-2b）。また，暦年齢不相応な心理的な変化を伴うこともあり，その場合は第二次性徴の進行を抑制するような治療を考慮します。

④性腺機能低下

遺伝性の原因や，脳腫瘍，性腺疾患などの影響で，第二次性徴の発現が見られない場合があります。性同一性の獲得に支障があり，本人の悩みは大きいものです。ホルモン治療が可能ですが，妊孕性（にんよう）（女性が妊娠したり，男性が妊娠させたりする機能）が獲得できるかどうかは原疾患によります。

⑤性分化障害と性同一化障害

性別にはいろいろなカテゴリーがあります。通常は，遺伝子，染色体，内性器，外性器，脳，社会的性（ジェンダー）などの各カテゴリーの性別が男性型，または女性型ということで一貫しています。しかしながら，たとえば染色体は男性型なのに外性器は女性型とか，身体的には全く女性型なのにジェンダーは男性型などの各カテゴリーでの不一致が生じることがあります。頻度は高くないので詳細は省きますが，このような状況があり，それで悩んでいる子どもや家族があるということを記憶に留めておいてください。

3 病気とはいえない成長パターンの偏倚について

(1) 病気とはいえない低身長（図8-2e）

①特発性低身長

特に病的な要因なく，また大幅な成長速度の低下もなく，成長曲線の－2SD～－3SDラインに沿った成長パターンを示します。両親も低身長ぎみで遺伝的要素の関与が考えられる場合は，体質性低身長，または家族性低身長と呼ぶこともあります。

②子宮内発育遅延

在胎週数の割に低い体重と身長で出生し，その後も小柄なまま発育する成長パターンを示します。一部の人では成長ホルモン注射が保険適応となっています。

（2） 思春期遅発症（図 8-2f）

　生来小柄で，第二次性徴とそれに伴う思春期の身長増加スパートが遅れる状態をいいます。そのため，中学生の時期には平均値と比べると大幅な低身長になります。その後，スパートが始まると次第に一般集団との差は小さくなり最終身長は平均値に近づきます。思春期年齢では，低身長や性同一性の確立に関連する悩みと自己評価の低下の生じることがあり，教育現場での配慮をお願いしたいところです。

（3） やせ願望

　最近，問題になっているのが，若年女性を中心とした「やせ願望」です。ほっそりした身体がよいというのは，この数十年のボディイメージを反映しており，明らかな時代的産物といえます。しかしながら，肥満の治療とはいえない，身体の外見の改造を目的とした「ダイエット」は医療をも巻き込んで，今や1つの産業を形成するほどになっています。極端なやせは明らかに有害なので，欧米では，ファッション誌に登場するモデルからやせすぎている者を除くなどの社会的施策がなされています。我が国でも，医療や教育の現場で異常なやせの危険性に関する健康教育を行うことが必要です。また，社会全体が，肥満を外見上の現象としてではなく，脂肪組織の過剰による代謝異常として認識していくことも重要と考えられます。

（4） 思春期の体の悩みについて

　思春期〜中学生くらいの子どもに，「体のことで，最も気になることは何ですか」というアンケートをすると，決まって上位にランクされるのが外見上のことです。多くはこの節で述べてきたように，背が低いことや第二次性徴の遅いこと，あるいは外見上の肥満で，"悩み"をもっているようです。もちろん何らかの疾患があれば医療的なアプローチが必要ですが，多数を占めるのは，このような，病気とはいえない外見上の偏倚です。彼らに対して，「個性だから気にせず頑張れ」と指導するのは，理屈としてはとても正しい大人の知恵で

すが，深刻に悩んでいる当人にとってはあまり響かない言葉でしょう。話を傾聴してあげるだけでも，また「劣等感や他人の視線はそれほどたいしたことではない」ということを解きほぐして教えてあげるだけでも，彼らにとっては大きな助けになります。健全な自尊感情が育つように見守ってあげてください。

文献

稲田浩（2001）．内分泌疾患小児に対する教育と保健の課題——総論　病気の子どもと医療・教育，**9**，65-74.

稲田浩（2002）．内分泌疾患小児に対する教育と保健の課題——各論　病気の子どもと医療・教育，**10**，3-10.

稲田浩（2007）．小児・思春期糖尿病管理の手引き（改訂2版）　南江堂　144-147.

日本小児内分泌学会（編）（2009）．小児内分泌学　診断と治療社　562-564.

第9章

消化器・肝臓・栄養疾患の理解と支援

1　教育現場で遭遇しやすい消化器・肝臓・栄養疾患

　消化器は栄養素を受け入れ代謝するのに中心的な役割を担う場所です。食べ物を消化・吸収・代謝して，エネルギーや必要なたんぱく質を合成する重要な役割を担っています。消化器の病気は他の臓器に比べて直接的に栄養障害をもたらすことも特徴で，慢性の病態であれば，経腸栄養（鼻からあるいは胃ろうからチューブを入れて胃に直接栄養剤を入れて栄養する）や高カロリー輸液（太い静脈に入れた点滴で栄養する）などの栄養補助療法が必要になってくることもあります。消化器の病気を診断するにあたっては臓器別（消化管，肝臓・胆嚢・膵臓，腹膜・腹壁・腹腔）に加えて症状からのアプローチも重要です。症状には，①消化管の症候：悪心，嘔吐，吐血，下血，下痢，便秘，腹痛，腹部膨満，②肝胆膵の症候：黄疸，腹痛などがあります。また，消化管にはたくさんの自律神経が分布しており，精神的な要因で症状が出ることも特徴です。このように広範な疾患，徴候のなかから，ここでは教育現場で遭遇しやすいものを取り上げ概説します。よく見かける病気に，胃食道では胃食道逆流症（以下GERD），周期性嘔吐症，胃十二指腸ではヘリコバクタピロリ感染症による胃・十二指腸潰瘍，症状としては嘔吐，下痢，便秘があります。肝臓疾患にはB型肝炎，C型肝炎，脂肪肝等があります。

第9章 消化器・肝臓・栄養疾患の理解と支援

② 胃食道逆流現象（GER）

　胃内容物が食道内に逆流する現象を胃食道逆流現象（gastro-esophageal reflux：GER）といいます。小児期のGERの症状は溢乳や嘔吐で，多くは幼児期に自然に治ります。GERは，大部分は"げっぷ"の時に起こり，これは健康な人にもある生理的なものです。しかし，GERによって，食道に炎症を起こし吐血したり，肺炎や喘息，無呼吸などの呼吸器の病気の原因になったり，食欲不振から体重増加不良などが起こり病的な状態となると胃食道逆流症（GER disease：GERD）として治療の対象になります。また，慢性中耳炎，口臭，咽頭病変などがGERと関係する場合もあります。中枢神経障害の子どもたちはGERをよく起こし，しかも治りにくく，健康管理上大きな問題です。①GERD，②斜頸，③姿勢の異常を伴うものをSandifer症候群といいます。頭は一側に曲げられ，頭を床に向け子どもは上下逆さまになろうとしているように見え（首曲げ），ベッドに横たわり頭と頸をベッドの縁から床に向けて落とす姿勢も見られます（図9-1）。心身症や神経疾患に疑われ診断までに時間が

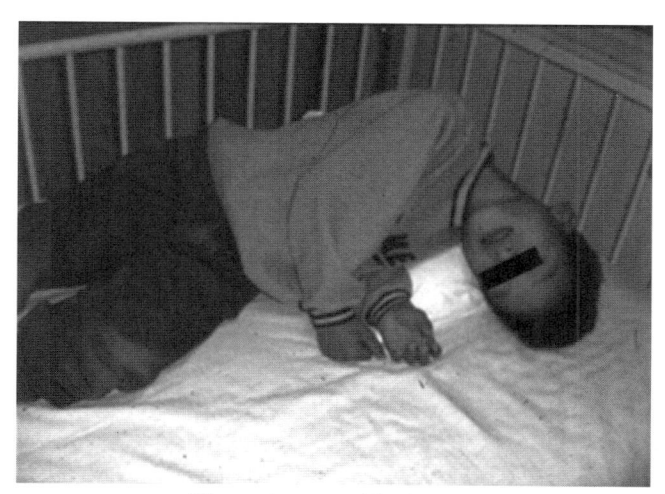

図9-1　Sandifer症候群の姿勢

表 9-1　GERD の治療

第 1 段階：家族への説明および生活指導
- 疾患の概念・治療法および予後の説明（家族の不安を取り除く）
- 授乳後のげっぷの励行
- 便通を整える
- 肥満児での減量
- 便秘に対する治療
- 食事直後に臥位をとらない
- 刺激物（カフェイン，香辛料）除去

第 2 段階：授乳
- 少量，頻回授乳
- 治療乳：いずれも 2 週間試験的に投与し，効果を判定
  - ①増粘ミルク：現時点（2011年 4 月）で日本では未販。コーンスターチや市販の増粘物質（トロミアップ，トロメリン，スルーソフト）などを添加
  - ②アレルギー疾患用ミルク（加水分解乳：エピトレス，ペプディエット，ニュー MA-1）：ミルクアレルギーの疑われる例

第 3 段階：薬物療法
①胃酸分泌抑制治療
- H2受容体拮抗剤：ロキサチジン（アルタット）
  - ラニチジン（ザンタック）（5-10mg/kg/日）
  - ファモチジン（ガスター）（1 mg/kg/日）
- プロトンポンプ阻害剤：オメプラゾール（オメプラール）
  - ランソプラゾール（タケプロン）
  - エソメプラゾール（ネキシウム）

②消化管機能改善薬
- ドンペリドン（ナウゼリン）(0.3-0.6mg/kg/日)
- メトクロプラミド（プリンペラン），モサプリド（ガスモチン）

第 4 段階：体位療法
- 仰臥位での頭挙上，たて抱きだっこする
  （腹臥位は乳児突然死症候群との関係が明らかとなり勧められない）

第 5 段階：外科手術
- 腹腔鏡下噴門形成術
- 開腹式噴門形成術

かかってしまうことがあり，この姿勢を見たら GER を疑うことが大切です。睡眠中はなく食事中・食後に増強，生下時から年長児まで見られ男児に多く，重症心身障害児にも見られ，GER による食道炎（痛み）を緩和するためかと考えられています。

　GERD の診断は上部消化管造影検査や内圧検査などいろいろな検査を組み合わせますが，微小電極を用いて下部食道内の pH を持続的に記録する食道 pH モニタリングが有用です。治療法には 5 段階あり，段階を追って検査もしながら治療を進めていきます（表9-1）。第 1 段階は家族への説明および生活指

導で，家族の不安を取り除きます。GERの概念・治療法および予後の説明をします。生活指導としては，授乳後のげっぷの励行，ベルトをきつくしないこと，食事の後しばらくは臥位にさせないこと，肥満児では減量する，便通を整える，刺激物（カフェイン，香辛料）を避けるなどがあります。第2段階の治療は授乳の方法と内容です。少量，頻回授乳を試みたり，増粘ミルク（粘り気を増やしたミルク：ARミルクがありますが，コーンスターチや市販の増粘物質［トロミアップ，トロメリン，スルーソフト］などを添加して用いてもよい）やミルク（牛乳）アレルギーの疑われる例に対しては，低アレルゲンミルク（ペプディエット，ニューMA-1，など）を試みます。中枢神経障害児にも牛乳アレルギーが多く認められます。牛乳除去による症状改善の有無を確認することは治療的診断として有効です。そしてほとんどの経腸栄養剤には牛乳成分が含まれていることに注意が必要です。第3段階として薬物療法があり，制酸剤（H2ブロッカーのファモチジン，プロトンポンプ阻害剤のオメプラゾールやエソメプラゾールなど）と消化管機能改善薬（消化管蠕動を調節する薬で，ナウゼリンなど）があります。第4段階として体位療法があり上体を斜めに上げる姿勢をとります。第5段階として外科手術があり，内科的にどうしてもコントロールできない場合に考慮します。呼吸障害はGERを悪化させる要因であり，中枢神経障害症例では呼吸障害に対する気管切開など，呼吸補助療法の必要性を同時に検討することが望まれます。

③ 急性下痢症，慢性下痢症

　下痢とは排便回数が多く，便中水分量が多い状態で，消化器疾患のなかで最も多い症状の1つです。通常の便量は子どもで体重kgあたり10g／日以下です。開発途上国においては下痢による乳児死亡が300〜500万人／年にも及ぶ大きな問題です。下痢の原因として感染症がありますが，他に消化・吸収障害や消化管運動の異常があります。感染症にはノロウイルス，ロタウイルス，アデノウイルスなどのウイルス性や，病原大腸菌（O-157など），サルモネラ，キャ

ンピロバクタ，クロストリディウムデフィシル（CD）などの細菌性のものがあります。ウイルス性のものは脱水や集団感染が問題となり，細菌性のものは食中毒を起こし重症になることがあります。多くの下痢は急性のものですが，2週間以上続き栄養障害や発育障害を起こすことがあります。この状態を慢性下痢症といい，原因はVIPOMA（ヴィポーマ）という腫瘍性疾患や先天的な遺伝子異常によるクロール下痢症や微絨毛萎縮症，先天性あるいは続発性乳糖吸収不全症，グルコース・ガラクトース吸収不全症や，いろいろな食物アレルギーによるものなどが知られています。乳児で2週間以上持続する慢性下痢を特に乳児難治性下痢症と呼んでいますが，主としてミルクアレルギーによるアレルギー腸症から，3大栄養素である糖・たんぱく・脂質の消化吸収不全を起こし，脱水と栄養障害から著明な発育障害をもたらす疾患です。もともとの原因はロタウイルスなどの急性感染症で，その後さまざまな機序で吸収不全に至り難治性の下痢症に至ると考えられています。

　ノロウイルスの感染力は極めて強いですが，感染者の約半数は不顕性感染であり，発症しません。一般的に10月末から11月初めにかけて感染が見られます。また，ウイルス性食中毒の原因の95％以上はノロウイルスと考えられています。食中毒感染の典型例はカキの生食です。その他，汚染食材を介する例では，顕性（不顕性）感染の調理人の調理した汚染食材によるものなどがあります。吐物が適切な処理がなされないまま放置されて起こるエアゾル感染も学校，病院などの施設内感染を考える上で重要です。潜伏期は1～2日で，主症状は，吐き気，嘔吐，下痢，発熱，場合によっては悪寒，腹痛，頭痛，筋痛を伴うこともあります。一般的には2～3日で自然軽快します。しかし通常3週間はウイルスが便中に排泄されます。さらに小児や老人など免疫の低下した状態では症状が遷延し，ウイルスの排泄が4か月から6か月の長期にわたる症例があります。60℃，10分の熱処理や80％消毒用の短時間消毒ではノロウイルスの不活性化はできないことから，消毒には家庭用漂白剤などの塩素系消毒薬の使用を優先することが推奨されています。

　施設内感染予防対策として次の5点があげられます。①吐物が発見されれば

吐物の付いた床やテーブルなどを速やかにペーパータオルで覆い，乾燥・拡散を防止する。その上から家庭用漂白剤などを原液のまま塗布し，10～15分間十分浸す。その後，ビニール袋で包み込む。嘔吐現場はもう一度80％アルコールなどの消毒薬で清拭する。それらに使用したペーパータオルやゴム手袋は感染性廃棄物として廃棄する。②オムツ交換の際は，マスク，ゴム手袋を着用し，開放面積をできるだけ少なくして包み込む。①と同様に感染性廃棄物として廃棄する。③便器などに飛び散った下痢便には，同様に塩素系の消毒を行う。漂白剤を50倍に薄めて散布し15分間放置した後，洗い流す。④食材，吐物などの感染源も同様の処理を行う。⑤ドアノブ，床などの環境表面は，塩素系消毒薬で拭き，その後，80％アルコールで清拭する。

食中毒感染予防として食材については，①カキなどの2枚貝の生食はやめる，②加熱食材は中心温度85℃，1分以上の加熱処理が推奨される，③食器類，調理前のまな板，包丁，ふきんを十分洗浄し，熱湯処理後に使用する，④野菜などの生鮮食材は，十分に水洗すること，⑤調理で貝類を扱う場合は，生野菜などの調理の後にする，などがあります。

4　嘔吐，周期性嘔吐症

嘔吐とは，胃内容物が強制的に口から排出されることです。基本的には生態防御反応で胃の運動は停止し弛緩し，胃の収縮によるものではありません。発症機序として大脳皮質（不安，抑うつ，匂い，味，痛みなど），嘔吐中枢を介する（薬剤，内分泌・代謝異常，電解質異常，放射線など），前庭性（乗り物酔い，メニエール病，中耳炎など），末梢性（消化器・泌尿器・生殖器疾患，咽頭刺激など）に分類されます（表9-2）。一方，乳児によく見られるGERは労力をほとんど要しない非強制的な胃内容物の食道内への流入と定義され，厳密にいえば嘔吐とは区別されます。しかし，繰り返す嘔吐が主症状であるGERと"嘔吐症"との臨床的な区別は難しいです。表9-3に年齢別の頻度の高い疾患を示しました。

表 9-2 発症機序

発症機序	疾　患	レセプター	治療薬
大脳皮質性	不安，抑うつ，匂い，味，痛み，周期性嘔吐，化学療法による予期嘔吐		抗うつ薬
嘔吐中枢性 Chemoreceptor Trigger Zone(CTZ)	薬剤，内分泌・代謝異常（尿毒症，肝不全，糖尿病性ケトアシドーシス，低酸素血症，電解質異常，副腎不全，甲状腺機能亢進症），細菌毒素，放射線治療	ドパミン D2 セロトニン 5-HT3 ヒスタミン H1 ムスカリン M1	抗ドパミン剤 5-HT3受容体拮抗剤
前庭性	乗り物酔い，メニエール病，中耳炎	ヒスタミン H1 ムスカリン M1	抗ヒスタミン剤 抗コリン剤
末梢性	種々の消化器・泌尿器・生殖器疾患，化学療法，腹部への放射線治療，咽頭刺激	セロトニン 5-HT3	5-HT3受容体拮抗剤

表 9-3 年齢別に見た嘔吐の主な原因疾患

	新生児	乳児	幼児，学童
機能性嘔吐	溢乳，GER 空気嚥下	溢乳，GER 空気嚥下 咳嗽 号泣 便秘	アセトン血性嘔吐症 乗物酔い 強い咳嗽 号泣 心因性嘔吐，神経症 偏頭痛 便秘 自律神経発作 周産期 ACTH・ADH 分泌過剰症
器質性嘔吐	髄膜炎，敗血症 頭蓋内出血 メレナ，仮性メレナ 消化管閉鎖 腸回転異常症 胃軸捻転症 幽門狭窄症 ヒルシュスプルング病 壊死性腸炎 横隔膜ヘルニア 腸間膜ヘルニア 先天性代謝異常症 先天性内分泌異常症	嘔吐下痢症 幽門狭窄症 イレウス，腸重積 食物アレルギー 中耳炎，尿路感染症 敗血症 髄膜炎，脳炎 頭部打撲 薬物中毒 代謝疾患 内分泌異常症	嘔吐下痢症 アレルギー性紫斑病 食物アレルギー 食中毒 虫垂炎，腹膜炎 髄膜炎，脳炎 頭部打撲 イレウス 腹部打撲（椎体前面小腸壁内血腫） 肝炎，膵炎 血液の嚥下 代謝異常症

嘔吐のパターンを明らかにすることも原因を考える上で大切です。急性嘔吐は，ロタウイルスなどのウイルス感染症が最も多いですが，細菌性腸炎や，髄膜炎，肺炎，中耳炎など消化器以外の感染症や，腎不全，副腎不全などの内分泌・代謝疾患が原因のこともあり注意が必要です。

慢性反復性嘔吐は1週間に2回以上の嘔吐のエピソードが続く状態で，約4分の3は，消化器疾患が原因で，年少児では GER が原因であることが多いです。

周期性嘔吐症では1～4週ごとに周期的に嘔吐が起こる状態で，途中の時期は全く無症状で，突然発症し，蒼白，傾眠傾向，うつ状態，高血圧などを伴います。病初期に ACTH/ADH の高値を認める周期性 ACTH・ADH 分泌過剰症やアセトン血性嘔吐症があります。他の原因として慢性副鼻腔炎，腹性てんかんなどもあげられ消化器疾患由来は少ないです。

治療は脱水に対して経口補水液や糖電解質液を点滴静注を行うことに加えて，それぞれの原因疾患に基づいて治療を行います。

5 便　秘

通常1日の排便回数は乳児期早期4回以上で，2歳までに2回以下となります。また，排便のコントロールは2歳の誕生日までに50％，3歳までに約90％できるようになります。便回数が少ない（2回／週以下）ために便が硬くなり，腹痛・排便時痛や便失禁を伴ってくる場合を，臨床的に便秘と呼んでいます。便秘は日常しばしば認められ，一般小児外来患者の主訴の0.3～8％で，小児消化器専門外来受診の最大25％を占めるほどありふれた病気です。症状は短期間で軽症のものから重症で慢性の経過をたどり，発育障害や便失禁・遺糞症（排便を下着のなかにしてしまう）といった QOL を著しく損ない，家族の苦痛や不安を招くものまで幅広くあるため，適切な管理や治療が必要です。

排便のメカニズムのどこかに障害があれば便秘となります（表9-4）。通常，大腸内容物が直腸に入ると直腸は拡張し，肛門を刺激して排便反射が起こりま

表9-4 便秘の原因

```
機能的
    習慣性，心理的便秘（トイレトレーニングの失敗，トイレ嫌い，
        学校のトイレに行けない），発達障害，虐待
    直腸の充満不良＝便量の低下
        脱水，食物繊維の低下，栄養不良
器質的
    腸性：ヒルシュスプルング病，鎖肛，肛門の位置異常
            肛門～直腸狭窄・閉塞，腫瘍，軸捻転，偽性腸閉塞，
            食物アレルギー（特に牛乳）
    薬剤性：麻酔薬，抗うつ薬，向精神薬，抗てんかん薬
            ビンクリスチン，制酸剤，血圧降下剤，ビタミンD中毒
    代謝性：脱水，膵嚢胞線維症，甲状腺機能低下症，糖尿病
            低K血症，腎尿細管性酸血症　高Ca血症，鉛中毒
    神経筋疾患：腹筋の欠如（プルーン・ベリー，腹壁破裂）
            ダウン症，エーラス・ダンロス症候群，強皮症
            脊椎神経障害（腫瘍，二分脊椎）
```

す。内側肛門括約筋（平滑筋）は弛緩し，外側括約筋（横紋筋）は収縮します（平滑筋が不随意で，横紋筋が随意）。そして，排便が許されれば（意思が働く）外側括約筋（随意筋）が弛緩し排便が完了します。この最後の過程で随意（意思）的に便を止め，直腸が拡張してしまうと直腸の感受性が低下し，正常の排便反射が抑制されます。何日も排便がないと，便はその間に水分が抜け硬くなり，感覚まひが起こり，ついには上流にある水様便がつまった便を越えて出てしまい，下着の汚染を招き，しばしば下痢に間違われるほどになります。乳幼児では食事の影響や発熱などで急性便秘を起こし，硬便による排便時痛や裂肛を生じてしまうため排便を嫌がること，また年長児では，公共あるいは学校のトイレに行かずに家まで我慢することで便が固くなることなど些細なことをきっかけに，便秘になってしまいます。大腸の蠕動が不十分で直腸の充満が不良な時（たとえば甲状腺機能低下症，腸管閉塞，ヒルシュスプルング病），肛門狭窄，痔瘻，大腸憩室なども便秘の原因になります。家族に慢性便秘の人がいることも多いです。

　治療は，まずヒルシュスプルング病などを否定した後，診断的治療を行って

いきます。まず直腸に貯留した便塊を浣腸で取り除くことからはじめます。便塊が大きいと，排出のための痛みに耐えかねて，浣腸や座薬という肛門・直腸への操作に非常に強い拒否と恐怖感を示すことがしばしば起こります。こういった場合，全身麻酔を行ったうえで，用手摘出（文字通り，人の手指を使って便塊を取りだすこと）を行うことも有効な手段です。取り除いた後は再貯留しないように維持療法を1～2年行います。多くの場合，排便の習慣を取り戻すため酸化マグネシウム，ラクツロースなどの下剤を使用し，便を軟らかくします。大腸刺激性下剤（センナやピコスルファナトリウムなど）を使用し，毎日同じ食事（たとえば朝食など）の後に15分間トイレに座り，一定の排便リズムをつけることも大切です。直腸の径と圧が正常に戻り，肛門直腸の感覚が正常化するには数か月かかるといわれています。心理の専門家によるカウンセリングも併行して行う必要があります。トイレの習慣と食事内容などの生活習慣を整えることも大切です。新生児の排便は反射でのみあり，通常哺乳に連動して起こります。乳幼児になり，食事回数が減ってくると，トイレトレーニングにこの反射を利用することができます。しかし実際のコントロールは排便を少し我慢できるようになる2歳頃までに徐々にできあがってきます。逆にトイレトレーニングを急いで早く始めると失敗することが多いです。食事，運動，排便習慣など生活習慣は排便に影響を与えます。便秘は，食物繊維が少なく精製された炭水化物が多い食事をしている，成人（老人）や子どもによく起こります。食物繊維は消化吸収されない炭水化物で，どの程度の1日食物繊維摂取量が良好な排便習慣に寄与するかについては明らかではありませんが，摂取量基準（健康の維持に対する推奨量）は年齢に5から10を加算したg数（5歳であれば，10～15g/日）の推奨もあります。また，牛乳を大量に飲む子どもに便秘と裂肛が多いことが知られており，牛乳を除去すると軽快して，再チャレンジ後72時間以内に便秘が再発したと報告されていることなどから，通常の治療に反応しない頑固な便秘に対して，期間限定で牛乳制限が推奨されています。

6 胃・十二指腸潰瘍

　胃・十二指腸潰瘍は一般に消化性潰瘍として一括して称されることが多く，酸・ペプシンなどにより粘膜が傷害されて部分欠損あるいは全層欠損を示すものです。消化性潰瘍の成因の2大リスクファクターとして，Helicobacter pylori（H. pylori：ヘリコバクタピロリ）の感染とnon‐steroid anti‐inflammatory drugs（NSAIDs：非ステロイド性抗炎症剤）の使用があげられています。小児の十二指腸潰瘍におけるH. pylori陽性率は高率ですが，NSAIDsの使用例は成人ほど多くはありません。十二指腸潰瘍の症状は，夜間や早朝の空腹時の腹痛があり，食事や制酸薬で軽減されます。腹痛は心窩部（みぞおち）から，右上腹部に限局した圧痛があります。悪心（むかつき），嘔吐，貧血があり，なかには突然の吐血・下血もあります。診断は上部消化管内視鏡検査での肉眼所見に加えて，胃十二指腸粘膜生検により，病理所見（組織を顕微鏡で調べる検査）で行います。H. pyloriがいるかどうかは便中の抗原検査や血液での抗体検査，呼気ガス（吐く息）検査，胃粘膜の培養などで調べます。小児のH. pylori感染では，結節性胃炎という特徴的な結節性変化を認めることが多いです。治療はH. pylori陽性で5歳以上の症例では成人同様PPI（プロトンポンプ拮抗薬）＋アモキシシリン＋クラリスロマイシンの3剤併用療法を代表とする除菌療法を行います。

7 慢性ウイルス性肝炎

（1）　B型慢性肝炎

　肝炎には急性肝炎と慢性肝炎があります。前者は主に年長児以降の感染で半年以内に治癒するものです。慢性肝炎は主に年少児に感染しキャリア状態となり長期にわたって感染が続くもので肝硬変や発がんのリスクがあります。B型肝炎（HB）の診断は肝機能異常があり血液のなかにHBs抗原（ウイルス）が

陽性であることで行います。HBs抗原（ウイルス）の陽性者のなかに，HBe抗原陽性者とHBe抗体陽性者がいます。一般的にHBe抗原がHBe抗体に変わる（セロコンバージョンする）とウイルス量が低下し炎症が落ち着くとされています。肝炎の状態を把握するには肝生検をして病理組織を見ることが役立ちます。治療はインターフェロンと抗ウイルス剤を組み合わせて行います。

我が国において1986年に導入された母子感染予防対策事業で，HBキャリアの母親から生まれた子どもにHBワクチンを接種することにより，母子感染（垂直感染）によるHBウイルスキャリアは1/100（2.4〜0.024％）に激減しました。現在の問題は，父子や家族内，友人同士による水平感染であり，ユニバーサルワクチネーション（生後全員に予防接種を行うこと）が行われています（「日本小児科学会が推奨する予防接種スケジュールの変更点」より　日本小児科学会　2021年3月24日版）。日常生活の留意点として，水平感染は血液や体液（唾液・滲出液・精液）を介して起こりうることから，血液や体液の扱いに気をつけ，外傷や鼻出血はできるだけ自分で処置する，乳幼児に口移しで食べ物を与えない，出血がある場合は石鹸や流水で洗い流す，カミソリ，歯ブラシ，櫛は個人用のものを使用するなどがあります。消毒用アルコールはHBの感染予防には無効で，次亜塩素酸ナトリウムを用います。HBキャリアであることは保護されるべき個人情報であるため，原則的には保育所・幼稚園・学校など第三者機関に伝える必要はないわけですが，感染予防の責任から，HBキャリアであることをあらかじめ知りたいという施設側の希望は強くなっているのも現状です。この場合，感染者差別に対する配慮が必要となります。

（2）　C型慢性肝炎

小児治療指針はなく，B型肝炎に準じて日常生活の管理をしますが，予防接種もなく，積極的な予防対策は取られていません。献血におけるC型肝炎ウイルス（HCV）スクリーニングの導入以後，小児期でのC型慢性肝炎は減少し，その感染源は母子感染が主となっています。HCVが陽性の母親から生まれた子どもの約10％に母子感染が起こり，そのうち3分の1は4歳頃までに治

癒しますが、残りの3分の2は持続感染し成人に至ります。慢性肝炎を起こしていてもほとんどは自覚症状はありませんが、B型肝炎同様に肝がん発症のリスクがあり、治療が必要です。治療として成人領域で使用される抗ウイルス剤で、小児においても治療が行われています。その他、日常の食事については鉄や脂肪を過剰にとりすぎないように気をつけること、また肥満があるとインターフェロンが効きにくくなることから、肥満のコントロールも大切です。

8 肥満と肥満症

　肥満は摂取エネルギーが消費エネルギーを上回り、余分なエネルギーが脂肪として蓄積した状態です。標準体重に比べた肥満度が20％以上を肥満といい、15％以上を肥満傾向としています。2005年の国民調査では学童の約10％が肥満、15％が肥満傾向でした。この頃までは年々増加していましたが、メタボリックシンドロームの認識が広がった効果で、現在は上げ止まりになっています。現在はむしろやせややせ気味が増えていることも問題です。肥満の原因は遺伝的素因に加えて、運動不足や過食などの環境要因があります。戦後、急速に社会・経済的に発展した豊かな"都市型文化生活"では、いつでも、どこでも、好きなものを好きなだけ食べることができ（過食と摂取栄養素の偏り）、体を動かす必要がないし、動かすこともできません（運動不足）。さらに、夜型の生活習慣がつきやすく（生活習慣の乱れと夜食の習慣）、ストレスが多くなります。このような環境のなかにあって、摂取エネルギーは消費エネルギーを容易に上回り、したがって子どもたちが放任されれば、肥満の発症は必然的です。いったん肥満が成立すると、特に肥満度50％を超える高度肥満になると、運動嫌いになり悪循環を形成し肥満が増悪します。ひいては不登校など心理社会的な問題を生じやすいことが報告されています。

　肥満の問題点はその合併症にあります。成人同様、内臓肥満からメタボリックシンドローム（表9-5）、脂肪肝、睡眠時無呼吸症候群などを起こし肥満症という病気になります。メタボリックシンドロームは糖尿病、高血圧、高脂血症

表9-5 我が国のメタボリックシンドロームの診断基準（成人・小児）

	成 人	小 児	
	8学会合同委員会 (2005年)	厚生労働省班研究 試案 (2005年)	厚生労働省班研究 暫定案 (2006年)
1) 臍周囲径	≧85cm（男性） ≧90cm（女性）	≧80cm（男女とも） かつ/または 肥満度≧+30%	≧80cm（男女とも） かつ/または ウェスト身長比≧0.5
2) 血清脂質	TG≧150mg/dl かつ/または HDLC<40mg/dl	TG≧120mg/dl かつ/または HDLC<40mg/dl	TG≧120mg/dl かつ/または HDLC<40mg/dl
3) 血 圧	SBP≧130mmHg かつ/または DBP≧85mmHg	SBP≧125mmHg かつ/または DBP≧70mmHg	SBP≧125mmHg かつ/または DBP≧70mmHg
4) 空腹時血糖	≧110mg/dl	≧100mg/dl	≧100mg/dl

注：TG：トリグリセリド（中性脂肪），HDLC：HDLコレステロール，SBP：収縮期血圧，DBP：拡張期血圧．

といった動脈硬化危険因子をすでにもっている状態で，小児の基準も設けられています．治療は食事と運動です．

　子どもの肥満は大人の肥満のもとです．学童期で40％，思春期では70～80％と年齢とともに高率に大人の肥満に移行します．思春期の時期になってしまうと，成人の体格が形成されてしまうことや，肥満を引き起こす生活習慣が定着してしまうことから，もとに戻すことが大変難しくなります．逆に学童期には身長が伸びるので体重を維持するだけで肥満が解消でき，この時期に肥満予防を開始することが効果的です．また，小児体格の生理的な変化として5～6歳まではBMI（カウプ指数：体重/身長×身長）が低下し，その後上昇に転じます（Adiposity rebound）（図9-2）．この上昇に転じる時期が早いと将来肥満を起こしやすくなります．3～5歳の間に太りすぎないようにすることも大切です．子どもと大人の肥満で，肥満によって発生する病気はよく似ていますが，「成長中」ということと，改善しようとしても「受動的」ということで，大きな違いがあります．体重の点でいえば大人と違って減量するのではなく体重を維持することを目標にし，また，肥満の軽減だけが目的ではなく，最終的な目標として家族とともに子ども自身の自我の成長を手助けすることが大切で，心理的な

第Ⅱ部　子どもの病気

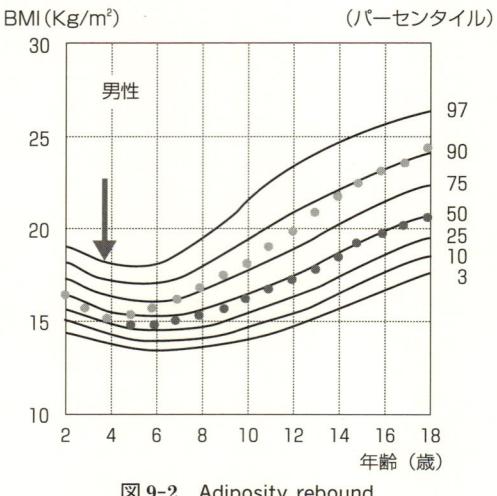

図9-2　Adiposity rebound

アプローチも必要です。

9　非アルコール性脂肪性肝炎（NASH）

　肥満の合併症に脂肪肝がありますが，脂肪肝のなかに，飲酒歴がないにもかかわらずアルコール性肝障害に類似し線維化や肝硬変，さらに肝がんを発症というように進行性の経過をとる状態があり，非アルコール性脂肪性肝炎（non-alcoholic steatohepatitis：NASH）と呼ばれています。小児期にも NASH が起こるため，小児肥満に伴う肝機能異常症例のフォローにおいても留意しなければいけない病態です。治療は他の肥満症と同様に，食事と運動で，薬剤として肝庇護剤やビタミン剤があります。

文献

位田忍（2002）．胃食道逆流症　小児内科，**34**，434-438.

位田忍（2010）．病因による便秘の特徴　食物アレルギー　五十嵐隆（総編集），清水俊明（専門編集）　下痢・便秘（小児科臨床ピクシス18）　中山書店

加藤晴一他（2005）．小児期ヘルコバクター・ピロリ感染症の診断，治療，および管理指針　日本小児科学会雑誌，**109**(10)，1297-1300．

小林昌和（2001）．悪心，嘔吐　小児内科，**33**，65-66．

白木和夫（監修），藤澤知雄・友政剛（編）（2003）．小児消化器肝臓病マニュアル　診断と治療社

田尻仁他（2007）．小児B型慢性肝炎診断治療指針　日本小児科学会雑誌，**111**(7)，946-958．

田中智之・岩上泰雄他（2003）．ノロウイルス抗原検出ELISAキットの評価　医学と薬学，**50**(5)，709-714．

友政剛他（2006）．小児胃食道逆流症診断治療指針の報告　日本小児科学会雑誌，**110**(1)，86-94．

松月弘恵・馬岡清人（1995）．肥満児の心理——肥満児の行動変容プログラムの試みから　小児科診療，**58**，1941-1945．

村田光範（1995）．小児期からの成人病について——その意味するもの　治療，**77**，3060-3064．

Ludwig, J. et al. (1980). Nonalcoholic steatohepatitis : Mayo Clinic experiences with a hithertounnamed disease. *Mayo Clin Proc*, **55**, 434-438.

Pomeranz, A. J., Busey, S. L. & Sabnis. S. et al. (2002). *Pediatric Decision-Making Strategies to Accompany Nelson Textbook of Pediatrics* (16th ed.). WB Saunders, Philadelphia, 78-85.

Rasquin, A. et al. (2006). Childhood Functional Gastroentestinal Disorders. *Gastroenterology*, **130**, 1527-1537.

第10章
神経系疾患の理解と支援（1）

　この章では，てんかん，脳性まひ，ダウン症（染色体異常を含む），神経皮膚症候群について述べます。

1　てんかん

　障害のある子どもたちの合併症のなかで，頻度の高い疾患の1つです。有病率は0.5～1.0％といわれており，100人から200人に1人の割合です。てんかんにはいくつかの種類がありますので，注意する必要があります。英語では，epilepsy と呼ばれています。

（1）定　義
　てんかんの定義として，WHO国際てんかん用語委員会が提唱している定義を示します。「てんかんは，過剰な大脳ニューロン発射に由来する反復性の発作（てんかん発作）を主徴とする慢性の脳疾患で，種々の成因によって生じ，臨床症状や検査所見もさまざまで一様ではない。」
　別の言葉でいうと，①大脳神経細胞の異常な興奮によって起こる，②2回以上繰り返して出現する，③長期持続する疾患であり，原因はさまざまで表れる症状や検査結果もいろいろであるということです。臨床的には，無熱時に出現する発作が，2回以上繰り返して認められる場合にてんかんを疑います。

第10章　神経系疾患の理解と支援（1）

表10-1　てんかん発作の国際分類（国際てんかん連盟，1981）

```
I  部分発作
      (1) 単純部分発作       意識清明
      (2) 複雑部分発作       意識減損または消失
      (3) 部分発作の二次性全般化
II 全般発作
      A 1. 欠神発作         意識消失のみ
        2. 非定型欠神発作
      B ミオクロニー発作    全身の筋肉の一瞬のれん縮
      C 間代発作
      D 強直発作
      E 強直間代発作        いわゆるひきつけ
      F 脱力発作（失立発作）
III 分類不能発作             新生児けいれん・点頭てんかんの発作
```

（2）原　因

　まだ完全に解明されているわけではありません。私たちの活動は，動かすあるいは活動させる必要のある部位に関連した神経細胞が，秩序をもって興奮する（別の言葉でいうと放電する）時に，起こることが知られています。それに対して，てんかんの場合は，そのような秩序がなく，ある一群の神経細胞群が勝手に無秩序に興奮するために起こると考えられています。

（3）症　状

　てんかんにはさまざまな症状があるといいましたが，てんかんの分類には大きく2種類あります。1つ目は，「てんかん発作の国際分類」と呼ばれるもので，実際に目で見た発作状況から分類します（表10-1）。1981年に国際てんかん連盟により提唱された分類です。発作の始まりでは意識が清明か，完全には消失していない部分発作と，発作の始まりから意識が消失している全般発作に大きく分けられます。さらに新生児や点頭てんかんで見られる，分類不能発作があります。

　2つ目の分類として，「てんかん，てんかん症候群および関連発作性障害の分類」と呼ばれる分類があります（表10-2）。この分類は，表10-1で示した発作型に加えて，脳波所見，発症年齢，原因などを考慮しながら行う分類で，診

表 10-2 てんかん，てんかん症候群および関連発作性障害の分類
（国際てんかん連盟，1989）

1. 局在関連性（焦点性，局所性，部分性）てんかん，および症候群
    1.1 特発性（年齢に関連して発病する）
        中心・側頭部に棘波をもつ良性小児てんかん
        後頭部に突発波をもつ小児てんかん
        原発性読書てんかん
    1.2 症候性
        小児の慢性進行性持続性部分てんかん
        特異な発作誘発様態をもつてんかん
        側頭葉てんかん
        前頭葉てんかん
        頭頂葉てんかん
        後頭葉てんかん
    1.3 潜因性
2. 全般てんかんおよび症候群
    2.1 特発性（年齢に関連して発病する。年齢順に記載）
        良性家族性新生児けいれん
        良性新生児けいれん
        乳児良性ミオクロニーてんかん
        小児欠神てんかん（ピクノレプシー）
        若年欠神てんかん
        若年ミオクロニーてんかん（衝撃小発作）
        覚醒時大発作てんかん
        上記以外の特発性全般てんかん
        特異な発作誘発様態をもつてんかん
    2.2 潜因性あるいは症候性（年齢順）
        ウエスト（West）症候群
            （点頭てんかん，infantile spasms，電撃・点頭・礼拝けいれん）
        レノックス・ガストー（Lennox-Gastaut）症候群
        ミオクロニー失立発作てんかん
        ミオクロニー欠神てんかん
    2.3 症候性
        2.3.1 非特異病因
            早期ミオクロニー脳症
            サプレッションバーストを伴う早期乳児てんかん性脳症
            上記以外の症候性全般てんかん
        2.3.2 特異症候群
3. 焦点性か全般性か決定できないてんかん，および症候群
    3.1 全般発作と焦点発作を併有するてんかん
        新生児発作
        乳児重症ミオクロニーてんかん
        徐波睡眠時に持続性棘徐波を示すてんかん
        獲得性てんかん性失語（ランドー・クレフナー症候群）
        上記以外の未決定てんかん
    3.2 明確な全般性あるいは焦点性のいずれの特徴をも欠くてんかん
4. 特殊症候群
    4.1 状況関連性発作（機会発作）
        熱性けいれん
        孤発発作，あるいは孤発のてんかん重積状態
        アルコール，薬物，子癇，非ケトン性高グリシン血症等による急性の代謝障害や急性中毒の際にのみみられる発作

表10-3 代表的なてんかんおよび熱性けいれん

てんかん・てんかん症候群の分類	てんかん発作型	脳波（発作間歇期在）	初発年齢	治療	その他の特徴
点頭てんかん（別名：West症候群, infantile spasms）	頭部前屈・両上肢挙上させるシリーズ形成性の発作	ヒプスアリスミア	生後3か月から1歳までがほとんど	副腎皮質刺激ホルモン（ACTH）ビタミンB₆ゾニサミドなど	結節性硬化症，先天代謝異常に伴うことがある 知能予後は不良 レノックス・ガストー症候群への移行がある
レノックス・ガストー症候群	非定型欠神発作 強直発作 間代発作 脱力発作 ミオクロニー発作	1秒間2-2.5サイクルの全般性不規則遅棘徐波	3-5歳好発	バルプロ酸，ニトラゼパム，ケトン食療法が有効なことがある	点頭てんかんからの移行例がある 知的障害を認める 発作は非常に難治である
小児欠神てんかん	欠神発作	1秒間3サイクル全般性棘徐波	5-8歳，女児	バルプロ酸 エトサクシミド	治療によく反応する 知的障害はほとんど認めない 過呼吸で発作が誘発されやすい
熱性けいれん	強直発作 間代発作 強直間代発作	異常波を認めることは少ない	6か月から4歳（1-2歳が最も多い）	再発例にジアゼパム座剤（商品名ダイアップ）で予防を行う	体温が急激に上昇する時に起こりやすい 家族歴をもつことが多い 学童期にはほとんどの例で治癒する

出所：小野・榊原（2002）より。

断と呼ばれるものに近いと考えてください。この分類により，当該患者さんがどのような経過をたどっていくのか（医療では予後と呼びます）をある程度の確率で推測することが可能になります。表10-2からわかるように，たくさんの種類があります。そのなかで頻度がある程度高く，教育現場においても重要と考えられるてんかんと熱性けいれんについて，その概要を表10-3に示します。

（4） 検　査

　大きく分けて，脳波検査，画像検査，血液検査に分かれます。

　脳波検査は，頭部表面の皮膚に電極を装着して，脳内の神経細胞の活動を記録します。原因のところでも述べたように，ある一群の神経細胞が異常放電を行うことが原因と考えられており，この異常放電を脳波で検知するという考え方です。てんかんの患者さんのすべてで脳波異常が見つかると勘違いしている人もいるかもしれませんが，実際には脳波異常を認めないてんかん患者さんもいます。脳波異常を認める場合では，経過中に脳波が正常化していくことと臨床発作が消失していくことを確認しながら，てんかん自体が軽快していくことを客観的に評価できる場合もあります。また，発作中の脳波と発作の様子を同時に記録する，ビデオ脳波同時記録装置が広く普及しており，てんかんの診断および治療に役立っています。さらに媒体に記憶させた脳波と発作の画像を再現することで，診断精度が高まっています。

　画像検査は，CT検査やMRI検査として知られています。てんかんの原因として，脳奇形や脳腫瘍が疑われる場合には必須の検査となります。明らかな病変が認められれば，脳外科的な手術も治療の選択肢に入ってきます。検査機器の精度の向上とともに，これまでは発見できなかった小さな病巣も見つかるようになり，特にMRI装置の空間分解能向上により，てんかんの原因として頻度が高い皮質形成異常と呼ばれる病態も把握されるようになってきました。皮質形成異常は外科的切除の対象ともなりうるもので，難治性てんかんを起こすことが知られています。これら以外にも，放射性同位元素を用いて，てんかんの源がどこに局在するのかを調べるための，SPECT検査やPET検査が行われることもあります。

　血液検査では，てんかん発作の原因を調べるとともに，治療の中心である薬物治療中に現れる可能性がある副作用の有無，さらには血液内の抗けいれん剤の濃度（血中濃度）をチェックしています。てんかん発作の原因として，低血糖（血液中の糖分が極端に低下した状態），低カルシウム・低マグネシウム血症（血液中のカルシウム・マグネシウムが極端に低下した状態）などがないかどうか

を調べます。抗けいれん剤は数年にわたって服用することが多いので、肝臓や腎臓への影響など副作用の有無に注意しておく必要があります。

（5） 治　療

①急性期治療

　てんかん発作は一般に5分ないし10分以内に止まることが多いのですが、発作が止まらずにてんかん重積状態に陥ることがあります。この場合、発作後に後遺症を残すこともあります。てんかん発作分類のなかの、強直発作、間代発作、強直間代発作が30分以上続く状態や、1回1回の発作の持続時間は短いものの、何回も繰り返して1時間以上続くような状態を重積状態と呼んでいます。このような状況では、医療機関を受診しできるだけ早く発作を止めてもらうことが重要です。

②慢性期治療

　てんかん患者さんの多くは、年余にわたる抗けいれん剤を使用した治療を受けています。抗けいれん剤は、日本国内で現在20種類以上が存在しますが、そのなかで使用頻度が高い薬剤を表10-4にまとめます。基本的には、てんかん発作の国際分類に準じて、てんかん発作を部分発作と全般発作に分類して、使用する抗けいれん剤を決定していきます。ただし、個々の事例においては主治医の判断に任されており、同じような発作型であっても必ずしも同じ抗けいれん剤が処方されているわけではありません。

　抗けいれん剤のなかには、有効血中濃度と呼ばれる、血液内でどれくらいの濃度があれば薬が有効に働いていると考えられるのか、といったおおよその範囲が設定されているものもあります。医師はこの値を参考にしながら、治療がうまく継続されているかどうか、あるいは患者さんがきっちりと服薬しているのかどうかを判断しています。しかしながら、この血中濃度の測定は万能ではありません。個人個人で有効血中濃度の範囲は微妙に異なっていることも想定されますので、抗けいれん剤が多量に投与されているかどうかは、服用している子どもの様子で判断されることもあります。たとえば、日常生活のなかで眠

表10-4 抗けいれん剤の種類と特徴

商品名	一般名	最大1日投与量	有効血中濃度
デパケン / ハイセレニン / バレリン / セレニカR	バルプロ酸	30-50mg/kg	50-100μg/ml
テグレトール	カルバマゼピン	10-20mg/kg	4-10μg/ml
アレビアチン / ヒダントール	フェニトイン	6-10(15)mg/kg	10-20μg/ml
ルミナール	フェノバルビタール	2-5mg/kg	10-20μg/ml
エクセグラン	ゾニサミド	10mg/kg	20-30μg/ml
(ベンゾジアゼピン系 [商品名] リボトリール，ランドセン，ベンザリン，セルシン他)			

注：近年，新しい抗けいれん剤として，上記以外にも，ラモトリギン（商品名 ラミクタール），トピラマート（商品名 トピナ），ガバペンチン（商品名 ガバペン），レベチラセタム（商品名 イーケプラ）などが使用されている。

りすぎていないか，動きが鈍くふらついたりしていないか，流涎（よだれ）がいつもより多くないかなどの，学校生活場面での情報もとても大切です。

③外科治療

難治性てんかん（適切な薬物治療を十分行っているにもかかわらず，けいれん発作がコントロールされない状態）の子どもに対して，一部の医療施設で，てんかん外科と呼ばれる脳切除術を中心とした治療が行われています。内科的（あるいは小児科的）にてんかん発作が十分にはコントロールされない場合に，考慮することもできる治療の1つの選択肢になってきています。

（6） 教育現場で対応するべき事項
①発作間歇期

過度の身体的疲労を避けることが大切で，最も重要な点の1つが，十分な睡眠をとるということです。また外出が続いたり，遠足など日頃よりも運動量がかなり多い時には，その後の休息を十分とる必要があります。過度の精神的緊張状態が続くと，てんかん発作を誘発する原因にもなりますので，無駄な叱責や過度の期待を寄せることも控えましょう。また，過度の緊張が解けてホッ

とした時（たとえば，水泳が終わってプールサイドに上がった時）にもてんかん発作が起こることが多いので注意が必要です。

②発作時

子どもの安全を第一に確保します。意識を失って転倒する場合には，特に頭部打撲による障害の発生について注意してください。転倒する回数が多い場合には，ヘッドギアなどの帽子を常に装着しておくことも勧められます。

発作中は，衣類やバンドなどで強く締めつけている場合は緩めてあげてください。発作に伴って嘔吐を認めることもあるため，吐物を誤嚥（間違って肺の方へ吸い込むこと）をして，窒息しないように，顔を横へ向けるか体ごと横へ向けるなどの配慮をして，吐物が口から体外へ出るように注意してください。舌を噛んでしまうからといって，指を子どもの口のなかへ入れることはしないでください。発作中は想像以上の力がかかり，けがをする危険性がとても高いからです。また，舌を噛んではいけないということでタオルなどを口に入れたりすることも見かけますが，先ほど述べた嘔吐が伴う場合など，かえって窒息の危険性も増すため注意して下さい。

③発作状況の確認

てんかん発作の詳しい報告は，その後の治療にも大きな影響を与えるため，医療機関にはできる限り詳しく報告して下さい。発作が起こったことに気づけば，まず子どもの安全を確保した上で，発作開始時間を時計で確認します。

発作の様子については，発作開始時にまず体のどの部分から変化が起こったかを確認しておきます。部分発作では，顔面，上肢，下肢などから起こることが多いです。一方，全般発作では，全身の筋肉が一斉にけいれんを起こすため，特定の部位がわからないことが多いです。また，意識だけが無くなって，全身の筋肉には全く変化が起きないこともあります（欠神発作や複雑部分発作の一部のもの）。続いて，部分発作や全般発作にかかわらず，発作がどのように変化していくかを観察します。この間，何度か名前を呼ぶなどして，子どもの意識状態がどの程度保たれているのか，あるいは完全に意識消失しているのかを確かめます。子どもによっては，名前を呼んだ時に返事はしていませんが，発作

終了後，声が聞こえていたことを話してくれる場合があります。このような時には，意識が保たれていたことになり，発作型分類の上でも大切な所見になります。時折見かける間違いとして，発作が起こっている時にあわてて子どもの顔をたたいたり，体を揺すったりするなどの刺激を与えることがありますが，安静を保つという面からもよい対処とは考えられません。

発作が終了したと思われる時に再度時計で時間を確認して，発作時間（秒単位，分単位）を記録しておきます。一般的には，強直発作，間代発作あるいは強直間代発作が5分以上持続する場合，救急隊へ連絡をとり医療機関へ転送する準備を行います。

このように，てんかん発作に対して15分以内に医療的処置が施せるように努力します。ただし，それぞれの子どもによって方針が異なる場合がありますので，それぞれの主治医とよく相談しておいてください。以上の経過を，簡単なメモ程度でもかまわないので記録しておき，救急隊または主治医に知らせるように心がけてください。

② 脳性まひ

英語ではCerebral Palsyと表され，CPと略して呼ばれることもあります。特別支援教育における肢体不自由に分類される疾患のなかでは，最も頻度が高いものです。名前が示すように，中枢神経系（脳と脊髄）のなかでも，脳に傷害が加わり運動まひを中心とする症状が出現する状態を指します。

（1）定　義

以下の4点（厚生省，1968）が診断する上で重要です。
1．受精から生後4週間の間に，脳に何らかの傷害を受けている
2．脳の非進行性病変に基づく，永続的ではあるが変化しうる運動と姿勢の異常である
3．症状は満2歳までに出現する

第10章　神経系疾患の理解と支援（1）

4．進行性疾患や一過性運動障害，または将来正常化すると考えられる運動発達の遅れではない

ここで大切なことは，運動や姿勢に関する異常であり，知的発達には特に言及していないという点です。原因疾患により，知的障害を全く合併しない事例から，重度の知的障害を伴う事例までさまざまな形で存在します。

（2）原　因

運動に関係する脳内の神経細胞が損傷を受けることにより起こります。脳障害発生の時期により，胎生期，周産期，出生後に分けられます。
1．胎生期：染色体異常，先天性脳奇形，胎内感染症，脳出血
2．周産期：胎児仮死，新生児仮死，核黄疸，脳室周囲白質軟化症
3．出生後：脳炎・髄膜炎などの感染症，脳血管障害

（3）分類および症状

ここでは大きく3分類について説明します。筋緊張の程度，障害部位，重症度による分類です。

①筋緊張による分類（表10-5）

○痙直型

筋緊張が高いタイプです。常に力が入りうまく脱力することができません。関節を屈曲させていくと，はじめは強い抵抗を示しますが，ある時点でこの抵抗が急に消失します。ジャックナイフ様とも呼ばれています。

○強剛型

痙直型と同じく高い筋緊張を示します。ただし，痙直型のように抵抗が急に消失することはなく，関節を屈曲させる場合，一定した抵抗を示します。この状態を，鉛管様あるいは歯車様と呼びます。

○アテトーゼ型

自分で動きをコントロールすることが困難で，不随意運動（アテトーゼ）が生じます。筋緊張は高いことも低いこともあります。

表 10-5　筋緊張・姿勢・運動パターンによる脳性まひの分類

	多動運動	筋緊張
痙直型	ジャックナイフ様抵抗	亢進
強剛型	鉛管様	亢進
アテトーゼ型	特異な不随意運動	低下または変動

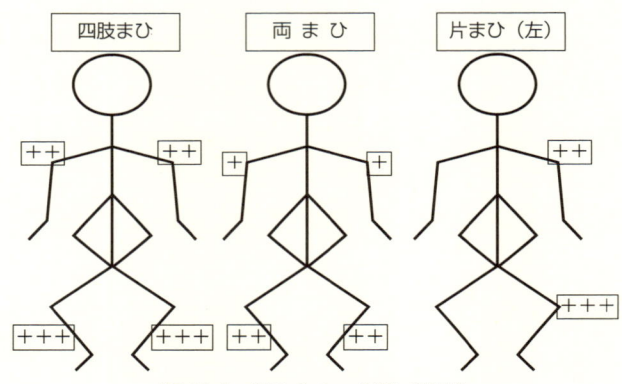

図 10-1　脳性まひの分類（部位）
注：「＋」はまひの程度。

○失調型

低い筋緊張を示す型です。

②障害部位による分類（図 10-1）

脳性まひの場合，まひの程度は基本的には上肢よりも下肢の方が重度です。

○四肢まひ

上肢下肢共に中等度以上のまひを示しますが，下肢の方が上肢よりもまひの程度が強いです。

○両まひ

下肢のまひが中心で，上肢は一見まひがないように見えますが，実際には軽度ながらもまひが存在しています。

運動機能	走れる	歩ける	歩行障害	坐れる	寝たきり	知能(IQ)
	21	22	23	24	25	70 境界
	20	13	14	15	16	50 軽度
	19	12	7	8	9	35 中度
	18	11	6	3	4	20 重度
	17	10	5	2	1	最重症

図 10-2　大島の分類
出所：大島（1971）より一部修正。

○片まひ

左側あるいは右側に限られたまひを示します。この場合も，上肢よりも下肢の方が重度であることが一般的です。

○一肢まひ

珍しいタイプですが，名前の通り，どこかの一肢のみまひを示す状態です。

筋緊張と障害部位による分類を合わせて，痙直型両まひ，痙直型四肢まひなどのようにして呼称しています。アテトーゼ型の場合は基本的には四肢まひであるため，特に両まひあるいは四肢まひなどの用語を用いず，「アテトーゼ型」と呼称しています。

③重症度による分類（大島の分類）（図 10-2）

府中療育園元園長大島一良氏が，心身障害児（者）の障害の程度を判定できるように作成したものです。

この分類において，縦軸は知能指数の数値（IQ 0 ～80），横軸は運動機能の程度を示します。障害児（者）を知能指数と運動能力により25の区分に分けており，数字が小さいほど重症になります。1 ～ 4 に分類される児（者）は，知能指数は35未満，運動能力は座位までのレベルであり，重症心身障害児（者）と呼ばれています。

（4）治　療

早期診断ならびに早期訓練が脳性まひに対する基本的な姿勢ですが，ここで

は訓練および治療について述べます。

訓練は大きく3つに分けられます。理学療法，作業療法，および言語聴覚療法です。

①理学療法

理学療法を行う治療者を理学療法士（physical therapist）と呼び，PTと略して称することもあります。「寝返る」「座る」「歩く」といった，粗大運動に焦点を当てて訓練を行っていきます。それとともに，多くの場合，筋緊張を低下させるような姿勢を取らせることにより訓練を行います。我が国では理学療法に関して，ボイタ療法およびボバース療法と呼ばれる訓練方法が主流を占めています。

②作業療法

作業療法を行う治療者を作業療法士（occupational therapist）と呼び，OTと略して称することもあります。主に手先の運動などの，微細運動に焦点を当てて訓練を行っています。子どもがもっている能力に沿って，対象物をつまむ練習であったり，パソコンを使った練習であったり，さまざまな装置やおもちゃを用いて訓練を行います。

③言語聴覚療法

言語療法あるいは言語聴覚療法と表され，治療者は言語聴覚士（speech language therapist）あるいはSTと略して呼ばれています。言語発達に関する訓練を中心としますが，重症児で言語発達が認められない場合には，咀嚼や嚥下などの摂食に関する訓練を行っています。

（5） 教育現場における注意点

脳性まひの重症度により，教育を受ける場も異なってきます。軽度の場合は通常学級で他児と同じように授業を受けています。中等度では，特別支援学級に在籍し，さらに重度になれば特別支援学校に在籍する場合が多いようです。

通常学級に在籍する子どもたちは，知的障害を伴わないため，知的な面では学習にはついていけます。ところが，運動面では，教室移動が必要な場合に他

児から遅れることがあったり、体育の授業では他児と同じことができなかったりする場合が出てきます。教室移動に際して、車椅子を使用している場合は、車椅子を押してあげる支援を行うクラスメートをあらかじめ決めておいたり、体育の授業であれば、ゲームの際の審判員あるいは得点をカウントする係などを割り当てるのもよいでしょう。はじめにも述べましたが、運動面のまひに比較して、知的発達には問題がないことも多く、表面的な様子だけで判断して、知的障害があると勝手に思い込まないことも大切です。そのような場合は、本人をよく知る保護者あるいは専門家に状況を確認して、対応を間違わないように注意する必要があります。

特別支援学級や特別支援学校に在籍する児童生徒であっても、同じことに留意しておく必要があり、知的能力に関する正確な情報を得ておく必要があります。

一方、特別支援学級や特別支援学校に在籍する心身障害児で、中等度から重度の場合には、医療的ケアと呼ばれる、口腔内吸引あるいは胃内留置カテーテルを通した栄養剤注入が必要な場合もあります。このような時には、担当する教員が主治医から指導を受け、適宜医療的ケアを行うことも必要とされています（これらの医療的ケアのあり方について、現在政府が再検討を行っているところです）。

3 ダウン症（染色体異常症を含む）

（1） 染色体とは

染色体は私たちの体を形成する細胞すべてに存在するもので、遺伝情報を子孫へ伝達するとともに、私たち自身の体の再生・修復に不可欠なものです。ヒトの場合、個々の細胞に合計46本の染色体が存在しています。細胞のなかでも、染色体は核内に局在します。

46本の内訳は、常染色体と呼ばれる2本ずつ22組（合計44本）の染色体と性染色体と呼ばれる2本の染色体から構成されています。常染色体には男女の区

別がなく，大きさの順に大きい染色体から，1番から22番まで番号が付けられています。一方，性染色体は男女で構成が異なっており，女性では同じ染色体が2本ありX染色体と呼ばれますが，男性ではX染色体が1本とY染色体と呼ばれる染色体が1本の合計2本です。

（2） 染色体と遺伝子

　染色体は細いひも状の構造物で，2本のひもがお互い結合した上で，らせん状にねじれた形をとっており，二重らせん構造と呼ばれています。染色体というひも状の構造物に，一部分意味のある情報の塊があり，これらを遺伝子と呼んでいます。電車の線路の一部に駅がある状態に似ています。1個の細胞，いいかえると46本の染色体のなかに，2万から5万の遺伝子が存在するといわれています。この遺伝子は，主にヒトの体を構成するたんぱく質（アミノ酸がつながったもの）をつくり出すために存在します。遺伝子に異常が起こると，体を形成していく段階あるいは出来上がった体を維持していく過程で，障害が起こります。体のあらゆる系統（中枢神経系，循環器系，消化器系，内分泌系など）に異常が起こり得るため，それぞれの系統で遺伝子と関連した，先天性の異常が存在するわけです。遺伝子異常のなかには，生命維持に関係して死に至るものから，生命には関係しないが病気として現れるもの，あるいは日常生活には全く支障をきたさないものまで，幅広い形があります。

　遺伝子（染色体といいかえることもできる）は，アデニン（A），グアニン（G），シトシン（C），チミン（T）と呼ばれる塩基を含む4種類のヌクレオチドから構成されています。それぞれの遺伝子には特定の塩基の並びがあり，遺伝子検査は基本的にはこれらの塩基の並び方を決定していく操作で，この並び方に異常がある場合，遺伝子異常があると判断します。

　遺伝子異常に関連した疾患について，1つの遺伝子の異常で起こる疾患を単一遺伝子病と呼び，種々の遺伝性疾患で認められます。一方，高血圧などのように複数の遺伝子により制御されている病態を多因子（遺伝）病と呼びます。

（3）染色体異常

　これまで述べてきた，細胞内に46本存在する染色体の本数に異常があったり，部分的に重複あるいは欠損している場合を，染色体異常症と総称しています。最も頻度の高い染色体異常はダウン症です。ダウン症は21番目の常染色体が3本あることが多く，21トリソミーとも呼ばれています。その他にも，性染色体のなかのX染色体異常に関する状態もあり，性染色体としてX染色体が1本しか存在しないターナー症候群は，外見上は女性ですが，女性としての二次性徴の発現に異常が認められることが知られています。

（4）ダウン症の原因

　本来各細胞に2本ずつ存在するべき21番常染色体が，過剰に存在することが本疾患の原因であることがわかっています。そのなかで，本疾患の95％で21番染色体が3本あることがわかっており，ダウン症を21トリソミー（トリソミーとは3本存在することを意味する）とも呼ぶのです。染色体異常症のなかで最も頻度が高い疾患です。

　母親の加齢とともに発生頻度が増加することが知られており，平均するとおおよそ出生1,000に対して1の割合で出現することが知られています。

（5）ダウン症の症状

　特徴的な顔貌，知的障害，内臓奇形，低身長，肥満，筋緊張低下，不安定な頸椎，眼科的問題，耳鼻科的問題など，多岐にわたる症状を示しますが，必ずしもすべてが合併するわけではありません。性格は陽気なことが多く，ムードメーカーにもなりますが，一方で非常に頑固な一面も併せもっています。

①外表奇形

　特徴的な顔貌として，扁平な顔面，ややつりあがった眼裂，内眼角贅皮と呼ばれる眼裂の内側で上のまぶたが下のまぶたに覆いかぶさる状態，小さな鼻，舌が大きいため口唇から舌を出していることが多い，などがあげられます。また，掌に猿線と呼ばれる左右に横断する1本の線が認められることもあります。

これらの特徴のため，出産後すぐに気づかれることも多いです。

②知的障害

一般に知的障害を認めますが，その程度は事例ごとにさまざまであり，なかには高等教育を受けられるレベルの知的発達を示す場合もあります。しかしながら，多くの場合は，定型発達児と比べるとその差が徐々に開いていくため，知能検査を行うと，その指数（WISCを例にとると，正常範囲は70〜130）が徐々に低下するという結果になります。そのため，ダウン症の子どもの発達が退行していると誤解される場合がありますが，実際にはこれらの子どもたちもかれらなりのスピードで発達していることを認識することが大切です。数値だけに惑わされることなく，子どもの実態を十分知り，発達が認められる部分を保護者とともに確認し，さらなる発達を支援することが重要です。

また，言語理解やコミュニケーションの理解が言語表出に比べて良好であるため，社会的な生活面に関しては，知能指数で表される値よりも適応が良いことが多いです。

③合併奇形

循環器系の先天奇形として，心室中隔欠損症，心房中隔欠損症，心内膜床欠損症があります。幼児・小児期に手術を受けている子どもたちもいます。消化器系の先天奇形として，十二指腸の狭窄や閉鎖，鎖肛（肛門が外表から認められない状態），食道の閉鎖などがあります。

④その他の身体的特徴

重篤な合併症を起こしうる問題として，頸椎の不安定性があげられます。第1番目の頸椎（環椎）と第2番目の頸椎（軸椎）の関係が不安定となり，軸椎の突起が脊髄を圧迫することにより，頸部以下の運動神経がまひし寝たきり状態になることがあります。頸部に大きな力が加わるような運動（たとえば，マット運動の前転など）は避けたほうがよいことがあります。もちろん，全例で認められるわけではありませんので，主治医と相談しながら運動制限を検討することが大切です。

眼科的な問題として，斜視，遠視や近視などの屈折異常，先天性白内障，さ

かまつげ，結膜炎などがあります。耳鼻科的な問題としては，外耳道狭窄や聴覚障害，さらに繰り返す中耳炎にも注意が必要です。

　低身長や肥満を認めることが多く，筋緊張の低下を認める場合があります。筋緊張の低下とは，関節が過伸展することなどを意味しており，筋力そのものは十分保たれていることが多いです。

　また，白血病，甲状腺機能異常症などの発症も一般と比べると多いといわれています。

（6）　ダウン症の治療および教育的配慮

　染色体異常であるため，根本的な治療方法はありません。以前は平均寿命が20歳前後といわれていましたが，近年，すでに述べた合併症に対する管理が進んだため，現在の平均寿命はダウン症の無い人に近づいてきています。

　教育現場では，知的障害に対する対応が1つの大きなポイントになると考えられます。知的障害の項でも述べましたが，本人の発達を正確に把握して，確実に発達していることを保護者と共有していくことが大切です。子どもがもっている長所と短所を十分に把握しておくことが必要でしょう。ダウン症の子どもたちが得意とする点として，社会生活スキルの獲得が容易，陽気な性格，非言語性の対人関係を築くことができる，視空間機能に関する認知能力などがあげられます。反対に弱い点として，表出言語によるコミュニケーション，筋緊張低下などによる運動機能の弱さ，聴覚言語機能に関する認知能力の弱さ，数概念の弱さなどがあげられています。これらの優れている点を活用しつつ，弱い部分を補えるような教育が求められています。

4　神経皮膚症候群

　人体の器官の発生において，すべての器官は外胚葉・中胚葉・内胚葉のいずれかから形成されます。神経系（中枢神経と末梢神経）および皮膚・眼は，外胚葉を起源として発生してきます。神経皮膚症候群と呼ばれる一群の疾患は，

中心となる症状が神経系と皮膚に由来することからこのような呼称が使われていますが，実際には，血管・骨・内臓など，中胚葉ならびに内胚葉由来の組織に関係する病変も併せもっています。

神経皮膚症候群のなかでも代表的な疾患として，神経線維腫症（neurofibromatosis），結節性硬化症（tuberous sclerosis），スタージ・ウェーバー（Sturge-Weber）症候群があげられます。これらの疾患は特徴的な皮膚病変を有しているため，まとめて母斑病と呼ばれることもあります。

（1） 神経線維腫症1型

神経線維腫症は少なくとも7つのタイプに分類されていますが，小児期に起こりやすく頻度も高いことから，ここでは神経線維腫症1型（neurofibromatosis type 1）について説明します。罹患率は約3,000人に1人です。

①原　因

本疾患の発症と関連する責任遺伝子が，常染色体17番長腕上に存在することが判明しました。ニューロフィブロミン（neurofibromin）と名付けられたたんぱく質を生成するこの遺伝子は，がん抑制遺伝子としての機能を有していることがわかっています。もう少し詳しく説明すると，ニューロフィブロミンは細胞を増殖させるシグナルを消す働きがあり，このたんぱく質が低下することで細胞が異常増殖を起こし，結果として腫瘍性の増殖が主症状の1つになることがわかっています。

遺伝子異常症であるため，親子間での遺伝が認められますが，実際に遺伝が関連するのは全症例の50％といわれており，残りの半数は突然変異での発症と考えられます。常染色体優性遺伝を示すので，両親のうちどちらか一方に本疾患があれば，子どもが罹患する確率は50％になります。

②症　状

最も特徴的な症状は，皮膚に多数存在するカフェオレ斑です。色素沈着により，皮膚色よりもやや濃い色調を呈するため，「カフェオレ」と呼ばれています。診断基準（表10-6）にも示されているように，成人と小児で若干異なりま

表10-6　神経線維腫症1型の診断基準

1.	思春期以前では最大径5mm以上，思春期以降は最大径15mm以上のカフェオレ斑を6個以上認める
2.	複数の神経線維腫を認めるか，蔓状神経線維腫を1個認める
3.	腋下あるいは鼠径部の色素沈着
4.	視神経膠腫
5.	2個以上のLisch結節（虹彩過誤腫）
6.	蝶形骨（頬を形成する骨）形成異常，長管骨の偽関節，脊椎の側彎
7.	一次近親者（両親，同胞，子）に上記の診断基準を満たす罹患者がいる

注：上記の項目のうち2項目以上を有する場合。

すが，カフェオレ斑は最低6個存在することが条件となります。実際には数えきれないくらい存在することが多いです。さらに，病名にもあるように，神経線維腫と呼ばれる腫瘤状の病変が皮膚に存在し，次第に大きさを増し，時には外科的な切除を必要とすることもあります。神経系の合併症として，知的障害（5％）およびてんかん（10％）などが指摘されています。頭部CTおよびMRIにて，視神経膠腫と呼ばれる，神経細胞を支持する細胞（神経膠細胞）が腫瘍性に増殖した病変を認めることもあります。骨の変形に起因する，側彎(そくわん)（背骨が彎曲すること）や顔面の変形が認められることもあります。小児期には，生命を脅かすような重大な症状を示すことは少ないと考えられています。

③治療および教育的配慮

根本的な治療法はなく，それぞれの症状に対する対症療法となります。

本疾患に罹患しているということで特に障害と結びつくことはなく，多くの場合，皮膚症状だけで一生を過ごすことも稀ではありません。知的障害やてんかんを合併すれば，それらに対する注意が必要になりますので，本書のそれぞれの項目を参照した上で対処してください。

カフェオレ斑，顔面の変形，大きな神経線維腫の存在など，外見的に目立つ特徴のため，いじめの対象になることが予想されますので，指導者として配慮を必要とすることがあります。

（2） 結節性硬化症

　結節性硬化症（tuberous sclerosis）には少なくとも2型存在することが知られており、結節性硬化症1型および2型と呼ばれています。それぞれに関する責任遺伝子も解明されましたが、臨床的にこれら2タイプを区別することは、現時点ではできません。本疾患がはじめて記載された1800年代終わり頃には、顔面血管線維腫、てんかん、知的障害が主要な3症状と考えられていましたが、医療診断技術の進歩とともに、これらの症状を伴わない軽症例も認められるようになりました。したがって、重症例から、一見疾患とはわからない軽症例まで、多岐にわたる疾患であることに留意しておく必要があります。罹患率は6,000人～1万人に1人とやや幅があります。

①原　因

　結節性硬化症1型は染色体9番長腕、結節性硬化症2型は染色体16番短腕に、責任遺伝子が局在することが明らかになりました。それぞれの遺伝子から、ハマルチン（hamartin）、チュベリン（tuberin）と名付けられたたんぱく質が生成されることが知られています。これらのたんぱく質はそれぞれ腫瘍抑制因子として機能するとともに、さらに複合体を形成して、細胞増殖や細胞の大きさの調節に関与していることがわかってきています。

　1型・2型ともに常染色体優性遺伝を示すため、両親のどちらかに本疾患の罹患を認めれば、子どもが本疾患に罹患する確率は50％になります。ただし、家族歴を認める症例は20～30％にすぎず、残りは突然変異による孤発例と考えられています。

②症　状

　症状は多岐にわたるため、本書では教育現場で遭遇する可能性があり、指導の必要性が高い症状に焦点を当てます。診断基準は複雑なため、ここでは省略します。

　○皮膚症状

　顔面血管線維腫と呼ばれる、顔面の中心部に多く出現する赤色をした少し隆起した腫瘤状病変が認められます。年齢の増加とともにその数も増えてくるよ

うであり，これを認めれば診断的意義は高いと考えられます。皮膚色よりも白く見える白斑と呼ばれる色素脱失斑も出現する確率は高いですが，血管線維腫とは異なり診断的意義は低いです。

○神経系症状

知的障害の存在は，教育を提供する上で大変重要な症状です。軽症例の診断が増えるとともに知的障害の合併率は減少しており，現在では50％に満たないといわれています。重症例では重度知的障害を示す子どももおり，教育の場としては特別支援学校対象となる場合も少なくありません。

てんかんによるけいれん発作は，日常生活上注意が必要な症状です。乳児期および幼児期早期には点頭てんかん（infantile spasms）を発症する確率が高く，学童期に入っても難治性てんかんのために，学校生活で制限を受ける子どもたちも多くいます。その他のてんかんを発症することもあり，本疾患ではけいれんのコントロールが重要です。学童期にけいれん発作が増える場合，脳腫瘍の増大などにも注意をしておく必要があります。広汎性発達障害（自閉症）を合併することが高いことでも知られており，それに対する支援も必要になります。

○その他の症状

腎臓の症状として，腎血管筋脂肪腫と呼ばれる腫瘍が出現することがあり，サイズが大きくなれば突然の出血によりショック状態に陥ることもありますので，注意が必要です。

③教育的配慮

知的障害や難治性てんかんを合併する確率が高いので，学校で対応する必要がある機会が多いと考えられます。広汎性発達障害も含めて，これらの症状は重症のものから軽症までさまざまであるため，それぞれの項目を参考にして対応する必要があります。通常学級，特別支援学級，特別支援学校のすべての教育の場において，遭遇する可能性がある疾患です。

（3）スタージ・ウェーバー症候群

本疾患は神経線維腫症1型や結節性硬化症とは異なり，顔面と脳表面の血管

腫（血管が異常増殖した状態）が主病変と考えられています。神経系病変は，脳に起源する病変によるのではなく，血管病変により起こる二次的病変と考えられています。

①原　因
前記2疾患と異なり，責任遺伝子は見つかっておらず，遺伝性を示す情報もありません。罹患率は1万人に1人と考えられています。

②症　状
最も目立つ症状は，顔面に分布するポートワイン様の赤色をした血管腫です。顔面の知覚をつかさどる三叉神経と呼ばれる神経に沿って分布します。脳の表面にもこれと同様の血管腫が存在しており，顔面血管腫と同側に存在しますが，当然のことながら表面からの観察ではわかりません。

神経症状はこの脳表面に存在する血管腫の影響により，神経細胞に十分な血液が供給されないことに起因すると考えられており，それによって神経細胞が変性（壊れていくこと）するために生じると説明されています。具体的な症状として，知的障害（80%），てんかん（75～90%），運動まひ（30%）があります。運動まひは，顔面血管腫と反対側に出現し，適切な対処をしなければ慢性的な運動まひとして残ります。

③教育的配慮
基本的には，知的障害，てんかん，運動まひに関する対応が中心となります。神経線維腫症1型のカフェオレ斑や神経線維腫と同じく，血管腫という外見的な特徴のため，いじめの対象になることも考えられますので，指導者として配慮が必要です。

文献
大島一良（1971）．重症心身障害の基本的問題　公衆衛生，**35**，648-655．
小野次朗・榊原洋一（編）（2002）．教育現場における障害理解マニュアル　朱鷺書房
小野次朗・榊原洋一・杉山登志郎（編）（2008）．教育現場における障害のある子どもへの指導と実践　朱鷺書房

第11章
神経系疾患の理解と支援（2）

① 知的障害（精神遅滞）

（1） 定　義

　知的障害（Intellectual Disability）は主に，教育や心理の領域で使用される診断名ですが，医学的には精神遅滞（Mental Retardation）と呼ばれてきました。現在でも日本の医学医療界では，精神遅滞という診断名が一般的に使用されています。

　アメリカでは遅滞（retardation）に含意された，「遅れている」という意味が，障害者への差別にあたるなどの理由で，1992年にアメリカ精神遅滞学会では，精神遅滞という呼称を知的障害と改めています。学会自体の名称もこれにならって，アメリカ精神遅滞学会（American Association on Mental Retardation）から，アメリカ知的発達障害学会（American Association on Intellectual and Developmental Disabilities）と変更されています。

　呼称の変更とともに，知的障害の定義も変更されています。アメリカ知的発達障害学会の知的障害（精神遅滞）の定義は，かつての知能検査の結果に重点を置いたものから，本人の社会における機能的障害に重点を移したものになっています。現在，精神疾患の診断基準として世界中で使われているDSM-IV-TRによる知的障害（精神遅滞）の定義は表11-1のようになっています。なお，DSM-IV-TRのなかではまだ精神遅滞（mental retardation）という診断名が

表11-1　DSM-IV-TRによる知的障害（精神遅滞）の定義

A. 明らかに平均以下の知的機能：個別施行による知能検査で，およそ70またはそれ以下のIQ（幼児においては，明らかに平均以下の知的機能であるという臨床的判断による）
B. 同時に，現在の適応機能（すなわち，その文化圏でその年齢に対して期待される基準に適合する有能さ）の欠陥または不全が，以下のうち2つ以上の領域で存在：コミュニケーション，自己管理，家庭生活，社会的／対人的技能，地域社会資源の利用，自律性，発揮される学習能力，仕事，余暇，健康，安全
C. 発症は18歳以前である。

表11-2　知的障害の程度による分類

軽度知的障害（精神遅滞）	IQ 50-70
中度知的障害（精神遅滞）	IQ 35-49
重度知的障害（精神遅滞）	IQ 20-34
超重度知的障害（精神遅滞）	IQ 20未満

使われています。

　DSM-IV-TRには，本人の社会生活による機能的障害が反映されているものの，従来の知能指数あるいは発達指数を基準にした診断（判断）が重要な位置をしめていることがわかります。社会生活における機能的障害の程度を測定する指標としては，アメリカではVineland Social Maturity Scaleやその改訂版であるVineland Social Adaptive Scaleが，日本ではその日本版であるS-M社会生活能力検査がありますが，測定項目数が多く，知的障害の診断の現場ではあまり使われていません。

　知的障害の程度は，田中ビネー式知能検査やウェクスラー式知能検査（WISC-III，現在IVがすでに使われ始めています）などによる知能指数（IQ）に基づいて，大きく4段階に分かれています（表11-2）。知能指数は平均値である100を中心にほぼ正規分布をすると考えられますが，平均値（IQ＝100）より2SD（標準偏差）程度より低い状態を，知的障害としていることがわかります。なお，田中ビネー式知能検査は2歳～14歳，WISC-IIIはおおむね5歳～16歳11か月までに使用できます。WISCの幼児版であるWPPSIは3歳10か月から使用できますが，2歳以下の乳幼児の知能測定は，DSM-IV-TRの診断基準にあるように，臨床的な診断や，乳幼児の発達指標（Developmental Quotient：DQ）を測定する新版K式発達検査やデンバーの発達スケールなどを参照して行われます。IQとDQはその内容は似ていますが，IQは理論的には何らかの神経・精神疾患がない限りには年齢によって変化しないものとみなされ，DQは発達の個人差によって年齢による変動がありえます。またIQは健常成人の平均値を100として示し，被検者の年齢は関係ありませんが，DQは被検児（乳幼児）の発達年齢を暦年齢で割ったものです。IQ70というと，その人の精神機能が，その年齢の平均的精神機能の70％であるという意味になりますが，DQ70は被検児の年齢に0.7をかけた年齢の定型発達児の精神・運動機能と同等であるという意味になります。こうした原理上の差はありますが，運動発達障害のある子ども（脳性まひ，筋ジストロフィーなど）などの例外を除いて，IQとDQは強く相関しています。運動発達の程度を判定に反映させるDQでは，運動発達障害のある子どもの場合IQより低めに算定されることになるので注意が必要です。

（2）頻　度

　知的障害は，その定義で述べたように，知能あるいは社会における適応機能によって診断されます。知能も適応機能も，ともに連続的に変化する指標です。個人の属性や，健康状態を判断（診断）する時に頼りにする指標には，知能指数のような連続量と，性別のようなカテゴリーがあります。医学的診断名では，たとえば麻疹（はしか）は，かかっているかかかっていないかのどちらかにきちんと分けられます。こうしたカテゴリー（名義）による診断と異なり，たとえば高血圧症のように，血圧という連続量のなかに人為的な値（カットオフ値）を設定してそこを境界にして，高血圧と正常血圧に分類しています。拡張期血圧90mmHg（水銀柱）がこのカットオフ値ですが，この値が91であれば高血圧，89であれば一応正常域ということになります。別に医師でなくても，この91と89の差は極めてわずかであり，測定の誤差や血圧測定時の本人の状態によってお互いに入れ替わりうるものであることがわかると思います。

　知的障害についても，このことが当てはまります。IQが68の子どもと72の

子どもは、知的障害の定義をそのまま当てはめれば前者は軽度知的障害児であり、後者は定型発達児ということになりますが、実際に社会生活上での機能は、必ずしもIQが68の子どものほうが低いとは限りません。さらに、知能検査時の子どもの情緒や検査を行う人との間の意思疎通の程度などによって、測定誤差が起こりえます。こうしたあいまいさが、「ボーダーライン」とか「グレーゾーン」などの慣用的な表現を生み出すことになったのです。確かに知的障害と診断してよいのか、はっきりいえない状態をどちらかにいい切るのではなく、しばらく判断保留をするという意味で、「ボーダーライン」「グレーゾーン」は有用かもしれません。しかしよく考えれば、もともと知的障害はカテゴリーによってきちんと分けられる性質のものではないのです。

　知的障害（精神遅滞）の頻度は、これまで述べてきたようにカットオフ値をどこに置くかによって当然変わってきます。知的障害の頻度は一般人口の1％前後とされています。男女比で発達障害などと同じく男女比＝1.5：1と男子のほうが多くなっています。程度による頻度は、知的障害の85％が軽度、10％が中度、3〜4％が重度、1〜2％が超重度という比率になっています。

（3）原　因

　知的障害の原因は極めて多岐にわたります。頻度の項で述べたように、知的障害の85％が軽度知的障害であり、はっきりした原因がわからない場合が少なくありません。脳画像や脳病理像にも特に所見がないことが多いのです。一方、より程度の強い重度知的障害児（者）では、その原因が特定できる率が高くなります。表11-3はノルウェーでストレンメらによって行われたコホート研究で明らかになった軽度知的障害児と重度（中度、重度、超重度を含む　IQ＜50）知的障害児の原因分類です。

　軽度知的障害の63％で原因疾患が特定できないことがわかります。重度知的障害でも、40％はその原因がわかりません。筆者が医師になりたての30年ほど前は、知的障害（精神遅滞）は子どもの3大神経疾患（ほかの2つは、てんかんと脳性まひ）といわれていましたが、その当時の教科書には、原因の確定診断

表 11-3　知的障害の原因別頻度

原　因	重度知的障害	軽度知的障害
染色体異常症	22%	4%
遺伝症候群	13%	12%
神経変性・代謝性疾患	8%	0%
家族性遺伝疾患	6%	9%
胎児期感染，薬物など	4%	5%
原因不明の先天性疾患	18%	20%
周生期疾患	4%	5%
後天性疾患	5%	1%
不明	22%	43%

出所：Strømme & Hagberg（2000）より。

ができるのは全体の3分の1と書かれていたのを思い出します。ストレンメらの研究では，知的障害全体の39%で診断がつかないとしていますので，それでもかなり確定診断率が上昇していることがわかります。診断率の上昇の一番の理由は，染色体分析法と遺伝子解析法の進歩によるものです。

（4）原因疾患

　診断のつく原因疾患で最も多いのは染色体異常症です。ストレンメらの調査で同定された178人の知的障害児のうち約10%にあたる17人はダウン症（第10章参照）でした。ダウン症以外の染色体異常症の比率はみな少なく，5番染色体の短腕欠損（猫泣き症候群）2人，ターナー症候群，クラインフェルター症候群がそれぞれ1人でした（表11-4）。ストレンメらの分類では遺伝症候群に分類されている染色体のごく一部の微小欠失によって起こるプラダー・ウィリー症候群，アンジェルマン症候群がそれぞれ2人，ウィリアムス症候群3人，X染色体にある遺伝子の一部が異常に延長したことが原因の脆弱X症候群3人などです（表11-4）。

　神経変性・代謝性疾患とは，大部分が神経細胞内酵素欠損症や，それ以外の遺伝子異常による疾患群です。神経細胞内に代謝活動によって細胞にとって毒

表 11-4 原因疾患とその特徴

疾患・障害名	臨床的特徴
5番染色体短腕欠損（猫泣き症候群）	5番染色体の短腕欠損による。小頭症*，重度知的障害，独特の泣き声（猫の泣き声に似ている），筋緊張低下など。
ターナー症候群	X染色体のモノソミー（1本）。女性。低身長，無月経，不妊，翼状頸（幅の広い首），軽度知的障害。
クラインフェルター症候群	XXY。男性。軽度知的障害，衝動性の増加などの行動特徴がある。
プラダー・ウィリー症候群	15番染色体の一部の微小欠失，あるいは父由来の15番の母親由来への置換。知的障害，筋緊張低下，肥満，性器低形成。
アンジェルマン症候群	母親由来の15番染色体の父親由来への置換。小頭症，知的障害，てんかん発作。
ウィリアムス症候群	7番染色体長腕の微小欠失による。知的障害，心臓奇形，独特の顔貌（妖精様），豊富な語彙発達。
脆弱X症候群	X染色体長腕に壊れやすい部分（脆弱）があるために命名。現在では同部位のFMR-1遺伝子の変異によることが判明。知的障害，自閉症，独特の顔貌。
先天性サイトメガロウイルス感染症	妊婦がサイトメガロウイルスに感染することで胎児が罹患する。無症状の場合もあるが，黄疸，肝肥大，紫斑，小頭症，けいれん，難聴。
先天性トキソプラズマ感染症	肝脾腫，貧血，脈絡網膜炎，水頭症，血小板減少症など。

＊小頭症：頭囲が平均よりもマイナス2SD（標準偏差）以下の状態。さまざまな脳疾患が原因となる。多くは知的障害を伴う。

性をもつ老廃物がたまるライソゾーム病と呼ばれる一群の疾患も，ここに含まれます。

　家族性遺伝疾患は，ストレンメらの定義では，親や兄弟にも知的障害があり，原因として遺伝子が関わっていることが推定されるが，診断名はつけられないものです。知的障害以外に，身体奇形を伴っているケースが多かったと報告されています。原因不明の先天性疾患も，家族性遺伝疾患とほぼ同様の徴候をもちながらも，家族歴のないものです。身体奇形を伴うことが多く，これも同定はされないものの，遺伝子異常が関与していると推定されます。胎児期感染，薬物などとあるのは，よく知られている先天性風疹症候群や胎児性アルコール症候群による知的障害です。胎内感染による知的障害の原因としては，先天性

表 11-5　知的障害の原因

分類	疾患名
染色体異常症	ダウン症，18トリソミー，猫泣き症候群，プラダー・ウィリー症候群，ターナー症候群など
遺伝子疾患	アミノ酸代謝異常症，ライソゾーム病，ムコ多糖症，結節性硬化症，レット症候群，脆弱X症候群，ウィリアムス症候群など
胎児期疾患	胎児性アルコール症候群，先天性風疹症候群，脳奇形*，クレチン症
周生期疾患	低酸素性脳症，脳出血，低血糖症
後天的疾患	脳炎，髄膜炎，頭部外傷，虐待（乳幼児揺さぶられ症候群）など
環境	ネグレクト，放置された難聴など
不明	自閉症（多遺伝子疾患と考えられている）

＊：脳奇形の原因として遺伝子異常によるものが多数報告されている。

サイトメガロウイルス感染症，先天性トキソプラズマ感染症もよく知られています（表11-4）。日本ではほとんど見られませんが，食餌中のヨード不足よる母親の甲状腺機能低下症は，生まれてきた子どもの知的障害（クレチン症）の原因となります。しかし日本でもまれにヨード不足はないにもかかわらず，甲状腺ホルモンを合成する酵素の先天的な異常によって母親に甲状腺機能低下が見られることがあります。新生児の先天代謝異常症スクリーニング（踵から少量の血液を採って検査）では，この先天性甲状腺機能低下症（クレチン症）もスクリーニングしています。

　周生期疾患とは，出生直前と直後に胎児・新生児が罹患した疾患や障害によって知的障害が起こるものです。ストレンメらの調査では8人が周生期障害による知的障害です。周生期障害は，難産や肺の未熟性による低酸素性脳症，脳出血，先天性心疾患がその基礎疾患となっています。これらの基礎疾患は脳性まひの原因ともなるものです。脳性まひは必ずしも知的障害を合併しませんが，合併率は決して低くありません。重度の知的障害児（者）のなかには，脳性まひやてんかんとの重複障害が少なくありません。

　知的障害を引き起こす後天性疾患としては，脳炎や髄膜炎などの感染症，頭部外傷による脳出血，溺水による低酸素性脳症などがあります。近年増加が著しい児童虐待の1つの形である乳幼児揺さぶられ症候群による脳出血は，致命

しえても高い頻度で小頭症や知的障害を伴うことが知られています。

　ストレンメの調査には含まれていませんが，自閉症も80％にさまざまな程度の知的障害を合併します。自閉症の特徴行動の陰に隠れがちですが，最近の調査では自閉症の頻度は1％前後といわれますので，自閉症に伴った知的障害の全体に占める割合は相当高いものになると推定されます。表11-5に知的障害の原因疾患を示しました。分類はストレンメのものとは若干異なります。

（5）診　断

　知的障害の有無についての診断は，保護者が運動や言葉の遅れに気づき，医療機関を受診したことがきっかけになる場合と，乳幼児健診で発達の遅れと判断される場合があります。後者では保護者が遅れに気づいていないことがあるので，知的障害の可能性について告知する時には細心の心遣いが必要になります。

　保健所や医療機関で知的障害の判断（診断）をする時に有用なツールが，第1章で説明したデンバー発達スケールや新版K式発達検査や津守・稲毛式発達検査用紙です。ただ発達のスピードには個人差が大きいこと，またすでに述べたように，いわゆるボーダーラインに属する子どもたちがいるので，確定的な知的障害の診断は慎重に行います。

　3歳以上の子どもであれば，田中ビネー式知能検査やWISC-Ⅲなどの知能検査を行い，知的障害が疑われる子どもの知的発達レベルをきちんと確認しておくことが重要です。

　知能指数の測定が，知的障害診断の重要な証拠となるのは事実とはいえ，知能指数のみで知的障害の診断とその程度を決定するのには慎重でなくてはなりません。IQが70未満だとその数値を根拠にして特別支援学級を勧められることがあるようですが，これは子どもの社会への適応機能を無視したやり方です。就学時であれば，幼稚園や保育所での生活における子どもの生活能力の評価を一緒に行うべきでしょう。さらに付言すれば，多くの国で採用されているインクルーシブ教育体制では，軽度知的障害はもちろん中度知的障害までは通常学

級に在籍させるのが普通になっています。

　知的障害の有無についての診断がついた時点で，原因疾患の精査を行います。前述のように知的障害の原因疾患は極めて多岐にわたるため，一義的に診断をくだすことは困難です。

　通常は，家族歴（遺伝子疾患）や母親の妊娠歴（胎児期疾患など），成育歴（周生期疾患），既往歴（後天的疾患）を聞いたうえで，全身の視診（合併奇形の有無，顔貌，皮疹など），身体計測（低身長，頭囲拡大，小頭症の有無），一般診察（心雑音の有無，肝臓，脾臓肥大の有無など）を行います。続いて神経学的な検査として，筋力，筋緊張，深部腱反射，眼球運動，失調や不随意運動の有無を行い神経機能の評価を行います。

　けいれんや意識消失の既往があれば脳波検査を行います。また，特に脳内病変を示唆するような症状がなくても，最近はCTやMRIのような脳画像検査をスクリーニングとして行うことが多くなっています。

　一般血液検査で確定診断につながる疾患は数は多くありませんが，甲状腺ホルモン検査によってクレチン症の診断が可能です。アミノ酸代謝異常症が疑われる場合は血中アミノ酸分析を行います。

　染色体異常症や遺伝子異常症が疑われた時には，血液（白血球）を採取し，染色体の解析を行います。遺伝子異常症が疑われた場合には，血液で検査できる場合もありますが，皮膚や骨髄などの組織を少量採取する生検が必要となる場合があります。

（6）　治療と療育

　知的障害の原因のところで述べたように，確定診断が可能な知的障害（の原因疾患）は全体の半分程度です。また診断がついても，染色体異常症や遺伝子異常症，脳奇形，自閉症など根本的な治療法がない基礎疾患がほとんどです。では診断は意味がないかといえば，そうではありません。合併症や予後についてのこれまでに蓄積された知識は，子どもの社会における機能を向上させるために役立てることができます。起こりやすい合併症の予防もそうした知識の1

つです。また遺伝疾患の診断は，倫理的に大きな課題はありますが，遺伝カウンセリングの際の重要な知見となります。

基礎疾患にもよりますが，知的障害のある子どもは，てんかんなどのけいれん性疾患，関節拘縮や骨折，側弯症などの整形外科的疾患，先天性心臓奇形などの循環器疾患，そして誤嚥性肺炎や褥瘡などの感染症などが多いことが知られています。基礎疾患だけでなく，知的障害をもつ子どもの適応機能を低下させるこうした合併症の予防と治療も，医療の重要な役割です。

知的障害の子どもは医学的なケアだけでなく，教育の上でも特別の配慮が必要です。本人の理解を助けるような教材と教授法，社会技能を向上させる訓練（ソーシャルスキル授業）は，医療以上に子どもの適応機能を向上させ，生活の質（QOL）を向上させます。

最後に，知的障害のある人に見られる適応機能障害への対応には，2つの大きなアプローチが可能であることを述べておきます。適応機能の障害は，知的障害のある人個人の障害と思われがちですが，多くは周りの社会（人，自然）との間の関係に生じる障害です。知的障害のある人が，絶対的多数派である定型発達の人と，人がつくった環境に適応できるように教育や訓練を積む従来のアプローチだけでなく，多数派の定型発達の人と環境を知的障害のある人に合わせるというアプローチもあることを忘れないようにしたいものです。

2 脊髄性筋萎縮症

脊髄性筋萎縮症（Spinal Muscular Atrophy：SMA）は，前頭葉皮質にある随意運動の一次中枢である一次運動野からでた神経線維（錐体路）が脊髄のなかを下降し，脊髄の前角と呼ばれる部分で電気的信号を受け渡す先である脊髄前角細胞が，生後さまざまな時期に萎縮変性することによって起こる筋萎縮と筋力低下を主徴とする疾患です。前角細胞は，錐体細胞からのシナプス伝達を介して受けた電気的信号を，直接全身の骨格筋に伝え，筋収縮を起こさせるという人の随意運動には必須の神経細胞です。

脊髄前角細胞が変性し細胞死を起こすために、脳の運動野から電気的信号が送られても骨格筋には伝わらず、骨格筋細胞は収縮せず次第に萎縮し、随意運動ができなくなります。

(1) 原因

脊髄性筋萎縮症には家族集積性があることから、遺伝子疾患であることは以前から知られていました。近年になってこの疾患が5番染色体上にあるSMN（survival motor neuron）遺伝子の異常によって起こる非X連鎖劣性遺伝病であることが明らかになりました。脳神経細胞は胎児期にいったん余分につくられ、脳発達の過程で余分な神経細胞は細胞死（アポトーシス）を起こします。胎児期が終わる前に、この細胞死はSMN遺伝子の働きによって停止します。しかしSMAではこのSMN遺伝子が十分に働かず、胎児期から続いている神経細胞の細胞死が生後も続くと考えられます。

(2) 症状

SMN遺伝子の異常の種類によって、SMN遺伝子を鋳型としてつくられるSMNたんぱく質の量の違いによって症状の重症度が大きく異なり、3つのタイプに分けられます。SMA Ⅰ型（別名ウェルドニッヒ・ホフマン病）は最も症状が重く、筋力低下・筋萎縮が生まれた時から目立つものです。SMA Ⅰ型の子どもは、乳児期から筋力低下と筋萎縮が著しく、運動発達が途中で止まってしまいます。手足の運動はできますが、体幹（胴体）を大きく動かす必要のある寝返りや座位の保持は困難です。そのためにSMA Ⅰ型はnon sitter（お座りできない）と呼ばれます。骨格筋すべての筋力低下が起こるために、咀嚼や嚥下は困難で、早晩経管栄養が必要になります。デュシャンヌ型筋ジストロフィーのように心筋は侵されませんが、肋間筋や横隔膜の筋力低下、まひが起こり、通常1歳頃までに呼吸困難に陥ります。眼筋の筋力は比較的保たれ、眼球運動で意思表示をすることも可能です。

全身の筋力低下、筋萎縮と、随意運動の減少、消失にともなう関節拘縮が進

行します。知覚系や知的機能は侵されませんが，発語は困難であり，言語によるコミュニケーションの発達は望めません。呼吸困難が進行し，無治療では2歳以前に死の転帰をとります。

しかし，人工呼吸器の進歩により，呼吸困難に対して長期間人工換気（呼吸）を続けることができるようになり，生命予後は大幅に改善しています。いったん人工呼吸器をつけると外すことができなくなること，人工呼吸器に依存した生活のQOLの保障が困難なことなどの理由で，欧米では長期延命治療を行わないのが普通です。しかし日本では，多数のSMAⅠ型の子どもが長期間人工呼吸器をつけた生活を送っています。最年長児は，すでに30歳近くまで生存しています。

SMA Ⅱ型は，SMA Ⅰ型より軽症で，乳児期には筋力低下は中程度で，哺乳や座位保持が可能です。しかし，筋力低下は乳幼児期にゆっくり進行し，歩行困難の進行によって車椅子による移動を余儀なくされます。筋力低下に伴い，関節拘縮や側弯症などの整形外科的合併症が進行します。呼吸筋の筋力低下も徐々に進行し，酸素吸入や人工呼吸器の装着が必要になることがあります。

SMA Ⅲ型は最も症状が軽く，筋力低下の速度も緩徐です。かつてはクーゲルベルグ・ウェランダー病と呼ばれ，ウェルドニッヒ・ホフマン病とは別の疾患と考えられていました。乳幼児期は筋力低下は目立たず，また筋萎縮ではなく腓腹筋などの下肢の筋の肥大が見られることもあります。筋力低下は肩などの体幹に近い筋で特に顕著に見られます。筋力低下の進行は極めて緩徐で，中年以降に側弯や関節拘縮，歩行困難，などの症状が出現します。

（3） 診　断

タイプによって異なりますが，進行性の筋力低下，筋萎縮，呼吸困難などの症状があれば本症を疑います。神経細胞の細胞死によって，筋への神経支配がなくなり，そのために筋力低下，筋萎縮が起こります。筋細胞自体の障害のために筋細胞が破壊されるデュシャンヌ型（進行性）筋ジストロフィーや，先天性筋ジストロフィーと異なり，筋肉細胞が壊れた時に血液中に放出されるCK

（クレチンキナーゼ）の増加は見られず，簡単に鑑別することができます。診察すると筋力低下，筋萎縮に加えて，腱反射の低下あるいは消失，舌や手足の筋表面の細かい虫が動いているような収縮などの所見が見られます。

　かつては，確定診断のために手足の筋をごく少量（米粒程度）小手術でとり，病理組織で特有の変化（筋線維大小不同，肥大化した筋線維）を確認していましたが，現在は血液中の白血球で，SMN遺伝子の変異を検査することで確定診断ができるようになっています。

（4）　治療と予後

　本疾患は遺伝子異常によって発症する疾患であり，現時点での根本的治療法はありません。脊髄前角細胞の細胞死を防止する薬剤もありません。治療はすべて対症療法になります。タイプによって違いますが，Ⅰ，Ⅱ型は時期の違いはあれ，呼吸筋を含む全身の筋力低下によって，嚥下や呼吸，発声が困難になり，車椅子あるいはベッド上での生活を余儀なくされます。知的障害はなく，Ⅱ，Ⅲ型では言語によるコミュニケーションも可能です。

　現在Ⅰ，Ⅱ型で車椅子あるいはベッド上での生活を送りながら，SMAの子どもが全国の学校に通学しています。車いすでの移動以外は，会話や書字が可能な子どもから，四肢の随意運動はなく，気管切開からの人工換気を行っている子どもまで程度はさまざまです。手の筋力低下や関節拘縮のために，書字が困難な子どもには，援助器具（assisted devices）の使用，気管切開のために発語ができない子どもには，文字盤やパソコンなどによるコミュニケーションツールの使用が必要になります。車椅子も早期から積極的に電動車椅子を使用し，本人の生活圏が狭くならないようにします。最重度の眼球運動以外の随意運動ができない子どもには，眼球運動でスイッチをオン─オフする装置の開発などが試みられています。

　人工呼吸器の使用については，ベッド上で動けずに人工呼吸器に依存した生命は「不毛」の生命である，という見方が主にヨーロッパ，アメリカでは主流です。日本では脳死に対する考え方が欧米と異なるのと同様に，呼吸困難に陥

ったら人工呼吸器をつけ延命を行うという考え方が，一般国民だけでなく医師の間でも多数であることが調査で明らかになっています。

（5） 医療的ケア

　気管切開や気管カニューレによる人工換気をしている子どもが学校に通っています。通常では無意識に嚥下される唾液や鼻汁が，気管支や口腔内に貯留するために，こうした子どもは定期的に気管内を吸引器に取り付けたカテーテルで吸引してあげる必要があります。かつては口腔内の吸引も，医療行為であるとみなされ，医師・看護師や，保護者のみが行うことができると考えられていました。しかし，そのために，家族や専任の看護師が学級内に待機し，定期・臨時の吸引を行わなければなりませんでした。そうした家族の負担があるために気管切開や人工呼吸器をつけた子どもの通学は困難でした。

　長年にわたる医師と看護師，そして学校教員の努力によって，現在は医療的ケアと呼ばれる吸引などの行為が，講習を受けた教員によっても行うことができるようになっています。

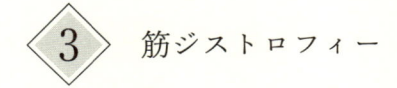

3　筋ジストロフィー

　筋ジストロフィーとは，筋肉がやせ細るという意味です。1868年にこの筋疾患を報告したフランスの有名な神経科医デュシャンヌの名前をとった，デュシャンヌ型筋ジストロフィーは，さまざまなタイプがある筋ジストロフィーのなかで最も頻度が高く，出生男児3,500人に1人が罹患するといわれています。

　本章では，デュシャンヌ型筋ジストロフィーについて述べますが，筋ジストロフィーには原因の異なるたくさんの種類があります。通常筋ジストロフィーというとデュシャンヌ型の筋ジストロフィーのことを示します。他の筋ジストロフィーについては，簡単な説明を加えた表11-6に示します。

表11-6 さまざまなタイプの筋ジストロフィー

名　称	臨床的特徴
デュシャンヌ型筋ジストロフィー	(本文で説明)
ベッカー型筋ジストロフィー	デュシャンヌ型と同じくジストロフィン遺伝子異常で発症するが、ジストロフィンタンパクが少量産生されるため軽症。進行は遅く、20代後半に歩行困難出現。
肢帯型筋ジストロフィー	10〜20代発症。原因は一様ではないが、筋骨格タンパクの異常による。上腕や大腿などの近位筋の筋力低下が見られる。
顔面肩甲上腕型筋ジストロフィー	4番染色体上の遺伝子異常による優性遺伝。顔面筋、肩、上腕の筋力低下が主症状。歩行困難になることもある。生命予後は良い。
福山型先天性筋ジストロフィー	9番染色体にあるフクチン遺伝子異常による。知的障害、てんかんを高率に合併する。日本ではデュシャンヌ型に次いで多い。
筋強直性筋ジストロフィー	19番染色体上の遺伝子の一部が異常に延長しているために発症。筋収縮後の弛緩が困難になるミオトニア（筋硬直）が特徴。糖尿病、白内障、知的障害などを合併することが多い。生命予後は発症年齢によってさまざま。
エメリー・ドレイフス型筋ジストロフィー	X染色体に遺伝子座がある。関節拘縮、心筋障害による不整脈が特徴。歩行困難になることはない。

（1）原　因

　乳幼児期までは順調に育っていた男児が、次第に転びやすい、立ち上がれない、歩行が困難などの進行性の筋萎縮をきたす筋疾患の代表ですが、近年までその原因は不明でした。しかし、1985年にアメリカのクンケルらが、デュシャンヌ型筋ジストロフィーの患者のX染色体上のジストロフィンというたんぱく質をつくる遺伝子異常症であることを明らかにしました。

　骨格筋や心筋はともに横紋筋とも呼ばれ、筋細胞のなかに収縮する特殊なたんぱく質があります。アクチン、ミオシンと呼ばれるたんぱく質は、細胞内でエネルギーを使ってお互いに引き合い、筋収縮を起こします。アクチンという細長いたんぱく質は、細胞のなかに浮いているのではなく、ジストロフィンというたんぱく質を介して、細胞膜に固定されています。

　デュシャンヌ型筋ジストロフィーの患者の筋肉内では、このジストロフィンタンパクに異常があるために、収縮を繰り返すたびに細胞膜との結合部位が壊れ、細胞内にカルシウムが入ることがきっかけとなり、細胞が死んでしまいま

す。デュシャンヌ型筋ジストロフィーの患児の乳児期の運動発達はほぼ正常ですが，これはまだ筋収縮をあまり繰り返していないために筋細胞が壊れていないからです。

　デュシャンヌ型筋ジストロフィーはX連鎖劣性の形式で遺伝します。女性にはX染色体が2本あるために，片方のX染色体上のジストロフィン遺伝子に異常があっても症状はでません。その女性に子どもができると，ジストロフィン遺伝子に異常のあるX染色体を引き継いだ男児が発症します。女性でも両方のX染色体のジストロフィン遺伝子に異常があれば発症しますが，その場合はその女性の父親が患者であり，かつ母親がキャリアー（片方のX染色体のジストロフィンが異常）である必要があり，現実的にはほとんどありえません。X染色体が1本しかないターナー症候群の女性では，デュシャンヌ型筋ジストロフィー発症の報告があります。

（2）症　状

　乳児期の運動発達はほぼ正常です。最初に筋力低下の症状が現れるのは，2歳前後です。いったん歩行が可能になった子どもが，次第に歩行が不安定になり，転びやすくなります。

　寝た状態から立ち上がる時に，手を膝に付けて上体を押し上げるようにしないと立ち上がれません。この独特の立ち上がりの姿勢を，最初に記述した人の名前をとってガワーズ徴候（Gowers' sign）と呼び，デュシャンヌ型筋ジストロフィーに特徴的な症状です（図11-1）。

　この時期，患児の下腿の筋（腓腹筋：ふくらはぎ）が肥大し，一見筋肉がついたように見えることがありますが，これは筋肉中に脂肪が浸潤して起こり，本当の筋の肥大ではないことから仮性肥大と呼ばれます。

　歩行に必要な下肢と腰の筋力低下のために，腰を左右に振って歩く独特の歩行姿勢も見られるようになります。7～8歳から歩行が困難になり始め，10歳前後に大多数の患児は歩行が不可能になり，車椅子による移動が必要になります。

図11-1 ガワーズ徴候

注：数字の順番で立ち上がる。
出所：Dubowitz（1978）より。

　背骨を支える筋の筋力低下によって脊椎側弯症が進行し，座位保持が困難になり，10代後半になるとベッド上で横臥した生活になります。近位筋での筋力低下が著しい割に，手の運動は保たれ，電動車椅子の操作や，キーボード操作は可能です。

　ジストロフィンタンパクは，骨格筋だけでなく，心筋にもあります。そのために，10代後半から心筋の収縮力が低下し始め，心不全が進行します。呼吸筋の筋力低下も進み，肺炎などの呼吸器感染が重症化し，致命的になることがあります。脊髄性筋萎縮症と同様に，呼吸困難に対して人工呼吸器を装着することによって延命が可能です。呼吸筋筋力低下や心不全の進行には個人差がありますが，平均して30歳前後に，呼吸不全，呼吸器感染，あるいは心不全などが原因で亡くなります。

（3）診　断

　筋ジストロフィーにはたくさんのタイプがあり，原因，筋力低下の発症時期，侵される筋肉の分布，合併症，予後はそれぞれ異なります。ここではデュシャンヌ型筋ジストロフィーの診断について述べます。

　通常，デュシャンヌ型筋ジストロフィーが疑われるのは，いったん歩行が可能になった男児が，転倒しやすさ，歩行の不安定，歩様（歩き方）の異常など

の症状が見られる幼児期です。

　診察では、家族歴、母親の妊娠歴、既往歴を聞いたうえで、子どもの全身の視診を行います。筋萎縮の有無と下腿の腓腹筋（ふくらはぎ）に仮性肥大がないか確認します。

　全身の筋肉について筋力のテストを行います。医師が子どもの手足をもち、子どもに最大限の力をだしてもらい、その抵抗力を医師が自らの手で推定します（徒手筋力検査）。腱反射は、脊髄性筋萎縮症と異なり、正常あるいは軽度低下を示します。下肢と腰の筋力は、前述のガワーズ徴候の有無で確認できます。

　この時期のデュシャンヌ型筋ジストロフィーの診断に重要なのが、血中のCK（クレアチンキナーゼ）の測定です。子どもが盛んに運動し、強い筋収縮が起こると、それに伴って筋細胞が盛んに破壊され、筋細胞中のCKが血液中に漏れ出し、異常高値を示しています。通常の血液CK値の数百倍の値を示すこともまれではありません。またGOT、GPT、アルドラーゼなどの酵素の血中濃度も上昇しています。CKは病状が進み、壊れる筋がなくなってくると次第に低下します。

　確定診断には、筋生検と遺伝子検査が行われます。かつては筋生検は確定診断に必須の検査でしたが、血液中のリンパ球を使って遺伝子検査ができるようになってから、診断が困難な症例のみで行われるようになっています。

(4) 治　療

　残念ながら根本的な治療法はありません。まだ日本では一般的にはなっていませんが、ステロイド剤（プレドニゾロン）が病状の進行を抑えるのに一定の効果があるという報告があります。筋細胞に正常なジストロフィン遺伝子を入れる遺伝子治療が精力的に行われましたが、うまくいっていません。現在のところ、対症療法と合併症の治療が主な治療法になります。

　自立歩行可能な時期には目立った合併症はありません。しかし車椅子による生活が始まると、運動量の低下による肥満、脊椎側弯症などが出始めます。食事のコントロールや側弯症の進行防止（椅子の工夫、夜間の装具など）を行いま

す。

　ベッド上での生活が始まる頃になると，夜間の呼吸困難，消化管の運動低下（イレウス），誤嚥による肺炎などの合併症が目立ってきます。夜間の呼吸補助，口腔内吸引，早めの抗生物質の使用などが行われます。

　さらに筋力低下が進むと，呼吸困難と心筋の収縮力低下による心不全や不整脈が見られるようになります。判断が難しいところですが，本人の希望を第一に人工呼吸器の使用を考えます。心不全に対しては薬物治療（利尿薬，強心薬）を使用します。

（5）　心理的サポートと告知

　デュシャンヌ型筋ジストロフィーの患者は，通常知的障害はありません。そのために，自分の病気を知った時の苦悩は計り知れません。ほかの人より短い寿命，筋力低下による日常活動の制限，移動困難，合併症などを，思春期前後で受け入れなければなりません。そのため，家族によっては本人に病名の告知を望まない場合があります。誰がどのように告知をするのか，といった問題への安直な解答はありません。

　一方，どのような病期であっても，本人のQOLを高める努力はなされなくてはなりません。学校生活は，子どもの生活の大部分を占める社会活動であり，子どもが生きがいを得る場所でもあります。知識が増える喜び，仲間と一緒に勉学する喜びを保障するため，できるだけ通常学級で過ごし，学校内外の活動には積極的に参加できるよう環境を整えます。

④　水頭症

　私たちの脳の内部には，脳室という複雑な形をした部屋があります（図11-2）。脳室の中心部は第3脳室といい，その壁には毛細血管が密集した脈絡膜という脳脊髄液を分泌する組織があります。ここから子どもでも1時間に20mlの脳脊髄液が産生されています。脳脊髄液は一部はモンロー孔という穴を通っ

第Ⅱ部　子どもの病気

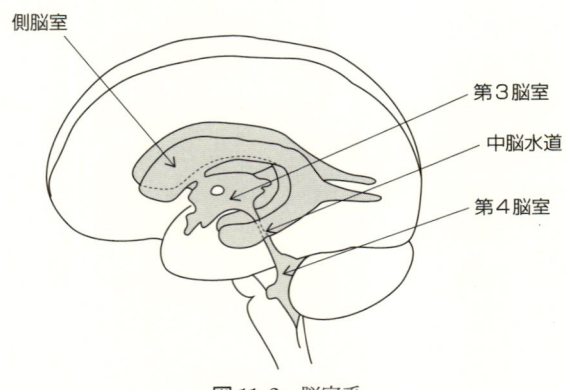

図 11-2　脳室系
注：脳室は影をつけた部分。
出所：筆者作成。

て左右の側脳室に行き，残りは狭い中脳水道を通り，脳底部にある第4脳室に流れていきます。第4脳室から，脳脊髄液はルスカ孔とマジャンディ孔を通って脳の表面のくも膜下腔に流れだし，脳表面を覆います。脳は内部の脳室と脳表面に脳脊髄液の層があり，そのなかに浮かんだ形になっています。脳脊髄液は最後にくも膜下腔で吸収され静脈に戻ります。

水頭症は，さまざまな原因で，脳脊髄液の流路に閉塞が起こるか，くも膜下腔での吸収が不十分になることで，脳脊髄液の圧力が上昇し，脳室やくも膜下腔が拡大する状態のことをいいます。

(1) 原　因

脳脊髄液の流路の閉塞は，脳室内出血や髄膜炎の後遺症，脳腫瘍によって起こります。流路が閉塞されても脈絡膜での脳脊髄液の産生は続きますので，閉塞部位より上流の圧力が高くなり，その結果脳室の拡大が起こります。中脳水道で閉塞が起これば，側脳室や第3脳室の拡大が，もっと下流のルスカ孔やマジャンディ孔の閉塞が起これば第4脳室の拡大が起こります。

くも膜下腔での吸収が悪くなる原因は，くも膜下出血や髄膜炎です。この場合は，脳室よりくも膜下腔の拡大が著明になります。

流路の閉塞による水頭症を非交通性水頭症，吸収不全による水頭症を交通性水頭症といいます。

（2）症　状

　水頭症の症状は，原因によっても異なります。脳腫瘍による脳脊髄液流路の閉塞の場合には，脳腫瘍そのものによる症状と重なります。

　共通の症状としては，まだ頭蓋骨の継ぎ目（縫線）が閉じていない乳幼児期と，それ以降では異なります。乳児期の水頭症の第一の特徴は，頭囲拡大です。大泉門が閉じていない乳児では大泉門が固く膨隆します。脳脊髄液の圧力の上昇は，静脈圧の上昇を引き起こし，頭皮の静脈の怒張，第3脳室の拡大によって中脳が圧迫され眼球が下方に偏移する「落陽現象」（太陽が沈むように眼球が下転する），下肢にいく神経路の圧迫による下肢の痙直（つっぱり），腱反射の亢進などが見られます。

　本人は頭蓋内圧上昇による頭痛，いらいらしやすい状態（易刺激性）を訴え，嘔吐しやすくなります。頭蓋内圧がさらに上がると，乳頭浮腫と呼ばれる眼底の変化が見られるようになります。

（3）診　断

　水頭症の診断は，現在ではCTやMRIによる脳画像検査で容易につけることができます。家族性水頭症と呼ばれる遺伝性の水頭症がありますので，家族歴の聴取は重要です。また，脊髄の閉鎖が不十分な先天性疾患である二分脊椎は，水頭症を合併しやすいので，腰臀部の観察を行い，異常な皮膚のへこみがないかどうか注意深く観察します。脊髄のMRI検査が必要になる場合もあります。

（4）治　療

　利尿剤などで脳脊髄液の産生を低下させることで，一時的に症状を軽快させることができますが，根治にはつながりません。水頭症の治療は，拡大した脳

室内の脳脊髄液を，皮下を這わせた細いチューブで腹腔に導く脳室—腹腔シャント手術が最も一般的です。

(5) 学校生活上の留意点

　シャント手術後の日常生活に特に制限はありませんが，シャントチューブの皮下走行部が損傷しないよう，体育活動時の留意は必要です。二分脊椎などの合併症がある場合には，別途の留意点がありますが，ここでは省略します。

文献

Dubowitz, V. W. B. (1978). *Muscle Disorders in Childhood.* Saunders Company, London.

Strømme, P. & Hagberg, G. (2000). Aetiology in severe and mild mental retardation: a population-based study in Norwegian children. *Dev Med Child Neurol,* **42**, 76-86.

第III部

病気，障害の子どもを守る

第12章
病気, 障害の受容とセルフケア

① 病気, 障害の受容とセルフケアとは

　急速な小児医療の進歩の結果, 急性期を除く小児慢性疾患のケアの多くは家庭や学校を中心として行われるようになりました。しかし, 未だに慢性疾患の多くは完全な治癒が望めず, 症状をできるだけ軽くする, 病状を維持する, 悪化させないといった療養を続けながらの生活が必要となります。さらに, 健康な子どもでさえ学校生活におけるさまざまなストレスをもち, いじめや不登校, ひきこもりなどが大きな問題となっている現状で, 成長期にある学童期・思春期の子どもたちにとって慢性疾患や障害をもちつつ生活することは容易ではありません。

　病気や障害の受容とは, 病気の人や障害のある人が自身の慢性疾患や障害を受け入れ, これを全人的な視野で認識し適応的に生きていこうとする, 自身による前向きかつ積極的な決意・行為をいいます。また, セルフケアとは, 一般的に自分で生活管理や健康管理を行うことをいいます。治療しても完全に治癒することのない疾患が増加し, セルフケアの能力を育てることが重要になってきています。ここでは, 慢性疾患の子どもを中心に述べることにします。

　セルフケアの定義は, 多くの研究者によってさまざまですが, いずれにも共通する項目として,「病気を理解すること」,「セルフケアに関する適切な知識と技術を基盤とすること」,「主体的に解決する能力や自律的に行われる活動で

あること」が3つの柱となっています。主体性や自律性は，学校・社会生活や友人関係のなかで育まれていくものであり，セルフケア能力の育成と密接な関係があります。長期にわたる入院など療養生活が続くことによって，子どもたちは学習や生活していくためのさまざまなことに対する意欲が低下しやすいです。学童期・思春期の子どもたちにとってのセルフケアの目的は，病状の維持・安定を図ること，健康状態を保ち心理的に安定すること，学校生活など社会生活に適応していくことにあります。これらのことがセルフケアを適切に維持する力となり得るのです。したがって，このような子どもたちにとっての学校生活とは，単に教育を継続する場所という以上の意味があるのです。

2 発達段階とセルフケア

セルフケア能力が発達する過程において重要なことは，①疾患やセルフケアに対する子どもの受け止め方を確認しながら支援すること，②否定的・拒否的な感情を和らげること，③本人の発達や能力にみあった病気や障害の理解や技能を身につける目標を設定し，指導・支援することです。

(1) 学童期前期

この時期は抽象的な思考が未発達であり，体内の臓器の働きなどの理解が十分ではありません。この時期の発達段階に応じた思考・認知能力に合わせて身体の内部の働きを工場や機械などの仕組みにたとえたり，劇画やアニメのキャラクターなど親しみやすいものによって説明したりするような工夫が必要になります。療養生活のなかでは，医療処置などの体験や，本人の自覚症状に沿って説明し，セルフケアの効果を体験的に評価することが有効です。

(2) 学童期後期

学業や運動などすべての面において友人より優れた成績をとりたいという競争心や，先生や友人から認められたいという承認欲求が強く，また逆にこれら

が満たされないと劣等感をもちやすいなど社会性が著しく発達する時期です。友人との競争や比較において，また他者からほめられ認められる体験を積み重ねることによって劣等感を克服し，勤勉性を身につけていきます。多くの友達と集団で遊ぶこと，友達と同じことをすることが何よりも重要な時期でもあります。この時期は，自己の行動を客観視し，過去の体験からこれから起きる状況を予測する思考能力も発達します。さらに肺や腎臓の働きなど，目に見えない体内の臓器の仕組みも理解することができるようになります。このような病気や障害の知識を基盤としてセルフケアの力を育てていく必要があります。この時期は，ぜん息発作や慢性腎疾患の再発などが精神的なストレスによっても起きることなども実感し，アレルゲンなどの外的要因のみならず，内的要因もセルフケアにとって重要であることを理解する時期です。たとえば，発作が頻回に起きると，体育などの運動に参加できなくなり，その体験は，「みんなと違う」，「できない」，「恥ずかしい」といった否定的な感情を抱きやすいです。このような体験をした時は子どもの情緒面にも注目し，病気や自分のセルフケア能力に対する否定的な感情を和らげる努力が必要となります。

　学童期前期・後期を通して，「何事も自分の力でできるようになる」という感覚をもつことが主体性や自律性の発達に不可欠です。障害のある子どもや慢性疾患のある子どもの場合は，このような自己コントロール感を体験的に獲得する機会が少なくなりがちです。自分の身体や生活を自分自身が納得できないまま，医師や看護師によって左右される体験が続くと，依存的で無気力となることがあります。どのようなことでも必ず理由や手順などを説明し，本人が納得してから自ら行えるように支援する姿勢が重要です。

（3）思春期

　この時期は，身体の変化とともに内面の成長も著しい時期です。しかしそれらの成長の個人差が大きく，認知面の発達とセルフケアの実行能力は必ずしも比例しません。それどころか疾病理解も十分であり，セルフケアの技術ももち合わせているにもかかわらず，病気体験や治療への不信感からセルフケアが自

己流になってしまうこともあるのです。さらに病気に対する嫌悪感や、友達づきあいに支障がでるといった理由から拒薬・怠薬などの治療拒否に陥ることも少なくありません。思春期はアドヒアランス（adherence）を維持することが課題となります。治療処方に対するアドヒアランスとは、患者が積極的に治療方針の決定に参加し、その決定に従って能動的に治療を受けることを意味します。一方、医療におけるコンプライアンスとは、患者が医師や薬剤師などから指示された治療法を、指示の通りにきちんと守って実行することですが、治療に対しては受け身的になる場合もあります。したがって、アドヒアランスを向上するための医療者、保護者、教育者の連携が大切です。

③ 疾患の受け止め方と心理・情緒面

　疾患やセルフケアに関する知識や技術はあっても、それを子どもがどのように受け止めているかによって日常生活の質は大きく左右されます。セルフケアの力を育成していくための教育も、子どもの気持ち、特に病気の受容過程に沿った方法が重要です。

　思春期の慢性疾患患者が病気を受容するまでには、4段階あることが報告されています（表12-1）。子どもの言動を注意深く観察することによって、疾患の受け止め方の段階を推察することができます。疾患の受け止め方の段階とセルフケアの質は密接に関係しており、自分の特性や生活様式に合った適切なセルフケアを行うことができるようになると、受容の段階も進むと考えられています。個々の子どもにおける「疾患の受け止め方」の段階を見極め、その段階にあったアプローチを工夫することが求められます。病気やセルフケアについての知識や理解は、必ずしも行動と一致しない場合があります。セルフケアをどのように行うかは、自分自身の身体状態の判断や、日常生活のなかでどう行動するべきかといった場の判断、他者からどう見られるかといったことと深く関係します。また、子どもは自身でさまざまな事象の価値判断を行っており、これらを支援する者が理解して関わることが大切です。

表 12-1　疾病受容の過程とセルフケアの特徴

段　階	第1段階	第2段階	第3段階	第4段階
自己認識の特徴	健常であることに絶対的な価値をおく	健常者の自己と病者としての自己とが分裂	健常者と類似する存在として自己を位置づける	病気の部分を含めて自己のなかに正常性を見出し，健常者と対等に病者を位置づける
病気の受容	感情的なあがき	希望をよりどころに感情的なあがきを乗り切ろうとする	希望をよりどころに他の病気と比較して感情的に受け入れる	希望　病気とともに生きる決心
セルフケア行動の特徴	・疾患や症状に関する知識はあっても，現在の症状や検査値などと結びつけて理解したり実感できない。 ・日常生活のなかでは常に，発作などの危機に対応できる場かどうかが心配になっている。 ・目先の危機が起きないように安心感を求め，時に安心するために誤った（自己流の）セルフケアを行う。	・身体症状などに関して予測性がなく，自覚症状などは突然起こるように感じている。しかし，日常生活のなかでは，身体に影響のある活動を見分けることができるようになる。 ・他者との関わりのなかでは，病気であることを公表したり，セルフケアを行ってもよい場かどうかが気になっている。	・独自の物差しを使って自分の身体の状態を判断し，それに基づいて予定していた行動を修正する。 ・日常生活のなかで行う活動の負荷量や持続時間を判断し，自分の身体の状況に合わせて，行動を調節する。	
状況判断および，セルフケア行動の基準	恐怖に基づいた判断の段階。健常者と同じようにふるまえるかが判断基準でもある。	マニュアル的状況判断の段階。マニュアル的に療養行動を守ろうとするが，場によっては健常者の友達にセルフケア行動を隠したり，公表しない。	オリジナルな状況判断の段階。自己の価値観に基づいて判断する。	自己の価値観に基づいて判断しているが，より多角的に状況判断が行える。

出所：中野（1994）の「表1　病気とともにある自己を形成する局面の4段階」，「表2　状況判断の局面の4段階」より丸光（2004）が一部改変。

4 セルフケアの力を育てるカリキュラム

　セルフケアの力を育てるカリキュラムは，小学校，中学校，高等学校においては，健康に関する内容が体育科，家庭科などの科目に用意されていますが，学校の教育活動全体を通じて適切に行うものと学習指導要領に示されています。特別支援教育においては，各教科等のほかに「自立活動」が用意されています。自立活動は，病気や障害による生活上の困難を主体的に改善・克服するために必要な知識・技能・態度および習慣を養うことを目的とした特別支援教育独特のカリキュラムです。病気や障害のある子どもにとってはセルフケアを育成するための重要な「領域」です。

　自立活動の内容は，「健康の保持」，「心理的な安定」，「人間関係の形成」，「環境の把握」，「身体の動き」，「コミュニケーション」の6つの区分のもとに，26の項目で構成されています。6つの区分ごとに示された内容のなかから，一人ひとりの子どもが必要とする項目を選定し，それらを相互に関連づけて具体的に指導内容を設定します。病気の多様化に対応していくためには，まずは自立活動の内容から主な慢性疾患のそれぞれに必要な項目を選定し，一般化し，それをもとに各病気の種類別に指導内容を明確にしていく必要があります。慢性疾患の子どもにとって一般的に必要となる主な具体的指導内容例を以下に示します。

1　病気の理解，生活様式の理解，生活習慣の形成等に関する内容
　①　自己の病気の状態の理解
　　　人体の構造と機能の知識・理解，病状や治療法等に関する知識・理解，感染防止や健康管理に関する知識・理解
　②　健康状態の維持・改善等に必要な生活様式の理解
　　　安静・静養，栄養・食事制限，運動量の制限等に関する知識・理解
　③　健康状態の維持・改善等に必要な生活習慣の確立

食事，安静，運動，清潔，服薬等の生活習慣の形成および定着化
　④　諸活動による健康状態の維持・改善
　　各種の身体活動による健康状態の維持・改善等
2　心理的な安定に関する内容
　①　病気の状態や入院等の環境に基づく心理的不適応の改善
　　カウンセリング的活動や各種の心理療法的活動等による不安の軽減，安心して参加できる集団構成や活動等の工夫，場所や場面の変化による不安の軽減など知覚されたソーシャル・サポートの期待を高めるための教育的対応に関する内容
　②　諸活動による情緒の安定
　　人との関係性を重視した各種の教育的活動（体育的活動，音楽的活動，造形的活動，創作的活動等）による情緒不安定の改善を図るための教育的対応に関する内容
　③　病気の状態を克服する意欲の向上
　　各種の身体活動等による意欲・積極性・忍耐力および集中力等の向上，各種造形的活動や持続的作業等による成就感の体得と自信の獲得など自己効力感を強め，高めていくための教育的対応に関する内容

　以上の内容に関しては，子どものセルフケアの実態を把握し，子どもと一緒に目標や内容・方法について話し合いながら個別の指導計画を作成し，支えていくことが重要です。指導上の留意点として，以下のことがあげられます。

（1）　体調把握と医療機関等との連携

　慢性疾患の子どもたちは，日々，病状が変化するなど体調に変動があります。病状が悪化すると心理的にも不安定になりやすいです。教員は，日々の体調を把握した上で指導を行うことが重要であり，そのために主治医や看護師等の医療関係者との連携を密にしていくことが求められます。小中学校等においては，養護教諭との連携が不可欠になります。また，退院して家庭や学校に戻っても

再発し，再入院するケースも珍しくありません。病状にあった生活習慣を形成していくためには家庭や院内学級等の教員，医療者との連携を図ることが重要です。

（2） 主体的で意欲的に活動できる環境

　子どもが主体的で意欲的に活動できる環境を整備し，成就感を味わうことができるように配慮することが必要です。そのためには，子どもが，セルフケアの目標を自覚し，意欲的に取り組んだことが「うまくいった」と実感できる指導内容を準備することが大切です。また，うまくセルフケアしながら活躍している同じ病気の先輩の話を聞くなど，子どもが「あの人にできるのだから自分にもできるのではないか」という経験をもつことなど自己効力感を高める関わりと活動が重要です。

5　慢性疾患に適応するための支援

　慢性疾患の治療は長期に及び，その管理においては子ども自身や家族が多くを担うことになります。病気の子どもに対しては，さまざまな喪失体験や病気の悪化などからくる不安を可能な限り軽減し，子ども自身が自らの活動性を高め，主体的に社会生活を営むようになるための支援が必要です。そのためには，家族，友人，医療者などの患者の周辺にいるさまざまな人々からの精神的，社会的な支え，すなわち，ソーシャル・サポートが重要となります。ソーシャル・サポートとは，他者から得られるさまざまな形態の援助をいいます。子どもが困難な状況に直面した時に，慰めや励ましを受けたり（情緒的サポート），問題解決するための実際的な手助けを受けたり（実体的サポート），問題解決のために役立つ情報を提供してもらったり（情報的サポート）することは，病気対処行動の促進や維持の原動力になります。たとえば，ソーシャル・サポートを高める社会的資源として同じ疾患を抱えた人同士が集まり，苦しみを分かち合ったり，問題解決のために助け合うセルフ・ヘルプ・グループがあげられま

す。患者自身のためのセルフ・ヘルプ・グループや当事者の家族のグループなどがありますが、これらへの参加は本人や家族にとって大きな力となります。また、身体障害者手帳の申請を勧めることや社会的資源を積極的に活用するための支援を行うことも重要です。

慢性疾患に対するセルフケアは、病状の悪化を防ぐばかりではなく、主体的な社会参加を促していくためにも重要な課題です。しかし、たえず病状が変動し、その原因の特定が難しい場合が多いため困難を伴います。村上（1997）は、気管支ぜん息児における呼吸機能の客観的測定値と主観的症状についての研究を紹介しています。継続的に測定したピークフロー値と身体状況に関する子どもたちの主観的な報告とを比較検討し、測定値の上では異常でも、主観的には異常を認知できない水準のグレーゾーンがあることを指摘しています。その上で自己管理能力とは、症状に応じて適切な対処行動を選択し遂行する能力であり、主観的症状と対応させて客観的な指標を活用することが自己管理能力を獲得させる教育的な働きかけや援助として効果的であると報告しています。

健康行動の育成を目指し、セルフケアの力を高めるためには、ソーシャル・サポートにより精神的な不安定さを支えることが前提であることはいうまでもないことですが、さらに症状に応じて適切な対処行動を選択遂行するには病気の知識・理解、生活様式の理解、技能の習得、そしてライフスタイルを修正し、新しい生活習慣を身につけ、それらを継続していくための動機や自己効力感、自尊感情を高めていくことが重要な課題となります。

文献

武田鉄郎（2006）．慢性疾患児の自己管理支援のための教育的対応に関する研究　大月書店

中野綾美（1994）．慢性疾患とともに生きる青年のノーマリゼーション　日本看護科学学会誌, **14**（4）, 38-50.

丸光惠（2004）．慢性疾患の子どものセルフケアの課題　武田鉄郎（編）　慢性疾患児の自己管理支援に関する研究　国立特殊教育総合研究所病弱教育研究部　12-20.

村上由則（1997）．慢性疾患児の病状変動と自己管理に関する研究　風間書房

第13章

病気, 障害の子どもの心理的特性

1 病気の概念の発達

　子どもの「病気」に関する概念の発達研究においては,「病因」の認知が1つの大きなテーマとなります。この病因の認知発達をテーマとした研究で最も多く引用されるのは, ビーバスとワールスによる研究です (Bibace & Walsh, 1980)。そこで彼らの研究で子どもの病気の概念の発達を紹介します。

　幼児期後期には, 病気の原因は,「感染」するという考えをもつようになります。感染するといっても初期の場合, 接触感染に限られており, 汚物に接触することで感染すると認知します。

　小学生低学年である6, 7歳くらいになると,「感染」の概念は, 自分の経験の範囲内で論理的思考を展開することができるようになります。この段階では, 健康に悪いことをすると, その影響で病気になることを理解します。つまり, 健康に悪いことをした「悪影響」で病気になるという段階です。

　次の段階として生じるのが,「体内論的理解」です。具体的には体外から「バイ菌（細菌, ウイルスなど）」が自分の体内に入ってきて病気を引き起こすという考え方です。

　10歳, 11歳にあたる児童期後期においては, 子どもの病気の原因に関する認知は成人と似てきます。認知発達面では, 具体的操作期から形式的操作期への移行段階であり, 実際に体験していないことでも理解できる抽象的な思考が可

能となる時期です。病気の原因に関する認知は,「生理学的理解」,すなわち,病気の原因が外的なものであることや,体内での細菌の作用を知り,それが体内で徐々に変化することを漠然と理解します。この段階では,病気の生化学的な側面のみにとらわれがちであり,心身が相関しているという概念はまだありません。

それが次の段階として,病気が心身の相互作用から生じること,また,健康が単に病気でないことだけを意味するものではないことを理解するようになります。「心理－生理的理解」の段階です。この段階での病気の原因に関する認知は,成人とほぼ同じです。

このような発達段階を踏まえてきますが,どの段階においても程度の差はあれ,子どもは自分が病気になったことは自分が何か悪いことをしたからだという「病気＝罰」という潜在的な考え方も残存していることを忘れてはならないでしょう。

② 疾患（Disease）と病気（Illness）の違い

「疾患（Disease）」とは,生体の全身的または部分的な構造や心身の機能に障害を起こしている生物学的状態,客観的状態をいいます。一方,「病気（Illness）」とは,重大な痛みや衰弱が起こっている感覚上の変化,普段の役割が遂行できない,これからの活動に影響されると思われる主要な身体上の変化や症状などを主観的に感じることを意味します。すなわち,「病気」であることは,患児（者）がどのように症状や能力低下（Disability）を主観的に認識し,それとともに生活し,それらに反応するかということを意味します。症状のみならず,普段の生活への影響の度合いがその判断基準として大きく影響しているといえます。人間の行動を説明するにあたり,レヴィン（Levin, 1951）は人間の行動（B：Behavior）を人（P：Person）と環境（E：Environment）との関数 $B=f(P・E)$ で説明しましたが,慢性疾患者の場合は,それに加えて病気要因が大きく関わってきます。片山（1991）は $B=f(P・I・E)$ の公式で

病気（I：Illness）の行動への影響を述べています。

　健康状態にある時の生活とは異質な「病気」であるという状態を経験することにより，不安，退行，苛立ち，否認，抑うつ，対人恐怖などの心理的反応や，これらが関与した腹痛，頭痛などの身体症状として現れることがあります。このような心理反応や身体反応は，疾患の種類や病状，病気の予後，行動の制限，社会参加の制約の程度，病気の認知によりかなりの個人差があります。そして，その年齢や発達段階に応じたアプローチが必要となります。

③ 発達段階から見た心理社会的問題

　幼児期は，入院し家庭を離れることによって分離不安，情緒不安を示しやすくなります。また，治療や入院に伴う苦痛体験やその過程で感じるさまざまな不安や遊びの欠如などからストレスをためやすく，時には退行行動が見られたり，睡眠や食事などに異常を示したりすることもあります。不安が増大してくると頭痛，腹痛等の身体症状として出現することもあります。これらに対応するには，たとえば，保護者との面会を容易にする面会時間の自由化，保護者のための部屋の確保などが重要です。また，遊びを通して情緒的な安定を図り，発達を促す上でも病院内で保育ができる環境づくりが重要です。そのためには保育士の配置，プレイルームの設置などが必要です。

　児童期は，基本的生活習慣が形成され，家庭外の生活が多くなる時期です。友人との間で競争したり，妥協したり，協調したりして関係の拡大を図る時期であり，社会性が著しく拡大する時期です。特に，学校生活での適応や成績が大きな意味をもち，学校生活に関わる問題が多くなります。入院や治療のため学校を欠席しがちとなると，学習に遅れが出たり，クラス内で孤立しがちになり，仲間からとり残されるといった恐怖感や不安感が高まります。また，長期間にわたり入院する場合，病院という隔離された環境から，経験不足に陥ったり，仲間関係や社会適応の構築が未発達になることもあります。学習の遅れや行動面・情緒面での問題については，医療者，保護者，教育関係者等がお互い

に連携を密に図り，支援していくことが望まれます。

　思春期は，心身の成長・発達が著しい時期で，心理的に親から独立して自我同一性を求め，社会性をつけて成人期の基礎を養う時期です。理想的な自分のイメージと自分の容姿や能力を比較することで劣等感をもつなどさまざまな葛藤が起きやすい時期であり，自分の将来の生活について考えを探求する時期でもあります。この時期に慢性疾患をもつことは，学業の遅れや欠席などの学校生活上の問題や副作用への不安，ボディイメージに関する劣等感，病気の予後や自分の将来についての不安などを抱くようになり，複雑な心理社会的問題を抱えるようになります。時には，保護者や医療者に反発し，治療拒否にまで発展することもあります。自立という課題達成のために病気を抱えながらさまざまな葛藤を経験します。

　成人期は，就職，結婚，出産，育児，子どもの教育，社会的地位を得るなどライフサイクルのなかでは最も充実した時期であり，成熟期にあたります。さまざまな生活規制を要する慢性疾患をもつことで，これまで築きあげてきたライフスタイルを新たに現状に合ったものに修正する必要が出てきます。慢性疾患患者の多くは，日常生活にさまざまな制約を生じるとともに，家庭や職場での役割変化が起き，無力感やうつ状態に陥りやすいのです。特に罹患した疾患が重篤になればなるほど志に対する不安や恐怖を感じたり，手術による身体の一部喪失や身体機能の喪失，社会的地位の喪失などさまざまな喪失への不安が高まったりします。

◇4◇　各疾患ごとに抱えている心理社会的問題

（1）腎疾患

　腎疾患は，長期にわたる治療を必要とする疾患であり，疾患の性質から入院生活のみならず，家庭，学校生活においても運動や食事など制約を受けやすいです。また，入退院を繰り返し，長期にわたる服薬，透析などを必要とします。腎疾患の子どもが抱えやすい問題として，食事制限への不満，運動制限への不

満，ステロイド剤などの薬剤による副作用への不安，ボディイメージに伴う劣等感，学校を欠席することに対する不安，学業不振，治療や服薬の拒否，親子分離不安などがあげられます。

　保護者の抱える問題として，ステロイド剤などの薬剤による副作用への不安，後遺症，合併症などの病気と関連した不安があり，児童期の子どもの親には，学習の空白，遅れなどが不安としてあげられます。また，思春期の子どもをもつ保護者からは，治療への拒否的態度への困惑，社会的適応の問題，進路の問題などがあげられています。子どもと家族の抱える心理社会的問題に適切に対応することが重要です。

（2）　心臓疾患

　心臓疾患には，先天性心疾患，不整脈，川崎病既往などがあげられます。ここでは，先天性心疾患の子どもについて述べます。先天性心疾患は多くの場合，出生直後あるいは乳幼児健診で発見され，その後病気とともに共存して生きていくことになります。心臓病ということで家族の不安も強く，乳幼児期に引き続き両親や家族により過保護に管理されていることが多いです。その結果，思春期，成人期になっても，両親に対する依存心が強く，患児本人が自分の病気に関する病識が低いことがあります。

　学校生活を支援する上では，運動制限が主となります。学校生活管理指導表を用い，医師が定める管理区分がその指針となります。先天性心疾患児は，健常な子どもと比較し，突然死の危険性が高く，心臓に負荷をもたらす運動に関して種々の程度の制約を受けます。しかし一方で，修学旅行，レクリエーションなどにおいて学校側から過剰な制限を強いられている場合が少なくありません。

　思春期は，健康管理を含め，他者任せ状態から自己管理を行うための教育が重要です。しかし，自己管理を行うためにも心理的問題に対して適切に対処していく必要があります。先天性心疾患児は，身体的な問題以外にも多くの精神的・心理的問題を抱えている場合が多いです。社会生活に対する不安，自分の

健康に対する不安，死の恐怖など，どの患児も少なからず抱えています。抑うつ傾向，行動異常を呈することも多く，パニック発作が，動悸，呼吸困難，胸部圧迫感，発汗などを伴い，心不全や不整脈ととられることもあり配慮が必要となります。このような患児の心の問題を解決していくような支援体制を医療，看護，心理，教育で連携しながら対応していくことが重要です。

（3） 気管支ぜん息

気管支ぜん息は多因子性の疾患であり，心理社会的な問題は単に疾患の慢性経過によって生じる二次派生的なものだけではなく，原因または誘因としても重要な役割を果たすものです。幼児期にぜん息発作が始まることが多いですが，発作をめぐって過保護・過干渉に育てられると，子どもの主体性・自律性の育成が阻害され，社会性が十分育たないことがあります。子どもの自主性が育まれないと病気から逃避してしまうなど，セルフケアができなくなり，体調悪化など悪循環を生じてさらに病気が難治化することがあります。

思春期は学校内外の社会環境が複雑になり，治療の主導権が保護者から本人に移行する時期です。しかし，親に依存した状態からスムーズに自立できないこともあり，セルフケアの力を育てていく必要があります。また，発作が起きると欠席が多くなり，学習の遅れや進路等に関する問題が深刻になることがあります。病気に対する自己管理能力を育て，学力を補完するなどの適切な支援が必要です。

（4） インスリン依存性糖尿病

小児糖尿病の多くはインスリン依存性糖尿病であり，生涯インスリン治療を必要とします。1日2～4回のインスリン注射，自己血糖測定，食事療法，運動療法を含めて，日常生活における規制は多いです。しかし，適切に管理が行われていれば，健常な子どもと同様の生活を送ることができます。発達途上にある子どもへは，家族，特に母親の態度が心身の発達と疾患の管理に大きな影響を与えます。母親が生活上の管理に対して無理解であれば，子どもの病気へ

の管理が適切に行われないし，また，必要以上に過敏であり，神経質であれば子どもは些細なことに過敏に反応し，情緒的な混乱を経験することもあります。子どもは身体面だけではなく，情緒面，社会生活面においても問題を抱えていることが多いです。

小学校に入ると，糖尿病の自己管理がある程度可能になってきます。しかし，子どもによっては食事療法が乱れやすく，自己注射や血糖測定も怠慢になることがあります。低血糖と偽って甘いものを食べ，それを隠すために血糖値の虚偽の申告を行うことがたびたび見られることもあります。この時期の子どもは，集団生活の参加と適応が発達課題であり，友人関係を通して社会性を伸ばす時期でもあります。人と違うことを意識することで不適応になりやすい時期でもあります。我慢することが多いため，過剰に適応しようとすることもあり，心理的な配慮を要します。

思春期を迎える頃になると，糖尿病の自己管理も自分で行うことが可能となり，家族は適切な距離をおいて見守ることが重要な役割となります。しかし，子どもに能力以上の自己管理を求めることは，さまざまな問題を引き起こす原因になります。子どもの自己管理能力に応じた医師や家庭での適切な支援が必要になります。

インスリン依存型糖尿病の子どもの心理的，または環境的な問題として，過食，血糖のごまかし，インスリン注射の中断，両親の葛藤，家庭内の問題，不登校，神経症，家庭崩壊等があげられ，これらのことに対して対処していくことが大切です。

また，患児や家族から見た学校における対応の問題として，以下のことがあげられます。

・低血糖時の補食をとらせてくれない。
・プール学習に対して許可を出してくれなかったり，誓約書を書かされたりすることがあった。
・運動会，体育祭，修学旅行，林間学校の参加を辞退させられた。
・糖尿病の発症があたかも過食やストレス，運動不足により起こり，自業自

得であるかのようにいわれ、ひどく傷つけられた。
- インスリンは猛毒なので学校にもってきてはいけないと叱責された。

　一方で、適切な対応についても報告されています。たとえば、学校全体が患児の治療に協力し、担任と養護教諭の連携がよく図られ、補食などの問題も解決された、入院中から担任が病院にきて、主治医と正しい病気の理解、学校生活について話し合いが行われ問題なく学校生活が送れた、などです。

　インスリン依存型糖尿病の子どものなかで、生活が乱れてきてインスリン治療を怠ったり、自己血糖測定を行わなかったりして自己管理できない者の背景には、家庭崩壊、非行、過食など心理社会的な問題を抱えている場合が多く、これらに対する支援が必要です。

(5) 脳性まひ等の肢体不自由

　動作が不自由で行動が自分の欲求どおりうまくいかないことは、心理的な欲求不満の状態を多く生じさせることになり、心理的不安や恐怖も生じやすくなります。運動・動作の不自由さは、成功体験を累積しにくい状況をつくりやすく、自信の低下や自発性の欠如が見られることもあります。さらに、子どもができることまでも親が先にやってしまうなど、親の養育態度が過保護になりやすいです。このようなことから依頼心が強くなることもあります。また、自分の身体に対する劣等感を抱きやすくなったり、自己評価を低くもったりすることもあります。

　このような悪い方向への連鎖的な心理社会的反応を未然に防ぐことが重要であり、基本的な原因である肢体不自由の軽減や改善・向上を図ること、そして障害の受容や克服の態度、習慣の形成を目指した全人的なアプローチが必要です。

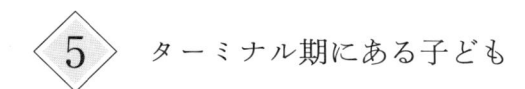

◆5◆ ターミナル期にある子ども

　病気の子どもの心理・行動特性を論じる時、避けては通れないことは誰にで

も例外なく訪れる死の問題です。病気の治癒が望めなくなり，死から逃れられない段階をターミナル期といいます。誰でも死に直面し，それに気づいた時，大きなショックを受け，いい知れぬ死への不安，否認，恐れ，絶望，怒り，抑うつに心を支配されます。キューブラー・ロス（Kübler-Ross, 1969）は，死にゆく患者の心理過程に，ショックの時期に続く，否認と孤立，怒り，取り引き，抑うつ，受容の5つの段階があることを明らかにしました。これらの段階は，順次に達成されるよりも，行きつ戻りつしながら進む過程であるといわれています。子どもは身体的苦痛，精神的苦痛，激しい死の不安に苛まれ，周りからの支援を必要としていても否認や怒り，抑うつなどのさまざまな心理的防衛機制を働かせるため，家族や身近な援助者を疎外したり，自ら孤独に陥ったりします。子どもと一体感をもち，否定的な感情を受容するなどして信頼関係を築き，子どものさまざまな葛藤や不安の軽減，患者にとって重要な人や物との関係の維持，願いごとの成就に協力するなどの支援が必要とされます。

文献

片山英雄（1991）．患者教育の心理と方法——自律性の喪失とその回復をめざして　岡堂哲雄（編）　健康心理学——健康の回復・維持・増進を目指して　誠信書房　235-250.

武田鉄郎（2006）．慢性疾患児の自己管理支援のための教育的対応に関する研究　大月書店

Bibace, R. & Walsh, M. (1980). Development of children's concept of illness. *Pediatrics*, **66**, 912-917.

Kübler-Ross, E. (1969). *On death and Dying*. Macmillan Company.（川口正吉（訳）(1975)．死ぬ瞬間　読売新聞社）

Levin, K. (1951). *Field Theory in Social Science*. Harper.（猪股佐登留（訳）(1956)．社会科学における場の理論　誠信書房）

第14章
教育・医療・保健・福祉の連携と支援

１　地域で暮らすことへの包括的支援

　地域や病院で，病気の子どもたちを取り巻く環境も，変化をしてきました。いま，地域で，慢性疾患や難病であっても，たとえ終末期であっても，入院ではなく自宅で暮らし，学校に通うことを希望する子どもたちが少しずつ増えています。

> **事例　A君の退院と支援の連携**
>
> 　12歳のA君は小児がんの末期です。病院に入院していましたが，最後の時間を「自宅で過ごしたい。学校に行きたい」と願うようになりました。病院から退院して在宅医療を受けながら地域で暮らしたいという希望が，病院から地域のB保健所に伝えられました。
> 　母子保健を担当するC保健師は，病院に出向き，A君と母親に面接をして希望を聞きながら，自宅に戻り学校に通うための計画と準備を進めました。管内には，保健所と連携している地域の診療所や訪問看護事業所があります。B保健所から依頼をして，在宅での医療や看護を提供できる医師と看護師を確保しました（病気の状態によっては，訪問リハビリを依頼することも可能です）。
> 　次にC保健師は，地域の学校で特別な配慮と支援を受けることができるように，教育委員会に出向き，A君の病状を説明しました。A君の場合は，病状悪化により，結局通学することができなかったのですが，学校ではクラスメートに説明をして協力を得ること，学校に医療的ケアを担当する看護師を加配することな

> どが検討されました。
> 　また，母親の希望を受けて，経済的援助やヘルパー派遣など福祉の制度利用ができるように，福祉事務所にもつなぎました。C保健師は，ひとり親家庭であるA君親子の生活支援のために，A君が入院していた病院の医療ソーシャルワーカーと連携して，さらに人的資源の調整にも関わっていきました。地域のインフォーマルな援助を得るために，社会福祉協議会やボランティアセンターにも協力を要請しました。ボランティアの手助けを得ることによって，A君は，通院の手段を確保することができました。

（1）フォーマル・サービスとインフォーマル・サポート

　A君の例に見るように，支援を実際的なものにしていくためには，地域における社会資源の有機的活用が重要です。B保健所は，高度医療を提供する大学病院や地域の診療所，看護の事業所との医療ネットワークの構築に努めており，連絡会をつくり，研修会を開催しています。研修会には学校の教師やソーシャルワーカー，介護福祉士など福祉専門職も参加します。保健師にとっても研修会は，在宅医療に関わる最新の知識や技術を習得することができ，地域の専門職とのネットワーキングを深めていく機会となっています。

　図14-1は，地域で実際に見られる連携の一例です。社会資源には，教育・医療・保健・福祉に関わる公的なフォーマル・サービスに加え，インフォーマルなサポートとして，ボランティアや近隣の人たち，民生委員，友人，親族，家族などがあります。子どもにとって家族（親や兄弟姉妹）は最も身近な人的資源です。同時に，家族が子どもを支えることができるように，家族への支援も必要です。社会資源は，日常的な生活支援とともに，精神的なサポートにも重要な役割をもっています。

（2）ミクロ，メゾ，マクロレベルの支援

　子どもを取り巻く環境を，実践領域であるミクロ，メゾ，マクロのレベルに分けて，支援をトータルに捉える考え方があります。マクロ・レベルとは，国

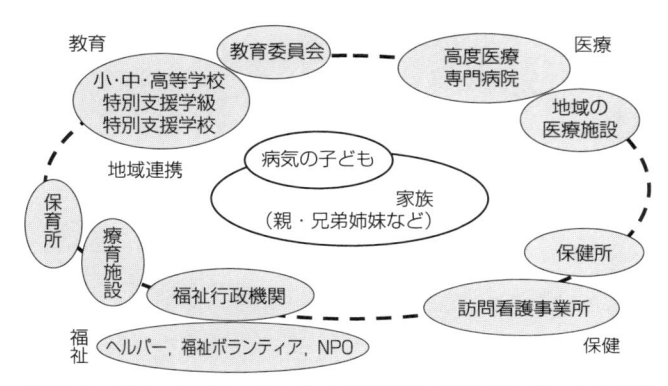

図 14-1　病気の子どもを取り巻く専門機関（専門職）等による連携

家の政策方針や法制度，社会の文化，言語，慣習など，メゾ・レベルでは，地域の学校，職場，福祉施設，医療機関における組織や，制度間での関係などを含みます。ミクロ・レベルでは，個人，個人と個人の関係，また家族を眼中におきます。

　メゾ・レベルとして機能する教育・医療・保健・福祉における専門職は，子どもを取り巻く状況や地域の社会資源を広く把握して，子どもや家族が選択できるように情報を提供し，その一方で，問題解決のために必要な社会資源をつくり出していく役割をもっています。

　各レベルで，多様な連携がきずかれています。メゾ・レベルでは，施設内連携や地域連携などが見られます。施設内連携の例として，子どもが通う地域の学校内では，教員，学校医，養護教諭，スクールソーシャルワーカー，時には加配された看護師による連携があり，地域での連携では，A君の支援に見られるように，学校の教員と，教育委員会の担当者や保健師，看護師，医師，ソーシャルワーカーなどが相互に関わり，また専門職間の調整やミクロ・レベルにも介入して，子どもや親への包括的支援体制づくりを促しています。

　地域での連携によって，支援に関わる人たちは互いの専門性を尊重して役割分担を確認し，情報を収集しアセスメントを行い，意見や認識を分かち合い，課題を解決するために，包括的で継続的な支援のための地域活動を進めていく

ことを企図していくことが可能になります。このような連携は具体的な支援を生み出すことはもちろん，地域の支援ネットワーキングを形成していくプロセスともなります。

② 全人的ケアの理念と機能

　病気の子どもを支えるための教育・医療・保健・福祉の連携の形と支援の質は，社会のあり様とも大きく関わっています。病気が日常（フツウ）からの「逸脱」ではないと認識される社会であれば，支援は，治療に加えて，子どもが社会の一員として暮らし，生きていることを支えるものとなるでしょう。また，特別な場所（病院など）を，暮らしの場に変えていくことを意識した支援をつくり出していくことも可能となるでしょう。

（1）　ノーマライゼーションと全人的ケア

　ノーマライゼーションという理念は，デンマークから発信されて北欧に広がり，そして世界の各国に取り入れられていきました。スウェーデンでは，教育・医療・保健・福祉施策に大きな影響を与え，どのような病気や障害があっても，地域でともに生きてともに暮らしていく社会を目指して，社会をノーマルな状態に変える政策を展開してきました。

　スウェーデンの実践に目を向けると，そこでは，病院を暮らしから切り離された場所ではなく，地域という暮らしのなかの社会資源として位置づけ，同時に，病院という治療の場にある日常性に留意された様相が見えてきます（章末の「コラム　スウェーデンの事例」を参照）。そのような指向は，どのような病気の状態であっても，子どもが，その子どもなりの，当たり前の暮らしができるような教育・医療・保健・福祉による地域支援ネットワーキングを可能にする行政施策を生み出してきました。教育現場におけるインクルーシブ教育も，学校内外での専門職間の連携・協働によって支えられています。

　ノーマライゼーションに基づく包括的支援はまた，欧米や日本において，治

療を重視してきた病気の子どもへの支援に,精神面や社会面を含めた全人的なケアが必要であるという考え方を育む系譜ともなってきました。

　どのような病気の状態であっても,どのように高度な治療のなかにあっても,それは子どもの一側面にしかすぎず,子どもなりの暮らしがあり,子どもなりの時間があります。そして,子どもなりの発育・発達があり,子どもなりの思いがあるのです。

　慢性疾患や難病の場合でも,その病気と長く関わりながら,子どもはその時その時を生きていきます。病気の子どもに対しても,障害のある子どもと同様に,全人的ケアに向けて,医療的ケアはもちろん,教育・保健・福祉の協働は不可欠です。

(2) 末期や慢性疾患における全人的ケア

　人生の最期の時間を生きぬくために,全人的ケアが必要であるという理解が広がって久しくなりました。子どもの病気の状態を,身体的,精神的,社会的,そしてスピリチュアルに病んでいるという理解の上に,日本でも,ケアのあり方が構築されてきました。それは,子どもも,そして大人も,全人的に痛み苦しむ存在であることを,理解していくプロセスでもありました。

　病気になることは,また不治の病であることは,起因する身体的な痛みや苦しみだけではなく,病み死にゆくことに向き合う孤独や不安,怒りや恐れなどの気持ちを伴います。また,生活上の支障はもちろん,これまで担ってきた社会での自分の立場や他者との関わりを失っていくことや,身近にいる家族を悲しませてしまうことなど,社会的存在としての苦しみも生じます。

　スピリチュアルとは,生きることの意味や苦しみの意味,価値体系,自己受容,死にゆくことへの恐怖などが含まれています。スピリチュアルケアは,個人の存在そのものや生き方に関わっています。

　全人的なケアは,最期の瞬間まで,「生きることを支える」支援です。この支援は,医師,看護師など医療専門職だけではなく,子どもにとって,人生の最期まで学ぶ機会を得ることや,日常生活を支えられることなど,医療・教

育・福祉などの専門職の役割を統合してこそ，実りあるものになります。最近，全人的ケアは，慢性的な病気に苦しむ子どもたちやその家族への有効な支援としても，さらに入院治療を受ける子どもへの支援としても，期待されるようになりました。

日本ではまだ少数ですが，病院において，病棟保育，遊びやプリパレーション（章末の「コラム　スウェーデンの事例」参照）を提供する活動が見られるようになりました。これらの活動も全人的ケアの一翼を担う機能をもち，遊びや集団行動を通して子どもの発達を促し，また治療に伴う苦痛や不安を軽減して，子どもの主体性を高め，主体的に治療に向き合う力を育む，などの働きをしています。

③　QOLを高める教育・医療・保健・福祉の連携と支援

病気の子どもに対する支援の目標の1つは，QOL（クオリティ・オブ・ライフ：生活の質，人生の質，生命の質などを意味する）を高めることです。

教育・医療・保健・福祉が連携した支援には，病気の子どもの暮らしをトータルに支えるとともに，「生きることへの支援」が望まれます。子どもが「今」を生き，「未来」へと生きていくために，子どもの暮らしや発達，子どもの思いに沿った支援が必要です。

(1) 法制度と教育・医療・保健・福祉の支援

病気の子どもへの支援の基礎に，日本の法制度があります。日本における基本法である日本国憲法の第25条には生存権について示されています。すべての国民が，「健康で文化的な最低限度の生活を営む権利を有する」こと，そして，国は，「すべての生活部面について，社会福祉，社会保障及び公衆衛生の向上及び増進に努めなければならない」と国家の使命としても記されています。

生存権は，基本的人権やノーマライゼーションの理念と相まって，現代日本において，病気や障害のある子どもへの支援をつくりだしていく枠組みを提供

しています。子どもにとって当たり前の生活や生活環境が守られるように，教育・医療・保健・福祉の法制度（第15章参照）が積み重ねられてきました。

中央教育審議会は，2005年に，「特別支援教育を推進するための制度の在り方について（答申）」のなかで，「福祉・医療・労働等の関係機関との連絡・調整機能」をあげ，教育以外の分野である福祉・医療などとの恒常的な連携の重要性を示しています。一時的な支援にとどまらず，多面的で一生涯の支援の必要性を示唆したものでした。

（2） ICFを用いて描く支援

序章①で述べられているICF（International Classification of Functioning, Disability and Health：国際生活機能分類）から，支援のあり方を考えてみましょう。

子どものQOLの向上を目的とした支援を考えていく場合に，ICFは，病気や障害の有無にかかわらず，対象者に対して，その子どもらしい暮らし，行動，他者との関わり，社会における役割，取り巻く環境，そして，アイデンティティや主観的な思いにも着目して，健康状態を把握しようとするツールです（図14-2）。

このツールを活用するにあたっては，子どもの気持ちに寄り添っていくことが大切です。何に悩み，何に戸惑い，何に苦しみ，何を求め，そして，何がその子どもの当たり前の暮らしの「障害」になっているのかを考え，必要な支援

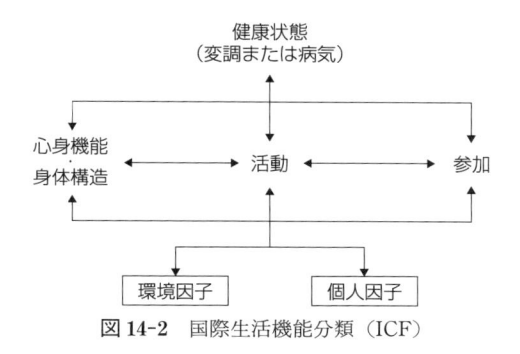

図14-2 国際生活機能分類（ICF）

を具体的に講じることが必要です。

　ICFにおける「活動」とは生活上の行為を指し,「参加」とは社会的な存在としての役割や参加などを意味しています。子どもの場合にも,日常の生活動作をはじめ,学習,余暇活動（遊び），コミュニケーション,対人関係,コミュニティライフなどについての状態を指します。活動や参加を促していくために,子どもを取り巻く人的環境や,制度を利用して社会的環境を整えていくことが必要です。そこには,病気や障害は子どもの一側面にしかすぎず,子どもは病気の治療だけに生きているのではない,という理解が包含されています。

　たとえば,学習することは,それを希望する子どもにとって,「活動」や「参加」の質と量を高めることになります。そのためには,学校で医療的ケアやスクールボランティア,また訪問教育や,入院の場合には院内学級などの「環境」を整えていくことが不可欠です。子どもを取り巻く「環境」を整え,その子どもらしい「活動」や「参加」を可能にすることによって,子どもの幸福感や自尊感情を高め,「生きる力」を育んでいくことが可能です。

コラム　スウェーデンの事例：病院における教育・保健・福祉の連携

　スウェーデンでは,長い年月をかけて,病気の子どもに対する全人的・包括的支援を,国家の方針として,また地域の施策として積み上げてきました。その特徴は子どものQOLの向上に留意されています。地域においては,子どもが医療機器を装着していても,ターミナルでも,自宅で暮らし教育を受けることができるように,教育・医療・保健・福祉の支援体制が組まれています。病院という治療の場においても,子どもたちの「暮らし」に配慮された教育・保健・福祉的な支援が組織化されています。

■治療の場における「暮らし」へのまなざし

　スウェーデンでは,治療の場が日常から離れた特別な場ではなく,暮らしの場でありうるように,環境を整えることに努めています。昼間の病棟で子どもたちは,パジャマではなく,学校に行くような,また家庭でくつろいでいるような服装で過ごしています。

　1988年に成立した「病院子ども憲章」は,子どもの「日常」を尊重したものであり,可能な限り在宅治療を行うこと,親を支援すること,子どもの主体性を尊

重すること，子どもが病気や治療について説明を受けて治療の決定に参画すること，心身の発達ニーズに応えられる専門職のケアを受けることなどが，子どもの権利として示されています。

■院内学級

学習を保障されることは子どもの権利です。教育機関では，子どもの全人的な発達と，自立に向けた「生きる力」を身につけることを重視しており，病院においても，院内学級の教師が，教室やベッドサイドで教育を行っています。

院内学級
注：入り口の壁面に，「学校」と書かれている。

院内学級の役割には，①教育を保障し，②楽しく学び，③子どもの自尊感情を育て，④未来を生きる力を育み，⑤地域の学校との連絡調整を行い，⑥親からの信頼を得るように努め，⑦治療や訓練との調整を行う，などの項目が含まれています。

そのために教員は，児童生徒への指導とともに，院内の専門職と連携し，親を支援して協力を得ていきます。時間割表作成や指導のために，医師や看護師から児童生徒の状態やその病気についての医学的知識を学び，理学・作業療法士らから身体機能について助言を得ることもあります。子どもから自分の病状について問いかけがあった場合には，その気持ちを医師や看護師につないでいきます。教員は，病気であることが子どもの一部にしかすぎないことを認識して，病気にはふれず，教育を通して子どもの発達に関わっていきます。このように，専門職の連携により全人的なケアを提供していきます。

院内学級の空間構造も，子どもの日常の一部であることを意識できるように配慮されています。また，在宅治療をふまえて，子どもが地域の学校と往復することを考え，院内学級では，教師も子どもも地域の学校の担任と頻繁に連絡をとり，学校の様子や学習の進度を確認し，養護教諭や学校医とも情報を交換していきます。このような並行教育が，入院治療を終えた子どもが，地域の学校に戻ることを容易にしています。

■プレイセラピー・ユニット

全人的なケアがより豊かなものになるように，院内学級では，プレイセラピ

ー・ユニットとも連携しています。どのような小さな病院でも，スウェーデンでは，小児病床を有するすべての病院にプレイセラピー・ユニットが設けられています。ここでは，社会・心理的アプローチを応用して，子どもをエンパワメントしていく働きかけを行っています。入院中の子どもとともに，外来治療に通う子どもや，兄弟姉妹も利用することができます。

重要な活動は，「遊び」と「プリパレーション」です。「遊び」の目的は，子どもが主体的に動き，楽しいと思える時間を過ごし，子どもの発達を促していくことにあり，ユニットのなかは，色や形にも工夫がほどこされた家具やおもちゃが配置されています。また，「遊び」を通した子どもの活動が粗大・微細運動の訓練となったり，描かれた絵を通して，専門職が子どもの心に対する理解を深めることもあります。

プリパレーションの目的は，実際に受ける手術や処置について学び，治療に対して主体的に取り組めるように，心の準備をしていくことにあります。検査や治療が近づくと，理解レベルに合わせて，子どもは検査や治療の説明を受け，実物の医療器具を用いて練習をします。前もって体験することによって，検査や治療に対する恐れが軽減し，緊張がほぐれ，子どもは主体的に診療室に入っていくことができるようになるようです。

（2009年〜2010年のスウェーデンにおける筆者の病院調査による）

文献

上田敏（2009）．ICF の理解と活用――人が「生きること」「生きることの困難（障害）」をどうとらえるか　ぎょうされん

小野尚香（2011）．病気の子どもの健康づくり　保健師ジャーナル，**67**(6)，546-551．

柏木哲夫（1995）．死を学ぶ――最期の日々を輝いて　有斐閣

第15章

病気，障害のある子どもを支える法制度

1　社会保障制度というセーフティネット

　今の日本では，子どもが病気をしても，乳幼児医療費助成のおかげで直接医療費の支払いをしなくても医療を受けられる地域が数多くあります。障害があっても，地域の保健センターで簡単な療育を受けることができたり，地域の療育センターへの橋渡しをしてもらったりできるようになりました。このように，病気，けが，障害，老い，死亡，失業など人生のさまざまなリスクが生じても，日本が世界でもトップレベルの長寿国である理由の1つに，社会保障制度というセーフティネットを張り巡らせていることがあげられます。社会保障制度は，社会保険，社会福祉，公的扶助，保健・医療，公衆衛生からなり，人々の生活を生涯にわたって支えるもので，それぞれの制度を規定する法律が整備されています。

（1）社会保険

　社会保険は，国民が病気，けが，出産，死亡，老齢，障害，失業など生活の困難をもたらすいろいろな出来事に遭遇した場合に一定の給付を行い，その生活の安定を図ることを目的とした強制加入の保険制度で，病気やけがをした場合に誰もが安心して医療にかかることのできる医療保険（健康保険法など），老齢・障害・死亡等に伴う稼働所得の減少を補塡し，高齢者，障害者および遺

族の生活を所得面から保障する各種年金制度（国民年金法など），働いて事故にあった時の労災保険，失業した時の雇用保険（雇用保険法など），加齢に伴い要介護状態となった者を社会全体で支える介護保険（介護保険法）などがあります。医療保険と年金制度は，国民皆保険・皆年金が，高度経済成長期に実現し，世界的に見ても，いつでもどこでも医療にかかれる国の1つになりました。

（2） 社会福祉

社会福祉は，障害者，ひとり親家庭など社会生活をする上でさまざまなハンディキャップを負っている国民が，そのハンディキャップを克服して，安心して社会生活を営めるよう，公的な支援を行う制度で，高齢者，障害者等が円滑に社会生活を営むことができるよう，在宅サービス，施設サービスを提供する高齢者福祉，障害者福祉（社会福祉法や障害者自立支援法など），児童の健全育成や子育てを支援する子ども家庭福祉（児童福祉法）などがあります。

（3） 公的扶助

公的扶助は，生活に困窮する国民に対して，最低限度の生活を保障し，自立を助けようとする制度で，健康で文化的な最低限度の生活を保障し，その自立を助長する生活保護制度（生活保護法）があります。

（4） 保健・医療，公衆衛生

保健・医療，公衆衛生は，国民が健康に生活できるよう，さまざまな事項についての予防，衛生のための制度です。医師その他の医療従事者や病院などが提供する医療サービス（国民健康保険法など），疾病予防，健康づくりなどの保健事業（健康増進法など），母性の健康を保持，増進するとともに，心身ともに健全な児童の出生と育成を増進するための母子保健（母子保健法），環境衛生（環境衛生法），飲料水の確保（水道法），食品や医薬品の安全性の確保（食品衛生法，薬事法），廃棄物の適切な処理を行う公衆衛生（産業廃棄物処理法）などがあります。公衆衛生が社会保障制度の一角を占めることは，地震などの大規

第15章 病気，障害のある子どもを支える法制度

昭和20年代(1945〜1954年)	<時代背景>・戦後の混乱 ・栄養改善，伝染病予防と生活援護
	戦後の緊急援護と基盤整備（いわゆる「救貧」）

⬇

昭和30・40年代(1955〜1974年)	<時代背景>・高度経済成長 ・生活水準の向上
	国民皆保険・皆年金と社会保障制度の発展（いわゆる「防貧」）

⬇

昭和50・60年代(1975〜1988年)	<時代背景>・高度経済成長の終焉 ・行財政改革
	安定成長への移行と社会保障制度の見直し

⬇

平成以降(1989年以降)	<時代背景>・少子化問題 ・バブル経済崩壊と長期低迷
	少子高齢社会に対応した社会保障制度の構造改革

図15-1 社会保障制度の変遷

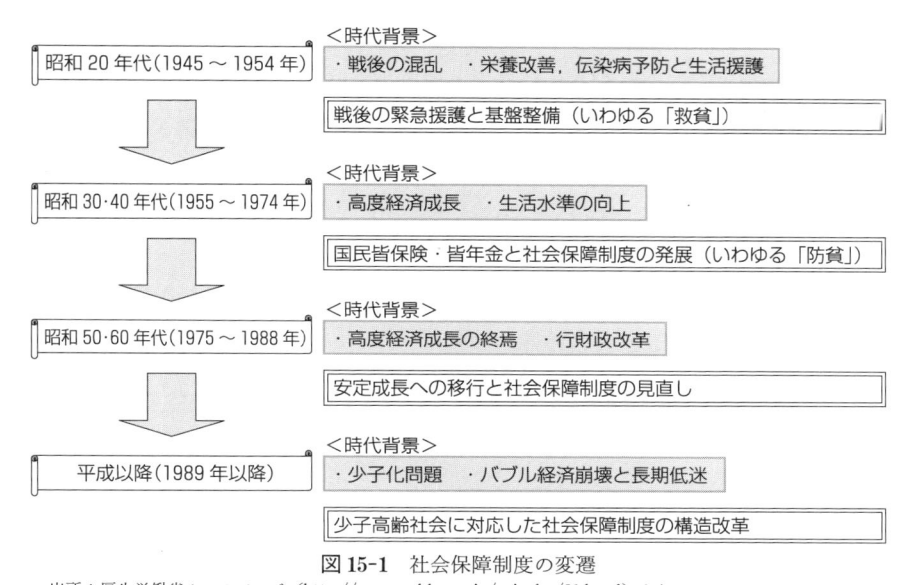

出所：厚生労働省ホームページ（http://www.mhlw.go.jp/seisaku/21.html）より。

模災害でのライフラインの確保を想像すれば理解できるでしょう。

そして，社会保障制度関連各法を束ねる法的根拠が，日本国憲法第25条であり，国民の生存権の保障と国の責務が明確に示され，これらが大きな法体系となっています。それぞれの法律は，長い年月をかけて改正を重ね，現在に至っています。戦後の社会保障制度の変遷を図15-1に示しますので参考にしてください。

❷ 母子保健関連施策と子どもの医療制度

直接的に病弱児，障害児と関わりのある母子保健関連施策と子どもの医療制度を取り上げ詳しく説明しましょう。

(1) 母子保健関連施策

　母子保健法は，母性ならびに乳幼児の健康の保持・増進を図るため，母子保健に関する原理を明らかにしながら，健康診査，保健指導，療養援護，医療対策その他の措置を講じて，国民保健を向上させることを目的に1965年に制定されました。その目的は，すべての児童が健やかに生まれ，育てられる基盤となる母性を尊重，保護し，乳幼児が心身共に健全な人として成長していくための，健康の保持・増進です。なかでも乳幼児健康診査は，多くの障害の発見の契機となり，療育へとつながる重要な施策です。現在の母子保健施策は，各種メニュー事業を組み合わせて，体系的に進められています（図15-2）。最近では，国家レベルで直面する大きな課題に対して，総合戦略を策定し，計画的に対策を推進しています。

　現在の日本の母子保健対策の一番大きな課題は，少子化対策と子育て支援です。近年，少子化と女性の社会進出など，子どもを取り巻く環境の変化が激変し，それに対応するため母子保健を含む子育て支援のための総合戦略を相次いで策定しました（エンゼルプラン，新エンゼルプラン）。2000年11月に出された報告書「健やか親子21――母子保健の2010年までの国民運動計画」のなかでは，報告書の提言を市町村における母子保健計画の見直しに反映させることとし，具体的には，①思春期の保健対策の強化と健康教育の推進，②妊娠・出産に関する安全性と快適さの確保と不妊への支援，産後うつ病の発生率の減少，③小児保健医療水準を維持・向上させるための環境整備，④子どもの心の安らかな発達の促進と育児不安の軽減，という4つの主要課題を柱として，地域の実情に応じた母子保健計画を策定するよう各自治体に求めました。この計画は2001年から2010年までの母子保健の国民運動計画で，国を挙げて取り組むというものであり，「健康日本21」の一翼を担う位置づけをもちます。現在この計画は，次世代育成支援対策推進法の市町村行動計画の見直しと連動し，中間評価を経て，一部評価指標を見直し，2012年まで延長されています。

　このような母子保健対策や保育所対策にもかかわらず，日本の少子化には歯止めがかからず，2003年には，少子化対策基本法と次世代育成支援対策推進法

第15章 病気，障害のある子どもを支える法制度

平成22年('10)4月

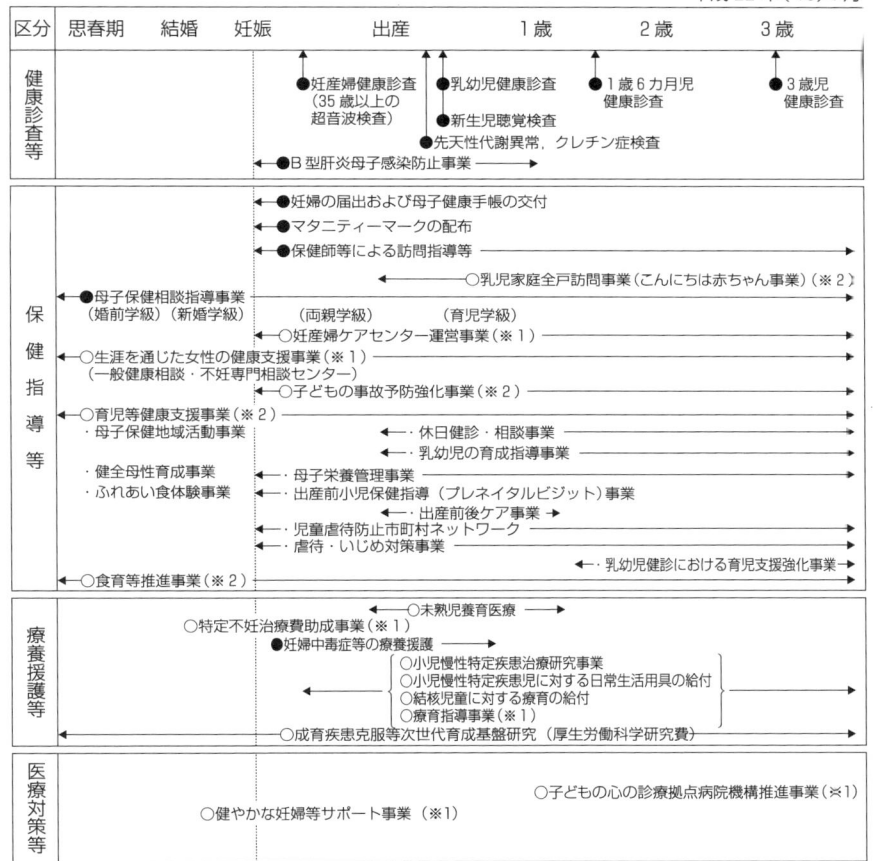

区分	思春期	結婚	妊娠	出産	1歳	2歳	3歳
健康診査等			●妊産婦健康診査（35歳以上の超音波検査）●B型肝炎母子感染防止事業	●乳幼児健康診査 ●新生児聴覚検査 ●先天性代謝異常，クレチン症検査	●1歳6カ月児健康診査		●3歳児健康診査

保健指導等
- ●妊婦の届出および母子健康手帳の交付
- ▼マタニティーマークの配布
- ●保健師等による訪問指導等
- ○乳児家庭全戸訪問事業（こんにちは赤ちゃん事業）（※2）
- ○母子保健相談指導事業（婚前学級）（新婚学級）（両親学級）（育児学級）
- ○妊産婦ケアセンター運営事業（※1）
- ○生涯を通じた女性の健康支援事業（※1）（一般健康相談・不妊専門相談センター）
- ○子どもの事故予防強化事業（※2）
- ○育児等健康支援事業（※2）
- ・母子保健地域活動事業
- ←休日健診・相談事業
- ←乳幼児の育成指導事業
- ・健全母性育成事業 ←母子栄養管理事業
- ・ふれあい食体験事業 ←出産前小児保健指導（プレネイタルビジット）事業
- ←出産前後ケア事業
- ←児童虐待防止市町村ネットワーク
- ・虐待・いじめ対策事業
- ←乳幼児健診における育児支援強化事業
- ○食育等推進事業（※2）

療養援護等
- ○未熟児養育医療
- ○特定不妊治療費助成事業（※1）
- ●妊婦中毒症等の療養援護
- ○小児慢性特定疾患治療研究事業
- ○小児慢性特定疾患児に対する日常生活用具の給付
- ○結核児童に対する療育の給付
- ○療育指導事業（※1）
- ○成育疾患克服等次世代育成基盤研究（厚生労働科学研究費）

医療対策等
- ○健やかな妊婦等サポート事業（※1）
- ○子どもの心の診療拠点病院機構推進事業（※1）

図15-2 主な母子保健施策

注：1 ○国庫補助事業 ●一般財源による事業 ※1 母子保健医療対策等総合支援事業 ※2 次世代育成支援対策交付金による事業。
　2 思春期保健相談等事業は，平成21年度をもって廃止された。
出所：厚生統計協会（2010）．国民衛生の動向（2010/2011）厚生統計協会 98．

が制定されました。2004年には，閣議決定された「少子化社会大綱」に盛り込まれた施策を具体化するための実施計画である「子ども・子育て応援プラン」が策定されました。2010年には少子化対策から子育て支援への転換を視野に入れ，「子ども・子育てビジョン」が策定されています。また，障害児・者対策でも，2003年を初年とする障害者基本計画が閣議決定され，現在は「重点施策実施（後期）5か年計画」が進行中です。さらに，2010年に障がい者制度改革推進本部が設置され，障害者の権利に関する条約（仮称）の締結に必要な国内法の整備を始め，障害者に係る制度の改革が進められています。障害のある子どもの保健医療施策は，これらの施策により重層的に進められています。

（2） 子どもの医療制度

障害のあるなしにかかわらず，子どもの健康に対する最大のリスクは，やはり病気です。ここでは，病気の治療研究ではなく，治療費負担について述べていきます。病気になれば，その治療費は医療保険から支払われ（一部自己負担を除けば），医療費の自己負担分が支払いできない社会的弱者や特別な医療ニーズのある人に対しては，法律に基づく公費負担制度の利用が可能です。

現在の医療保険制度は，1956年の社会保障審議会「医療保障に関する勧告」のなかで，国民皆保険制度に言及し，医療保険を中心に，医療扶助で補完する医療保障体系を示したことに始まり，1961年に実現しました。健康保険証さえあれば全国どこの医療機関でも医療を受けることができる画期的な制度で，国民の健康度の向上に多大な貢献をしています（日本は世界トップクラスの長寿国です）。

医療保険制度とは別に，法律に基づいて，国や地方自治体が実施主体となり，税を財源として各種保健医療サービスの費用の負担を行う公費負担制度があります。小児慢性特定疾患治療研究事業は，小児慢性疾患のうち特定の疾患について，研究を推進し，その医療の確立と普及を図り，併せて患者家族の医療費の負担を軽減する事業で，1974年に整備されました。これは，それ以前から実施されていた事業，すなわち1968年の「先天性代謝異常児の医療給付につい

て」，1971年の「小児ガン治療研究事業について」，1972年の「児童の慢性腎炎・ネフローゼ及びぜんそくの治療研究事業について」を統合し，さらに他の対象疾患を拡大するとともに9つの疾患群にまとめられ整備されたものです。1974年以降も対象疾患の追加，一部の疾患では入院から通院への拡大，対象年齢の18歳未満から20歳未満への延長が行われ，1990年には神経・筋疾患が対象疾患群として追加され，10疾患群となりました。2005年には児童福祉法に位置づけられて，慢性消化器疾患が加わり，現在11疾患群514疾患が対象です。

　障害児・者医療では，障害者自立支援法（2006年10月より完全実施）への改正の一環として，従来児童福祉法のなかで，身体に障害のある児童が，生活の能力を得るために必要な医療の公費負担を行っていた育成医療が，自立支援医療と変更されました（障害者自立支援法第52～58条）。自立支援医療とは，「障害者等につき，その心身の障害の状態の軽減を図り，自立した日常生活又は社会生活を営むために必要な医療であって政令で定めるもの」をいい（同法第5条第18項），その対象は，肢体不自由，視覚障害，聴覚・平衡機能障害，音声・言語機能障害，心臓障害，腎臓障害，その他の内臓障害，ヒト免疫不全ウイルスによる免疫機能障害，肝疾患です。

　また，乳幼児医療費助成制度は，乳幼児の健やかな育成と子育て支援を図るため，乳幼児を育てている保護者に対して，乳幼児に係る医療費の一部を助成する市区町村事業です。対象者の年齢，また入通院の別，さらに所得制限等は市区町村によって大きく異なっています。少子化対策等により，その助成範囲は市区町村ごとに毎年少しずつ拡大されています。

　ここで説明したものは，社会保障制度の一部ですが，制度を知ることで，法の理念を再確認し，お金の流れ（財政）を理解することができます。制度を学ぶことは，支援の幅を増やすことなのです。

文献
厚生統計協会（2010）．国民衛生の動向（2010/2011）　厚生統計協会
厚生統計協会（2010）．国民の福祉の動向（2010/2011）　厚生統計協会

《執筆者紹介》（執筆順，担当章）

西牧謙吾 （にしまき けんご） 編著者　序章①・②，第15章
　　編著者紹介参照

小野尚香 （おの なおか）　序章③，第14章
　　現　在　日本福祉大学福祉経営学部教授
　　主　著　『公衆衛生』（共著）医学書院，2010年
　　　　　　『福祉医療用語辞典』（共著）創元社，2011年

榊原洋一 （さかきはら よういち）　編著者　第1章，第11章
　　編著者紹介参照

小野次朗 （おの じろう）　編著者　第2章，第10章
　　編著者紹介参照

武田鉄郎 （たけだ てつろう）　第3章，第12章，第13章
　　1957年生まれ
　　現　在　和歌山大学大学院教育学研究科教授
　　主　著　『慢性疾患児の自己管理支援のための教育的対応に関する研究』（単著）大月書店，2006年
　　　　　　『障害児者の理解と教育・支援』（共著）金子書房，2008年

佐野哲也 （さの てつや）　第4章
　　1956年生まれ
　　現　在　医療法人さのこどもクリニック理事長
　　主　著　『子供によく見られる病気（改訂版）』（共著）医薬ジャーナル，2008年
　　　　　　『小児科研修ノート』（共著）診断と治療社，2009年

亀田　誠 （かめだ まこと）　第5章
　　1963年生まれ
　　現　在　地方独立行政法人大阪府立病院機構大阪はびきの医療センター小児科主任部長
　　主　著　『よくわかる子どもの心身症』（共著）永井書店，2003年
　　　　　　『小児呼吸器の看護マニュアル』（共著）メディカ出版，2006年

石田也寸志 （いしだ やすし）　第6章
　　1957年生まれ
　　現　在　愛媛県立中央病院小児医療センター長
　　主　著　『小児がん経験者の長期フォローアップ』（共訳）日本医学館，2008年
　　　　　　『ココからはじめる小児がん看護』（共著）へるす出版，2009年

細谷亮太 （ほそや りょうた）　第6章
　　1948年生まれ
　　現　在　聖路加国際病院小児科顧問
　　主　著　『君と白血病』（訳）医学書院，1989年
　　　　　　『小児がん』（共著）中央公論新社，2008年

金子一成　（かねこ　かずなり）　第7章
　　1959年生まれ
　　現　在　関西医科大学副学長，小児科学講座教授
　　主　著　『小児科学（第2版）』（共編著）金芳堂，2008年
　　　　　　『小児科研修ノート』（共編著）診断と治療社，2009年

稲田　浩　（いなだ　ひろし）　第8章
　　1958年生まれ
　　現　在　西宮すなご医療福祉センター小児科診療部長
　　主　著　『思春期医学臨床テキスト』（共著）診断と治療社，2008年
　　　　　　『小児内分泌学』（共著）診断と治療社，2009年

位田　忍　（いだ　しのぶ）　第9章
　　1953年生まれ
　　現　在　大阪母子医療センター臨床検査科主任部長
　　主　著　『新生児学（第2版）』（共著）メディカ出版，2000年
　　　　　　『小児科学（第3版）』（共著）医学書院，2008年

《編著者紹介》

小野次朗（おの じろう）
1953年生まれ
現　在　明星大学発達支援研究センター客員教授
主　著　『教育現場における障害のある子どもへの指導と実践』（共編）朱鷺書房，2008年
　　　　『よくわかる発達障害（第2版）』（共編）ミネルヴァ書房，2010年

西牧謙吾（にしまき けんご）
1957年生まれ
現　在　国立障害者リハビリテーションセンター病院長，発達障害情報・支援センター長
主　著　『小児慢性疾患のサポート』（共著）中山書店，2011年
　　　　『発達支援学　その理論と実践』（共編）協同医書出版社，2011年

榊原洋一（さかきはら よういち）
1951年生まれ
現　在　お茶の水女子大学名誉教授
主　著　『子どもの脳の発達　臨界期・敏感期』（単著）講談社，2004年
　　　　『脳科学と発達障害』（単著）中央法規出版，2007年

特別支援教育に生かす
病弱児の生理・病理・心理

2011年9月20日　初版第1刷発行　　〈検印省略〉
2021年12月30日　初版第9刷発行
定価はカバーに表示しています

編著者　　小野次朗
　　　　　西牧謙吾
　　　　　榊原洋一

発行者　　杉田啓三
印刷者　　田中雅博

発行所　株式会社　ミネルヴァ書房
607-8494　京都市山科区日ノ岡堤谷町1
電　話　（075）581−5191（代表）
振替口座　01020-0-8076番

©小野・西牧・榊原ほか，2011　　創栄図書印刷・新生製本

ISBN978-4-623-06153-2
Printed in Japan

小野次朗／上野一彦／藤田継道 編
よくわかる発達障害［第2版］
B5判／184頁／本体2200円

湯浅恭正 編
よくわかる特別支援教育
B5判／232頁／本体2400円

冨永光昭／平賀健太郎 編著
特別支援教育の現状・課題・未来
A5判／338頁／本体2800円

井澤信三／小島道生 編著
障害児心理入門［第2版］
A5判／292頁／本体2500円

榊原洋一 編著
アスペルガー症候群の子どもの発達理解と発達援助（別冊発達30）
B5判／328頁／本体2800円

小野次朗／小枝達也 編著
ADHDの理解と援助（別冊発達31）
B5判／232頁／本体2400円

――― ミネルヴァ書房 ―――
http://www.minervashobo.co.jp/